林中燕 著

"互联网+"
区域合作与产业创新

"INTERNET+"

REGIONAL COOPERATION AND
INDUSTRIAL INNOVATION

社会科学文献出版社
SOCIAL SCIENCES ACADEMIC PRESS (CHINA)

基金项目：

①国家重点研发计划政府间国际科技创新合作项目（欧盟地平线联合项目）"基于网络咨询的手机 APP 自我健康管理模式预防痴呆的实施性研究"（项目编号：2017YFE0118800）；

②中央财政支持地方科技发展专项"福建省糖尿病及并发症防治技术创新联合实验室"（项目编号：2018L3007）。

本研究由福建省6·18协同创新院电子商务分院、福建省高校特色新型智库互联网创新研究中心、福建省高校人文社科研究基地互联网创新研究中心、福州市数字医疗健康行业技术创新中心、闽江学院互联网创新研究中心联合资助。

序 言

20世纪末期以来以互联网为核心的信息技术革命,已经深刻影响到当下每一个人。最直观的体会,当属智能手机带给我们的便利。小小一部手机,不仅能完成最一般的实时交流功能,还可以整合生活、学习、工作和娱乐等多项需求。回溯既往,广义的信息技术在人类发展的所有阶段,都起到了非常关键的作用。

20世纪90年代互联网热刚刚兴起之时,绝大多数人倾向于认为,互联网作为一种技术整体上仍处于工业社会的框架之下,其主要作用是优化提升工业生产水平,但并不会对工业时代的模式体系产生根本影响。当时人们可以预见到的是,互联网会让工厂生产与商场管理更有效率。人们在想象互联网会让消费者在诸如沃尔玛这样的大型商场购物更方便之时,怎么也不会想到,仅仅不到20年,沃尔玛模式就会被淘宝模式颠覆掉。

直到七八年前,互联网界人士才真正意识到,对互联网革命可能要从百年大计的视野重新理解,要将它作为一个世纪性命题加以思考。互联网革命的意义,并不亚于两百多年前的第一次工业革命。由第一次工业革命开启的工业化进程,重塑了人类社会,塑造了影响人类社会两百多年的学科划分、知识体系和话语体系;而在今天,在互联网革命的影响下,工业时代以来产生的基本社会结构和政治形态,都可能被重塑。

互联网革命带来的不仅是工业体系内单一技术的升级,而且推动了技术创新的浪潮,催生了一系列基于互联网的技术创新群——人工智能、虚拟现实、无人驾驶、区块链、比特币,等等。

在这样强大的力量推动之下,原有的构成工业社会的一些基本概念,比如公司、知识产权等,所指向的内涵正在发生深刻变化,它们能否继续以传统定义的形式存在下去,在今天已经是必须认真直面的问题。

从互联网自身的发展逻辑来观察,互联网发展大致有三个阶段。第一个阶段,是互联网技术创新,如宽带互联网、网站和数字手机等,在中国这个阶段发生在 2000 年前后;第二个阶段,是基于互联网的商业创新,在中国的标志性现象是淘宝、支付宝的出现,随之涌现出一大批崭新的商业模式和崭新的企业。现在中国市值最大的两个公司阿里巴巴和腾讯,就是这种商业模式创新的标杆。到今天,互联网开始进入基于互联网的社会创新的第三阶段。这个第三阶段的重要标志就是"互联网+"开始成为一种普遍现象,互联网行业涌现的很多新技术、新产品、新模式,突破了互联网行业这一范围,全面向社会各个领域扩展,逐步具有全社会的普遍性意义,并开始深度改变人类的社会形态。

在思想方法层面,互联网革命也给予了我们一种重新认识人类社会的视角。如果我们从一个极其简化的模型来看待人类社会,可以发现它包含两个部分,一个是节点,另一个是连接。所谓节点,包括人、组织、村庄、工厂、国家这些实体,而联结这种节点的各种各样的交往方式,包括聊天、访客、旅行、交易,也包括现在的打电话、上网、微信等,都可以视为连接。

回顾人类社会的演化历史,我们可以发现,在技术的演化过程中,一段时期内的突破重点会集中在节点上:比如电影的出现,印刷术的发明,计算机的出现,等等。之后,随着节点本身的进化,会促进连接的升级,比如教育体系的出现、互联网的出现等,都是建立在新节点的普遍运用之上的。而连接方式的升级,反过来又会促进节点的进化:比如当前在互联网影响下出现的云计算、人工智能、超能电池等新事物。

从这个角度观察，过去七十年，人类先在节点上获得突破，如计算机的产生，而大概在四十年前进入了连接技术的突破阶段，如互联网的扩展；那么未来三十年，我们很有可能会在节点上实现更大的突破。也就是说，作为一种深度连接方式的互联网技术会反过来推动节点技术的突破。

今天，我们为了充分认识互联网革命对人类物质生活的深刻影响，必须关注其对生产结构、社会结构的重新塑造：互联网革命的一个主要特征，在于重新定义了基础设施、生产要素和协作结构。

互联网革命催生了新基础设施。原来的基础设施，是人们所熟知的产生于工业时代的铁路、公路、机场这样的公共交通设施。今天的基础设施进一步扩展到云网端、云计算、互联网智能终端，以及人手一部的智能手机等新设备。

互联网革命催生了新生产要素。原来我们讲生产要素主要是土地、劳动力、资本等。今天，数据正逐步成长为一个新的，而且至关重要的生产要素。现在很多互联网公司之所以能获得巨额估值，主要价值依据就是其掌握的巨量数据。数据有可能超越土地、资本、劳动力等，成为最有价值的生产要素。

互联网革命催生出新协作结构。社会原来的主流协作结构，产生于大工业时代的产业链分工体系和市场体系。但是，产业链体系和市场体系都存在自身的巨大限制，如资源、制造基地和市场在时间、空间层面的隔离与不平衡，会产生高额成本，也会受到规模的限制。而互联网的突出特征之一，就是可以推动大规模的协同与共享，或者叫大规模协作与共享。这种协作方式，远远超过传统的分工与合作结构。

要突破实体空间的天然限制，需要的是线上与线下的对接与协同。而数量动辄以亿计的超大规模的协作，必然引发生产、交易、消费结构的质变。此种大规模协作、协同的模式，突破了工业化时代以来的传统分工结构、市场结构，影响极其深远。这些影响，在今天只是初露端倪，在未来还会逐步显现其摧枯拉朽的威力。

在看到新生事物、新生商业模式出现的同时，必须看到这些新生事物所附着的基本条件，没有新基础设施、新生产要素和新协作结构的不断完善和发展，以互联网为基础的新生商业模式是无法成长壮大的。

新基础设施、新生产要素和新协作结构，正在对现在的经济结构产生深刻影响，某种意义上正在重新定义我们对一、二、三产业的传统划分方式。传统意义上的第一产业、第二产业、第三产业，是一个横向分工的概念。人们按照生产环节进行产业划分。种麦子可以称为第一产业，把麦子磨成面粉则称为第二产业，而把它制作成包子出售则属于第三产业。

现在，这种横向划分出现了无法归类的问题。比如，按照传统归类方式，理发属于第三产业，移动网络运营商也是属于第三产业——天差地别的两种行业却属于同一产业。而如果我们继续以归类方式来作为我们经济统计、政策制定的依据，一定会遮蔽我们对现实巨变的认识和理解。传统的一、二、三产业的划分已经开始失效，它已经很难刻画出当下的产业结构特征。

要正确描绘当下的生产结构形态，我们就不能固守横向分工的旧视角，而必须关注随着互联网革命而来的纵向共享。

什么叫纵向共享？我们现在要观察和定义一个企业，不能像过去那样分析它处于何种生产环节之中，而应该分析它处于什么样的生产层面之上。处于最底层，发挥基础性作用的，可以称为基础设施行业，中国移动就是新时代的基础设施行业的代表，其提供的是移动互联网基础设施；处于中间层面的，是平台行业，平台掌握数据，非常关键、淘宝、天猫、滴滴都是此种意义上的平台的；最上层，可以称为自由连接体，它是可以随时连接、随时自主形成的各种商业实体与社会实体。

自由连接体可以直接面对市场，响应市场发展，它可能是小微企业，也可能就是个体。随着社会的发展，无论在供给端，还是在需求端，越来越多个体从原有的组织、体制、体系中脱离出来，成为半游离状态，它们彼此之间可以进行自由联结、组合，产生出无数种可能性。

未来也许超过一半以上的年轻人，都不会加入任何一个固定的组织，而是成为这样的自由连接体的终端。最近，在一个高校所做的关于大学生就业意向的调查中显示，"95后"的大学生有50%以上选择毕业以后不就业——不考公务员，不到公司做职员，而是以自由连接体的方式在家工作。在这种状态下，一个人可以同时是作家/出版人/学者等多重身份，他可以以多重身份自由连接——以后这些人的人生就可以说是"斜杠人生"了。现在，此种自由就业状态的人越来越多，这必然要求我们重新认识就业问题。

这一切都说明，技术变革引发商业模式变化，商业模式变化引发市场生态变化，市场生态变化引发组织变化，组织变化又会带来对人的能力的需求的变化。互联网革命带动的变化是全方位的。

林中燕教授多年来一直从事信息技术特别是互联网、电子商务相关领域的教学、研究和科研组织工作，长期推动和组织高校的区域间合作，紧紧跟踪各种类型的业界前沿实践，在互联网经济和电子商务经济研究、"互联网+"服务业创新、"互联网+"区域合作和人才培养等多个领域有着深厚的积累和研究成果。

《"互联网+"区域合作与产业创新》是一本全面分析、研究和介绍互联网经济、"互联网+"区域合作、"互联网+"产业创新的力作，既有对互联网经济若干方面的理论分析和建构，又广泛涉及电子商务、乡村振兴、智慧旅游、区域产业创新、智慧养老与人口生存质量、智慧医疗、闽台区域合作、人才培养等多个领域的创新实践，充分展现了互联网革命对服务业、区域合作和人才培养领域带来的巨大变化，是一本了解、理解和学习互联网经济及"互联网+"的难得之作。

是为序。

2019 年 9 月 6 日于北京

梁春晓：苇草智酷创始合伙人，老龄社会30人论坛成员，信息社会50人论坛成员，盘古智库老龄社会研究中心主任，中国红十字基金会理事，阿里研究院高级顾问。

前 言

神奇的互联网"比特世界",由0和1组成。

早在1991年,笔者就尝试使用数据库软件进行数据分析。随着终端机进入民用,286、386、586电脑逐步进阶。1996年,笔者首次接触互联网,通过"猫"(Modem)进行漫长的拨号上网后,登录BBS进行帖子阅读和回复,来自全球的信息让人惊奇,ICQ更开启了即时通信的新世界,自2000年开始使用QICQ、QQ,不知不觉至今已有19年。

在拨号上网的20年前,任何人都没有想到,互联网高速发展的今天,网络经济对传统经济形态和社会形态会产生如此巨大的冲击,乃至影响和改变了人类的生存方式。

回顾历史,2000年前后,全球出现互联网泡沫,号称新一轮高科技风投聚焦的互联网企业举步维艰,资金撤离,市场重新洗牌。在中国,随着阿里巴巴、卓越、易趣(Ebay)、搜狐、新浪、腾讯等网站的陆续上线,互联网进入理性发展阶段。从2003年开始,拍拍、淘宝、支付宝推出,互联网向网民呈现了变幻多端的多彩网络购物世界。2007年后,全球电子商务政策环境逐渐完善,基础设施不断成熟,物流、支付等环节越来越便捷,热度不断攀升。

而今,随着网民数量和物流快递总量快速增长,互联网去中心化、去边界化、多行业多领域联动的格局逐步形成,中国以全球第一网民规模和领先的互联网技术,在全球的优势凸显。

4G的发展,带来移动电商市场全面暴涨,微信、直播、推荐引擎等新模式推动了碎片化信息的分享与交易，交易逐步由传统PC端转移到移动端，呈现小众化、个性化、需求多样化等特征。移动互联时代，市场开始由传统的价格导向转为应用场景导向，与场景相关的应用将成为驱动消费者迁移的新增长点。个性化快速演变、升级，女性电商、母婴电商等垂直电商兴起，人群画像和数据挖掘成为产业的重要深耕领域。

笔者自 1993 年进入高校工作以来，持续深耕细作与互联网相关的研究领域。2005 年，笔者有幸成为福建省电子商务协会常务理事，现在担任教职的同时，兼任福建省电子商务促进会监事长。2007 年，笔者所在闽江学院与阿里巴巴阿里学院合作，联合举办"中国现代商务人才培养（海峡）论坛"，开启了与业界合作的新篇章。2008 年，笔者出版第一本专著《电子商务视角下的产业链优化》，讨论了互联网对产业的影响。2011 年，出版教材《电子商务：智慧社会》，所发表系列学术论文均围绕互联网环境下的理论发展和应用研究展开。2014 年，与业界合作创建闽江学院互联网创新研究院（后更名为中心），团队兢兢业业，尝试以科技公益形态，回馈服务社会和产业，取得丰硕成果，陆续获批为福建省"6·18"协同创新院电子商务分院、福建省高校特色新型智库、福建省高校人文社科研究基地、福州市数字医疗健康行业技术创新中心等重要科技创新平台。

在服务产业的过程中，笔者深刻感受到学术研究不应脱离实践，应源于产业，亦需服务产业，学术研究的点点滴滴都应来自对产学研的感悟和思考，唯有根植产业发展，聚焦产业需求，学术研究才能够有持续的生命力。由此，期待此书抛砖引玉，通过对互联网相关领域研究的探索和梳理，在理论研究的基础上，从不同角度分析"互联网+"区域合作与产业创新的实践问题，突出本书的参考意义。

本书的顺利完成得到诸多领导和师长、家人、朋友的大力支持和帮助，以及助理团队帮忙整理资料，在此一并表示诚挚的谢意！由于互联网发展日新月异，本书难免挂一漏万，望学界、业界人士不吝赐教。

笔 者

2019 年 8 月

目 录

第一部分 互联网经济研究

第一章 产业链创新模式探索 …………………………… 003
第一节 研究综述 ………………………………………… 003
第二节 产业链蛛网模型研究 …………………………… 007

第二章 互联网网络外部性分析 ………………………… 013
第一节 网络外部性的经济学分析 ……………………… 013
第二节 网络外部性模型的建立和分析 ………………… 015
第三节 网络外部性解决方案 …………………………… 019

第三章 互联网消费需求理论研究 ……………………… 022
第一节 互联网经济基本特征 …………………………… 022
第二节 互联网边际效用递减分析 ……………………… 024
第三节 互联网消费需求理论研究 ……………………… 029

第四章 互联网消费者无差异曲线研究 ………………… 033
第一节 研究现状与述评 ………………………………… 033
第二节 互联网消费者无差异曲线分析 ………………… 035

第五章 电子商务发展规模测算 ………………………… 040
第一节 "互联网+"与电子商务 ………………………… 040
第二节 电子商务发展规模测算的数理估算方法研究 …… 046

第二部分 "互联网+"产业创新

第六章 "互联网+"乡村振兴 …………………………………… 061
- 第一节 "互联网+"农业 …………………………………… 061
- 第二节 韩国信息化村分析与借鉴 ………………………… 066
- 第三节 福建省"互联网+现代农业" ……………………… 073

第七章 "互联网+"智慧旅游 …………………………………… 093
- 第一节 旅游业与旅游产业链 ……………………………… 093
- 第二节 旅游电子商务特征与发展现状 …………………… 099
- 第三节 旅游在线交易的法律问题 ………………………… 103

第八章 "互联网+"区域产业创新 ……………………………… 127
- 第一节 福建省电子商务发展现状 ………………………… 127
- 第二节 福建省电子商务产业转型升级思路 ……………… 142

第九章 互联网情境下智慧健康研究 …………………………… 154
- 第一节 我国智慧养老研究综述 …………………………… 154
- 第二节 互联网情境下网络群体生存质量横断面研究 …… 161

第十章 "互联网+"与智慧医疗 ………………………………… 183
- 第一节 蛛网模型视角下的糖尿病移动在线管理模式研究 …………………………………………………… 183
- 第二节 移动互联网活跃人群糖尿病危险因素认知分析 … 189

第三部分 "互联网+"区域合作与人才培养

第十一章 "互联网+"闽台区域合作 …………………………… 197
- 第一节 ECFA框架下的两岸服务业创新研究 …………… 197
- 第二节 后ECFA时代福建文化创意产业定位研究 ……… 208
- 第三节 闽台文化创意产业联动机制研究 ………………… 217

| 第十二章 | 区域合作视角下的互联网产业人才培养 | ………… | 230 |

第一节　闽台高等院校本科教育交流与合作模式的构建 … 230
第二节　闽台合作背景下产业人才培养联动机制研究 …… 234
第三节　高等院校电子商务专业实践教学体系设计 ……… 241

第一部分
互联网经济研究

第一章 产业链创新模式探索

第一节 研究综述

在新技术经济条件下，经营体竞争优势的基础已经超出了自身的能力和资源的范围，竞争范围从单个经营体竞争扩展到了产业链之间的竞争，竞争方式也更多地表现为创新竞争和速度竞争。[①]

从政府角度，对于区域经济布局而言，产业链研究进一步揭示了产业集群、产业链和产业集聚区等因素对区域竞争优势的影响，从而使政府能更好地利用本地优势资源，发展优势产业，提高本地区的经济实力和产业竞争力。

从企业角度，产业链从客户需求出发，重新规划跨组织边界的业务流程，以实现产业链整体绩效的突破性提升。同时，产业链要求企业重新审视其商业模式，并对企业间的物流、资金流、信息流等进行优化，以提高企业的整体效益。

产业链是产业经济学中的一个衍生概念，真正引起人们的关注并得到进一步分析和研究也不过十余年时间。但是，通过对相关产业经济学著作的阅读和比较，我们很难从产业经济学学术理论体系中寻找到对产业链的专门描述。因此，有必要专门针对产业链的定义及其运用展开论述，以进一步推动产业链优化，提高

---

① 芮明杰、刘明宇：《产业链整合理论述评》，《产业经济研究》2006年第3期。

产业竞争优势。

除体现价值链相关概念外,查找国外文献,将产业链问题作为研究对象进行研究的基本处于空白状态。搜索结果表明,2008~2019年发表的英文学术文章,标题完全符合关键词"Industrial Chain"的仅有8093项(检索时间:2019/06/14)。

一 国外研究现状

产业链的形成有学者认为源于产业集聚理论。① 产业集聚由三种形式组成:一是一组公司,包括专门化的投入、零部件生产、机械和服务提供,以及相关联的辅助企业;二是下游企业、生产互补产品的生产商、专业基础设施的提供者,和其他提供专业培训、教育、信息、研究和技术支持的机构;三是包括商会在内的其他集群成员团体。②

对产业链的研究最早来自古典经济学家,亚当·斯密在《国富论》中开篇探讨的即是"劳动的分工"。斯密在《国富论》中揭示了工业生产是一系列基于分工的迂回生产的链条,并详细分析了分工的好处。③ 与资本主义经济发展的历史相吻合,西方不同经济学科经济分析的对象,大体经历了个量分析—总量分析—产业经济分析的漫长过程。二战后,欧美发达国家研究现代产业组织的理论日臻成熟并处于领先地位,日本则重视产业结构和产业政策的研究。④

波特在其《国家竞争优势》《群聚区和新竞争经济学》等论著中,提出了"产业群聚"和"群聚区"的概念。他认为:各国的竞争优势形态,都是以产业群聚的面貌出现的,当产业群聚形成

---

① 刘尔思:《关于产业链理论的再探索》,《云南财经大学学报》2006年第22(3)期。
② 刘斌:《产业集聚竞争优势的经济分析》,中国发展出版社,2004。
③ 亚当·斯密:《国民财富的性质和起因的研究》,谢祖钧等译,中南大学出版社,2003。
④ 邬义钧、邱钧:《产业经济学》,中国统计出版社,2001。

时,一个国家(或地区)无论在最终产品、生产设备、上游供应还是售后服务等方面,都会具有进行国际竞争的实力。且很多产业群聚或具有国际竞争力的产业通常具有地理集中性。① 但是,迄今为止,国外学者还没有将产业链问题作为研究对象进行研究,国外有关产业链的研究基本处于空白状态。

究其原因,有学者认为主要有:一是从管理学角度研究价值链、供应链的学者,未能对价值链、供应链在特定群聚区域内的特殊表现形式即产业链进行专门的考察;二是提出或重视"地点竞争力"的波特等人,都将其注意力集中在国家、地区的产业集群研究上,也未对产业链进行专门的考察。②

二 国内研究现状

产业发育和产业链形成对经济和企业的价值与贡献也是最近几年才开始受到国内学者重视的。国内不同的学者对此有不同的解释。

杨公朴、夏大慰认为:由同一产业内所有具有连续追加价值关系的活动构成的价值链可称为"产业链",或是"产业活动链"。③

龚勤林认为:产业链是各个产业部门之间基于一定的技术经济关联,并依据特定的逻辑关系和时空布局关系客观形成的链条式关联关系形态。④

刘贵富等认为:产业链是指一定地域内,同一产业部门或不同产业部门或不同行业中具有竞争力的企业,与相关企业以产品为纽带按照一定的逻辑关系和时空关系,联结成的具有价值增值

---

① Porter, M. E. Clusters and the New Economics of Competition [J]. *Harvard Business Review*, 1998.
② 蒋国俊:《产业链理论和稳定机制研究》,西南财经大学博士学位论文,2004。
③ 杨公朴、夏大慰:《产业经济学教程》,上海财经大学出版社,2002,第56页。
④ 龚勤林:《论产业链构建与城乡统筹发展》,《经济学家》2004年第3期。

功能的链网式企业战略联盟。①

杜义飞等认为：产业链的本质是用于描述一个具有某种内在联系的企业群结构，它是一个相对宏观的概念，存在两维属性：结构属性和价值属性。产业链中大量存在上下游关系和相互价值的交换，上游环节向下游环节输送产品或服务，下游环节向上游环节反馈信息。②

马士华等认为：产业链是围绕核心企业，通过对信息流、物流、资金流的控制，从采购原材料开始，制成中间产品以及最终产品，最后由销售网络把产品送到消费者手中的，将供应商、制造商、分销商、零售商、最终用户连成一个整体的功能网链结构模式。③

卢明华等认为：产业链是某种具有内在联系的产业集合。④

吴金明、邵昶根据产业链内含的主要因素，选取了现实中四种主要的点线对应关系来反映产业链的丰富内涵，将产业链的概念界定为：产业链是基于产业上游到下游各相关环节，由供需链、企业链、空间链和价值链这四个维度有机组合而形成的链条（见图1-1）。⑤

通过对前文学者观点的分析，我们得出产业链的内涵关键词为：关联（连接）、链条（链网）、整体。因此，我们尝试给出产业链定义如下：产业链是在相关产业组织中，依据特定的经济关系，客观形成的、整体的功能网链结构。

---

① 刘贵富：《产业链研究现状综合述评》，《工业技术经济》2006年第25（4）期。
② 杜义飞、李仕明：《产业价值链：价值战略的创新形式》，《科学学研究》2004年第22（5）期。
③ 马士华、林勇、陈志祥：《供应链管理》，机械工业出版社，2000，第41页。
④ 卢明华、李国平、杨小兵：《从产业链角度论中国电子信息产业发展》，《中国科技论坛》2004年第4期。
⑤ 吴金明、邵昶：《产业链形成机制研究——"4+4+4"模型》，《中国工业经济》2006年第4期。

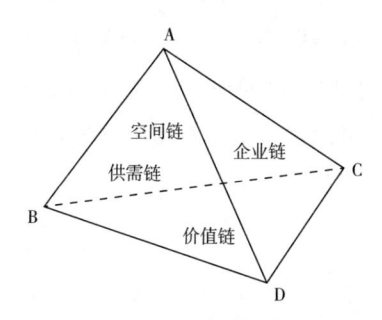

图 1-1　产业链概念四维示意图

第二节　产业链蛛网模型研究

一　蛛网模型（Cobweb Model）

（一）概念

蛛网模型 1930 年由美国的舒尔茨、荷兰的 J. 丁伯根和意大利的里奇各自独立提出。由于价格和产量的连续变动用图形表示犹如蛛网，1934 年英国的卡尔多将这种理论命名为蛛网理论。

（二）假设前提

蛛网理论是一种动态均衡分析，引进了时间变化的因素，通过对不同时期的需求量、供给量和价格之间相互作用的考察，用动态分析的方法论述某些生产周期较长的商品的产量和价格在偏离均衡状态以后的实际波动过程及其结果。古典经济学理论认为，如果供给量和价格的均衡被打破，经过竞争，均衡状态会自动恢复。蛛网理论却证明，按照古典经济学静态下完全竞争的假设，均衡被打破，经济系统并不一定自动恢复均衡。① 这种根据的假设前提有如下三个。

---

① 邵正芝：《蛛网理论与弹性理论》，《青岛大学学报》2000 年第 2 期。

1. 完全竞争，每个生产者都认为当前的市场价格会继续下去，自己改变生产计划不会影响市场；从开始生产到生产出产品需要一定的时间，而且在这段时间内生产规模无法改变。

2. 价格由供给量决定，供给量由上期的市场价格决定。

3. 生产的商品不是耐用商品。

（三）分类

在以上假设条件下，蛛网理论根据需求和供给弹性之间的不同关系，在QOP（经济学平面）下的模型中，曲线 D 为需求曲线，S 为供给曲线，分为以下三种类型：a_1 为收敛型蛛网，b_1 为发散型蛛网，c_1 为封闭型蛛网，[①] 见图 1-2。

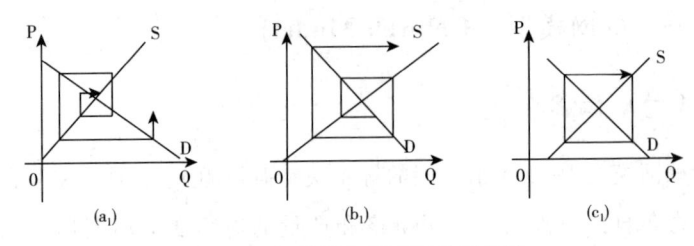

图 1-2　经济学平面下的蛛网模型

二　信息服务业产业链蛛网模型

由于基本假设限制，蛛网理论主要被广泛用于分析农产品的生产，因为农产品在种植期间生产规模是不可变更的，且本期的产量决定了本期价格，而本期价格对下期的产量一般会有决定性影响。如阿西玛咖普罗斯（A. Asmakapulos）举例：当以土豆种植为主业的农场主都因土豆价格下降而缩减土豆的种植面积时，唯有一个农场主根据长期的经营经验，相信土豆价格将上升，且上升的价格将出现于土豆生产时，

[①] 孟大生：《弹性理论和蛛网理论两种数学模型的比较与选择》，《广东农工商职业技术学院学报》2001 年第 17（3）期。

因而增加了土豆种植，这就是蛛网模型在农业产业链上的具体运用。①通过对其他产业链的比较，蛛网模型并非只在农业产业链上出现。如彼得·圣吉（Peter M. Senge）在其著名的《第五项修炼》中提到的，由20世纪60年代麻省理工学院（MIT）的史隆管理学院（Sloan School of Management）首创的啤酒产供销游戏，②事实上也是模拟了发散型蛛网模型在啤酒产业链上的体现。由此可见，蛛网模型效应在各种产业链中都不同程度地存在。

（一）图形绘制

作为功能型网链结构，产业链注重的是产业链间各个节点相互之间的关系。前文有关学者所给出的四维空间示意图，实际上只是揭示了产业链的宏观表面。本书借鉴经济学上的蛛网模型，融入产业链功能网链结构，以信息服务业为例，绘制产业链蛛网模型，来确定产业链中各个节点间的关系（见图1-3）。

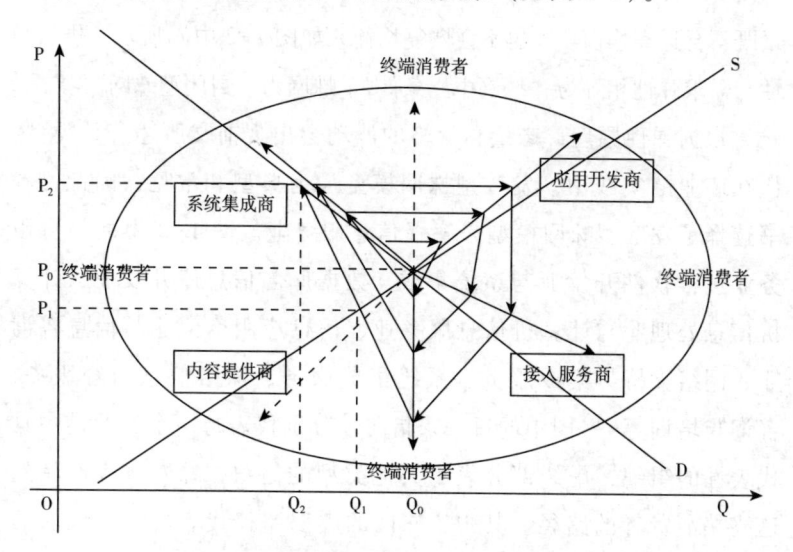

图1-3 发散型产业链蛛网模型——以信息产业为例

---

① 阿西玛咖普罗斯：《微观经济学》，牛津大学出版社，1978，第68~72页。
② 彼得·圣吉：《第五项修炼》，郭进隆译，上海三联书店，2003，第29~62页。

图中：曲线 D 为需求曲线，S 为供给曲线，Q_0 和 P_0 代表均衡供给量和价格；Q_1 和 P_1 代表本期的供给量和价格；Q_2 和 P_2 代表下期的供给量和价格。

由于需求弹性、供给弹性不同，价格和供给量的变化可分三种情况。

1. 当供给弹性小于需求弹性（即价格变动对供给量的影响小于对需求量的影响）时，价格和产量的波动将逐渐减弱，经济状态趋于均衡，如图 1-2 中 a_1 所示。供给弹性小于需求弹性为"蛛网稳定条件"，蛛网向内收缩，称"收敛型蛛网"。

2. 当供给弹性大于需求弹性（即价格对供给量的影响大于对需求量的影响）时，波动逐步加剧，价格和产量越来越远离均衡点，无法恢复均衡，如图 1-2 中 b_1 所示。供给弹性大于需求弹性为"蛛网不稳定条件"，蛛网为"发散型蛛网"。

3. 当供给弹性等于需求弹性时，波动将一直循环下去，价格和产量既不会远离均衡点，也不会恢复均衡，如图 1-2 中 c_1 所示。供给弹性与需求弹性相等为"蛛网中立条件"，蛛网为"封闭型蛛网"。

根据弹性原理，产量和价格的波动会出现前文所述三种类型，但在产业链实践中，发散型蛛网模型最为典型和常见，因此，本书选择了发散型蛛网模型来解释信息服务业。图 1-3 中的信息服务业包含软件开发业与系统集成、数据库与信息库开发业、计算机信息处理业与计算机信息服务业、信息应用增值业与信息咨询业、网络支持与集成服务、系统集成服务、网络信息内容服务、咨询与培训等。[①] 图中的每一条指向轴分别代表每一个产业链中具代表性的组织，虚线部分表示其他类型的组织，蛛网代表产品到达终端消费者的路径。其中，蛛网的震荡路径代表着产品供求的变化。

---

① 凌美秀：《产业链视角下国内信息服务业的发展定位研究》，《图书情报知识》2005 年第 104 期。

(二) 产业链蛛网模型的进一步解析

在信息服务业，蛛网模型的作用相当明显，如存储芯片产业素来价格波动剧烈，芯片价格在数周之内涨跌20%~30%是常有的事。此类蛛网模型形成的主要原因是芯片生产的投资到形成产能进而增加供给的时间延迟，即生产者想增产时，价格处于高位，但当生产者增产完毕时，产品又过剩了，价格下跌，于是生产者开始下一阶段更大规模的重新减产，价格便反复震荡，形成"发散型蛛网模型效应"。[①]

在形成过程中，我们关注到：信息服务业产业链的源头并非从零开始。如某个大型B2B网站，必须要建立在系统集成商、接入服务商、应用开发商、内容提供商等的基础上，才能具体运作。而最基本的系统集成商，又必须有相应的软硬件商提供支持。从产品起点起指向终端消费者的过程中，成本、利润、价格、服务等相关因素影响着整个产业链蛛网模型不同层面企业节点的位置。随着信息服务业产业链（系统—应用—接入—内容提供）这样的链条前行时，价格、成本、利润、服务等与蛛网前进的路径一致，呈现递增趋势。

在市场机制的自发调节下，产业链活动中的三种蛛网模型在一定时期内是相互交错出现的。如收敛型蛛网即为在产业链稳定下的均衡状态，而封闭型蛛网模型体现了完全不受干扰的状态。这是由于产业链中有经验的生产者或经营者会在实际运作中逐步修正预期，使预期接近实际，从而使实际产量接近市场实际需求。但是，一些特殊情况，如物价持续上涨、经济衰退或不可预见的灾害等，都会导致产业链中出现蛛网模型的剧烈波动，进一步影响产业链上各个节点的位置。

---

① 周飙:《芯片业价格剧烈波动之谜》，《21世纪经济报道》，http://it.sohu.com/20080308/n255593971.shtml. 2008.3.8。

作为一种重要的经济学动态模型,蛛网模型刻画了产业链中的供求波动,引进了时间变化的因素,连续考察了属于不同时期的需求量、供给量和价格之间的相互作用。基于产业链的动态非均衡条件下的蛛网模型稳定性分析,对研究产业链中周期性生产商品的价格波动等经济活动,走出"蛛网困境",建立针对蛛网模型的产业链预警系统和机制,提高产业链上各个节点的效益和效率,具有积极的意义。

第二章 互联网网络外部性分析

随着互联网经济的高速发展,传统经济模式产生了重大变化,新经济理论研究方兴未艾。为此,我们应结合供需曲线模型,对网络的外部性展开研究,而且不可忽视网络负外部性,要通过加大公共网络建设力度、道德与法律约束相结合、采用基于竞争的经济手段等举措来解决网络负外部性问题。

第一节 网络外部性的经济学分析

消费的不完全排他意味着可能会有一部分利益被当事人以外的其他人免费获得。经济学用"外部性"(Externality)来描述这一现象,指一项经济活动给当事人以外的其他人带来了某种影响。对外部性问题做经济学分析始于马歇尔(Marshall)。1890年,马歇尔在他的《经济学原理》一书中首次提出了"外部经济"概念,[①] 用来与"内部经济"(Internal economy)这一概念相对应。曼昆(N. Gregory Mankiw)指出:"当一个人从事一种影响旁观者福利,而对这种影响既不付报酬又得不到报酬的活动时,就产生了外部性。"[②]

经济学家 Katz 和 Shapiro 1985 年对网络外部性进行了分类,将

[①] 马歇尔(Marshall A):《经济学原理》(上卷),朱志泰、陈良璧译,商务印书馆,1983,第279~284页。

[②] 曼昆(N. Gregory Mankiw):《经济学原理》,梁小民译,机械工业出版社,2003,第172页。

网络外部性分为直接网络外部性和间接网络外部性,① 后来的经济学家们进一步提出了"正负网络外部性"的概念。齐默尔曼等认为:网络外部性和锁定效应网络外部性是一种网络的属性,它对经济行为主体的价值函数产生影响。② 泰勒尔认为,当一产品对一用户的价值随着采用相同产品或可兼容产品的用户增加而增加时,就出现了正的网络外部性。③ 国内学者张铭洪分析了网络外部性的含义,并对与网络外部性相关的一些概念和形成机理做了详细的论述,为进一步分析网络外部性奠定基础。④ 苏惠香运用微观经济学有关理论及分析方法,揭示了网络外部经济性的规律及作用。⑤

一般情况下,公共产品被当作正外部性的极端例子,因此,外部性通常在福利经济学以及公共经济学中被广泛分析。在已有的学术论著中,学者们多倾向于对互联网经济的正外部性展开分析,大多采用数学模型进行研究,分析上略显薄弱,导致概念模糊,得出的结论并不能对当前网络经济的发展提供建设性意见和建议。当前,互联网的产生和高速发展导致一些原本适用于传统经济环境的现象发生变化,所根植的理论基础也发生了转移。但是,不可否认的是,传统经济学理论对当前互联网经济现象仍然具有现实参照意义,并在新的领域中得到了进一步拓展。在肯定网络外部性的同时,不可忽视其内部性的负面作用,基于"完全理性"的前提,需要对网络内部性也展开分析。同时,由于互联网强大的融合作用,传统网络(广播、电视、移动通信、电信等)出现了逐渐融合的趋势,由此,本书中的网络外部性,主要指基

---

① 剧锦文、阎坤:《新经济辞典》,沈阳出版社,2003,第 404~405 页。
② K. F. 齐默尔曼:《经济学前沿问题》,申其辉、孙静、周晓等译,中国发展出版社,2004,第 222~225 页。
③ 泰勒尔:《产业组织理论》,张维迎译,中国人民大学出版社,1998,第 538~539 页。
④ 张铭洪:《网络外部性及其相关概念辨析》,《广东工业大学学报》2002 年第 4 期。
⑤ 苏惠香:《网络外部经济性效应的微观分析》,《工业技术经济》2007 年第 6 期。

于互联网经济模式的外部性。

第二节　网络外部性模型的建立和分析

随着互联网的高速发展，互联网经济（Internet Economy）也呈几何级数增长，在各种网络（移动、电信、电视等）趋向融合的背景下，市场这只"看不见的手"能否如同以往一样产生作用？

以下从被曼昆称为"外部性的一般范畴之内"的市场失灵现象出发，建立外部性模型并进行比较，考察互联网经济中外部性的作用和影响。

一　互联网经济

互联网经济的提出源于"网络经济"。关于"网络经济"概念的界定，从相关研究文献的英文释义来看，对"网络经济"一词的解释有"Cyber Economy""Network Economy""Internet Economy"。约翰·弗劳尔（John Flower）认为网络经济意味着数字化商业时代的来临，消费者行为出现改变，[①] 首次提出了"Internet Economy"的概念。陈钺认为网络经济是指在计算机网络技术基础上发展起来的、以多媒体信息为主要特征的一种新经济潮流和形态。[②] 乌家培认为"网络经济就是通过网络进行的经济活动""实际上是互联网经济（Internet Economy）"。[③] 所以，通过对当前网络经济的内涵研究，本书认为：网络经济即互联网经济，是以互联网为中心的现代信息网络的一切经济活动，由此采用"Internet Economy"为适用英文解释。

---

① 约翰·弗劳尔：《网络经济：数字化商业时代的来临》，梁维娜译，内蒙古人民出版社，1997。
② 陈钺：《网络时代经济规律的变化及其影响》，《南开学报》2001年第2期。
③ 乌家培：《网络经济及其对经济理论的影响》，《学术研究》2000年第1期。

互联网经济是传统经济的补充和延伸，二者不可分割；某些在传统经济特定环境中适用的经济学原理在网络经济中会发生改变，但并不意味着传统的经济学原理不适用于现有网络经济模式；对于经济学概念的创新，必须进行充分的验证，缺乏理论依据的简单概念借用会误导未来学术研究的方向。

二 外部性模型建立与比较

在针对网络外部性的研究中，有学者认为：正外部性成为网络外部性的主要表现形式，[①] 西方经济学对于外部性的分析往往基于供需曲线，因为供需曲线包含了有关成本与利益的重要信息。由于信息的共享性和无形性等特征，我们可以把网络归属于准公共产品，类似于教育产业，虽然有成本的存在，但也存在社会效应。以下我们结合微观经济学供需曲线模型对网络外部性展开分析。

（一）网络正外部性分析

网络外部性在很大程度上受到用户人数的影响。在互联网发展的早期，由于高昂的费用导致用户量极少，并没有出现正外部性的特征。随着互联网软硬件基础设施的完善，上网成本的降低，网络价值上升，梅特卡夫法则（Metcalf Law）开始发挥作用，即网络经济的价值等于网络节点数的平方，N 个联结创造 N^2 的效益，爆炸性的网络持续增长带来了网络价值的飞涨。网络外部性使市场对产品需求的价格弹性增大：扩大价格变动对需求的影响，需求显得较有弹性。当价格下跌时，使用人数增加更多，更增加了人们的需求。

此外，网络外部性影响了厂商之间竞争的特性，形成了马太

[①] 吕本富：《网络的外部性——信息经济学原理之十一》，《IT 经理世界》2003 年第 15 期。

效应（Matthews Effect），改变了传统产品销售的"酒香不怕巷子深"的逻辑关系，而变成了"赢家通吃"的正反馈关系。以微软为例，虽然其前期在自己开发的 Windows 系列软件研发上投入巨大，但相比 Linux 系统而言，消费者更喜欢 Windows 的兼容性和易操作性，已经产生了锁定效应。微软公司在此基础上，持续推出了 XP、Vista、W7 等操作系统，进一步提升安全性和兼容性，进一步加强了消费者黏性。

如图 2-1 所示，由于此时互联网经济的社会价值大于个人价值，社会价值曲线在个人价值曲线之上。此时的最适量体现为社会价值需求曲线与个人成本供给曲线的交叉点并大于供需曲线一般的均衡量（市场量）。由此可见，网络的正外部性使微软公司的股东们在获得较高个人收益的同时，也扩散了相应的生产率效益，并取得了利他的社会效果——体现为在互联网中的经济单位所采取的生产或消费行为，使整个行业或社会上某些群体无须更多的付出，以极低的成本就能得到好处，共享资源。

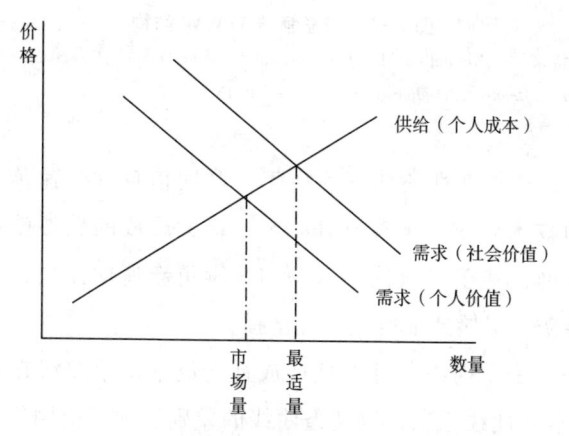

图 2-1 网络的正外部性

（二）网络负外部性分析

但是，网络的负外部性也同时存在，不可忽视。如互联网的通用标准及微软等在市场上占主导地位的公司所带来的一些负面垄断效应,以及由于互联网的蝶状领结结构(见图2-2),信息在互联网中多向流动、大容量文件的频繁上传和下载所出现的网络拥堵等,都体现为负外部性特征。

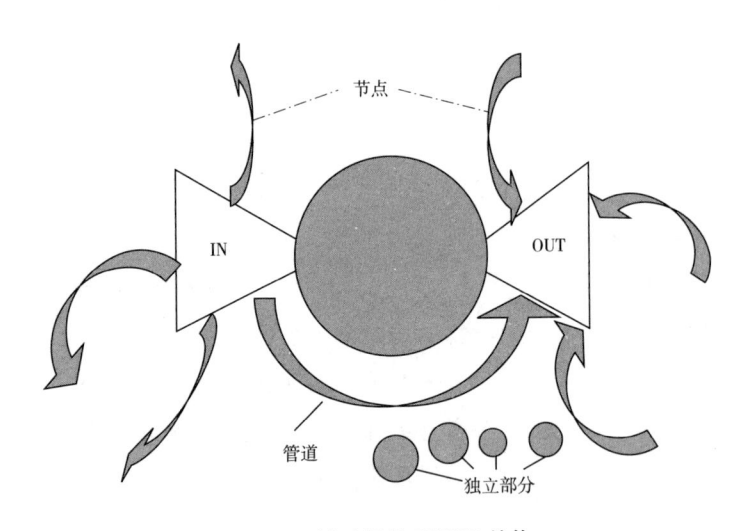

图 2-2 蝶形领结 WWW 结构

资料来源:Kenneth C. Laudon & Carol Guercio Traver, *E-commerce-business, Technology, Society*, High Education Press, p. 18。

同时,负外部性还体现为由于互联网信息的快速传递,不需要太高的技术要求,黑客(Hacker)借助现成的软件就可以肆意进攻互联网,甚至局域网。木马和病毒更新速度极快,使杀毒软件防不胜防,屡屡造成巨大的经济损失。

图2-3表示网络负外部性造成社会成本供给曲线在市场供给(个人成本)曲线之上,这两条曲线的差别反映了由网络垄断、网络拥堵以及黑客的存在所带来的外部成本。此时网络的最适量同样体现在个人价值需求曲线与社会成本供给曲线的交叉点上,但小于供需曲线一般的均衡量(市场量)。网络负外部性的存在,使网络经济的社会成本大于个人成本。

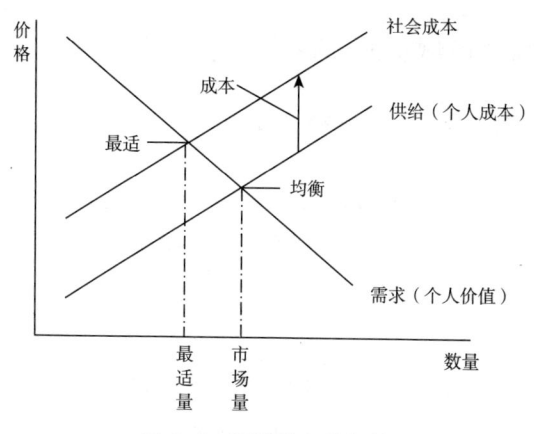

图 2-3　网络的负外部性

第三节　网络外部性解决方案

一　推动网络正外部性的出现

本书提及的"网络外部性"是传统经济学中的外部性在互联网背景下的一个特殊例子。当网络在规模上领先时,它的领先地位将不断得到加强。当变化发生,特别是技术的转变使原有网络过时的时候,这种滚雪球才会停止。[①] 由此,我们看到,人们欢迎网络正外部性的出现,因为在互联网这种特殊的经济形式中,网络的正外部性体现为互联网持续不断增加的客户数量,导致在互联网中的生产和消费环节产生的效益已经溢出了传统企业的边界,不仅为经营者创造更多的收益,同时衍生出如维基百科(Wiki)等完全利他的互联网产品,进一步达到信息资源的共享。事实上,这种滚雪球般的信息爆炸和共享体现为互联网的自发行为,并非某个企业或者政府可以左右,进一步验证了市场这只"看不见的

---

① Allan Afuah Christopher L. Tucci:《互联网商务模式及战略》,李明志等译,清华大学出版社,2005,第 29 页。

手"的力量。

二 降低网络负外部性的思考

(一) 加大公共网络建设力度

解决网络负外部性的关键因素之一还在于政府对公共网络建设的投入力度。如汶川地震中互联网的特有优势,彰显了降低网络负外部性的新途径,进一步完善国家应急机制、加强公共网络建设已经被提到议事日程上。当前新加坡政府经验值得借鉴。近年来,新加坡已将信息技术作为支柱产业之一,其宽带建设和发展、3G 技术演进等都走在了亚洲的前列。

(二) 道德与法律约束相结合

当外部性引起市场的无效率资源配置后,根据传统经济学原理的一般做法,采取的手段一般是:在个人解决方法(如道德规范、社会约束和慈善行为等)无效的情况下,通过政府的直接管制行为,如法律界定、税收和补贴等来达到遏制负外部性的效果。[①]

在互联网经济背景下,网络的外部性一方面体现为互联网的无边界使主体无法确定,互联网的隐蔽性使道德约束成为强弩之末;另一方面也导致了政府监管力量的缺失、网络垄断的出现和网络犯罪率的上升。由此,基于当前互联网发展的现状,建立完善的法律体系势在必行。传统法律范畴的《反不正当竞争法》一样可以对网络垄断进行约束;同时,根据我国最新的刑法修正案,黑客犯罪最高将被处以七年的有期徒刑,并被处以一定的罚金。从以前的关注入侵转到对新型犯罪行为的描述,即获取计算机信息系统中存储、处理或者传输的数据。另外对提供黑客工具、编

---

① 曼昆(N. Gregory Mankiw):《经济学原理》,梁小民译,机械工业出版社,2003,第 172 页。

写黑客工具的行为，也将其界定为违法行为。① 在个人道德约束无效的情况下，法律也许是最好的解决方案。

（三）采用基于竞争的经济手段

针对网络犯罪可以用法律手段加以约束，但同属于负外部性的网络拥堵却使人们束手无策。网络拥堵虽然对用户的浏览速度会产生影响，但并不像经济学大部分著作中所提到典型负外部性现象——环境污染——那样会影响整个社会的整体效能，因此不存在政府干预的问题。

到目前为止，我们所看到的解决网络拥堵所产生的外部性的方案，除了不断增加网络环境的投入之外，似乎别无他法。事实上，市场这只"看不见的手"在互联网经济中仍然有效，可以设计基于市场自由竞争体系的"个性化""细分化"价格歧视方案，针对不同的用户群体设计出不同的价格体系；同时，市场竞争会带来越来越便宜的电信资费和越来越快的宽带速率，解决网络拥堵问题，从而可以把更多的带宽让出来给更需要的人。

综上所述，传统西方经济学原理为我们针对互联网经济的研究提供了有效的分析方法和观点。研究网络的外部性问题，使我们更清晰地看到：网络正外部性的存在使更多的人受益于互联网，填补了数字鸿沟，缩小了城乡差距，提高了教育的整体水准；但是网络的负外部性不可忽视，负外部性的存在使不良信息在互联网上比以往传统社会以更快的速度传播，高度细分的市场导致了网络垄断的出现。对于从事互联网经济研究的学者和业者们而言，网络负外部性更应该得到重视，并应设计安全的规制防患于未然。

---

① 林斐：《侵入普通电脑也将面临刑罚》，《IT 时报》2009 年 3 月 6 日，http：//tech.sina.com.cn/it/2009-03-06/11202886561.shtml。

第三章 互联网消费需求理论研究

随着计算机和网络的普及，网民已经成为膨胀速度最快的一个受众群体，用户量的级数扩张带来的是网络经济的爆炸式增长，互联网经济在给最终用户消费者带来便捷的同时也使其在消费需求上发生了改变。

第一节 互联网经济基本特征

如前所述，互联网经济（Internet Economy）的提出源于"网络经济"，本书认为：网络经济即互联网经济，是以互联网为中心的现代信息网络的一切经济活动。综合多年对互联网经济的跟踪经验及有关学术观点，当前互联网经济呈现出以下基本特征。

一 从分工转向高度合作

西方经济学主要研究如何利用和配置稀缺的社会资源进行生产，以及如何把社会产品分配给社会成员以供他们消费的问题。[①]因此，传统经济学以"分工"为基础，亚当·斯密在《国富论》中开篇探讨的即是"劳动的分工"，揭示了工业生产是一系列基于分工的迂回生产的链条，并详细地分析了分工的好处。[②] 然而，在互联网经济中，却出现了高度合作的趋势。如"云计算"（在

---

① 李翀：《微观经济学》，北京师范大学出版社，2008，第10页。
② 亚当·斯密：《国民财富的性质和起因的研究》，谢祖钧等译，中南大学出版社，2003，第13~21页。

低成本地区建设和运营极大规模的商品化计算机数据中心，主导厂商为 Amazon 和 Google）的出现，使企业运营成本及获取、加工、整合信息的费用大幅度降低，知识在产业链中高效融合，并可直接提升经济效益；"云计算"模式导致了整个行业思维方式的转变。

二 从迂回经济转向直接经济

传统经济学建立在"资源稀缺"的基础上，由于信息不对称，表现为迂回经济特征，不得不以规模效应达到获取资源的目的。而互联网经济的本质是直接经济，知识是可再生的。2005 年，以博客为代表的 Web2.0 的出现标志着互联网新媒体发展进入新阶段，催生出 Blog、RSS、WiKi、SNS 等一系列新事物。由于互联网主要以信息为载体，具有无限复制与下载的特征。因此，从某种意义上说，互联网的信息资源将持续处于供大于求的状况，与传统的资源概念具有本质的区别，呈现边际收益递增的趋势。

三 高渗透与自我膨胀性

在传统的产业概念中，三大产业间的界限非常清晰。但是，迅速发展的信息技术、网络技术，以极强的渗透性使三大产业之间的界限变得模糊，出现融合趋势。美国著名经济学家波拉特在 1977 年发表的《信息经济：定义和测量》中，第一次采用四分法把产业部门分为农业、工业、服务业、信息业。① 在网络信息技术的推动下，产业间相互融合的速度大大提高。

此外，作为传统经济，市场经济虽然由"看不见的手"推动，自我膨胀特征却并不明显。但在互联网经济中，其自我膨胀性突

---

① 谭顺：《关于网络经济几个问题的辨析》，《山东理工大学学报》2003 年第 4 期。

出表现在四大定律（规律）上：① 摩尔定律（Moore's Law）预测到单片硅芯片的运算处理能力，每18个月就会翻一番，而与此同时，价格则减半，30多年来，这一预测一直比较准确；梅特卡夫法则（Metcalf Law）认为：网络（互联网）经济的价值等于网络节点数的平方，即 N 个联结能创造 N^2 的效益，大爆炸式的持续增长必然会带来网络价值的飞涨。马太效应（Matthews Effect）反映了互联网经济时代企业竞争中的一个重要因素——主流化。即在互联网经济中，由于人们的心理反应和行为惯性，在一定条件下，优势或劣势一旦出现并达到一定程度，就会导致其不断加剧而自行强化，出现"强者更强，弱者更弱"的垄断局面。吉尔德定律（Gilder's Law）预测：在未来10年，通信系统的总带宽将以每年3倍的速度增长。随着通信能力的不断提高，每比特传输价格将朝着免费的方向下跌，呈现出"渐进曲线"（Asymptotic Curve）的规律，价格点无限接近于零。

第二节　互联网边际效用递减分析

互联网经济学是在当代经济学基础之上发展起来的一个新的分支学科，专门研究互联网经济条件下的经济现象及规律。互联网的持续增长带来网络价值的飞涨，收益递增成为必然。但是，收益递增并不与效用递增呈正比关系。从梅特卡夫法则和马太效应出发，并从对互联网消费的特征分析来看，最终互联网边际效用还是递减的，再次证明传统西方经济学的边际效用递减规律在互联网经济中的有效性，这对我们科学认识在互联网背景下高速发展的互联网经济内涵具有一定意义。

---

① 何明升、李一军：《网络消费的基本特点及其对传统经济理论的突破》，《学术交流》2001年第2期。

一 边际效用递减规律

(一) 边际效用

1871年，奥地利的卡尔·门格尔（C. Menger）和英国的W. 斯坦利·杰文斯（W. S. Jevons）分别出版了《国民经济学原理》（*Principles of Economy*）和《政治经济学原理》（*The theory of Political Economy*）。1873年，法国的里昂·瓦尔拉斯（L. Walras）出版了《纯粹经济学纲要》（*Elements of Pure Economy*）。三部著作几乎同时提出了效用价值论，他们的研究成果被称为经济学的"边际革命"。[1]

人们之所以买东西，是因为他们能从中得到满足。经济学家把这种满足称为"效用"。[2] 边际效用是消费者在一定时间内增加一单位商品的消费所得到的满足程度的增量。可以意指能区别于其他效用的一种特殊的效用；也可以意指附属于某种特殊事物的一般效用。[3] 现代西方经济学的效用原理主要以基数效用论和序数效用论为根据。边际效用递减规律贯穿于基数效用理论，是基数效用论者分析消费者行为并进一步推导消费者需求曲线的基础。[4]

(二) 边际效用递减规律

边际效用递减规律建立在"完全理性、完全信息、完全竞争"三个基本假设假定的基础上，[5] 指在一定时间内，在其他商品的消费数量保持不变的条件下，随着消费者对某种商品消费数量的增加，消费者从该商品连续增加的每一消费单位中得到的效用增量

---

[1] 李翀：《微观经济学》，北京师范大学出版社，2008。
[2] John. S.：《经济学》（上卷），郭庆旺译，经济科学出版社，2001，第160~162页。
[3] Lamont, W. D.：《价值判断》，马俊峰译，中国人民大学出版社，1992，第121页。
[4] 高鸿业：《西方经济学》，中国人民大学出版社，2004。
[5] 高鸿业：《西方经济学》，中国人民大学出版社，2004。

即边际效用是递减的。① 之所以存在边际效用递减规律,是因为人们的欲望会随着消费量的增加而逐渐降低,但每一消费增量人们所要支付的价格是相同的。序数效用论的分析同样表明:边际效用递减规律适用于所有产品。

美国斯坦福大学经济学教授布里安·阿瑟发表《收益递增与两个商业世界》的论文认为,收益递减规律主宰着当今经济的传统部分,即加工工业;收益递增规律则在经济中的新兴部分,即以知识为基础的行业中起支配作用。② 孙健提出网络经济的出现使经济学传统的"边际效用递减"规律发生了根本性的变化——出现了边际效用递增规律,即有效信息不灭定律($1-1=1, 1=\infty$)的直接推论。③ 李玉峰、梁正等提出互联网的"重复性"需求导致"效用递增"成为普遍现象,尤其以软件的升级换代为代表。④ 张小蒂、倪云虎运用边际效用分析法给出了对传统产品和网络产品的消费者行为描述。⑤ 楚尔鸣、何恒远认为网络(互联网)经济的消费特征突破了传统消费理论的界域,并使传统经济学的边际效用递减规律转变为边际效用增加规律、客观稀缺性规律转变为主观稀缺性规律等。⑥ 盛晓白提出在网络(互联网)经济中,消费者对某种商品使用得越多,其增加该商品消费量的欲望就越强,出现了边际效用递增规律。⑦ 王学东、易明、杨斌等人探讨了关于边际效用递减规律的验证,认为在网络(互联网)经济条件下,网

---

① 常杉:《微观经济学研究论析》,《当代经济》2008年第4期。
② 布里安·阿瑟:《收益递增与两个商业世界》,《经济导刊》2000年第3期。
③ 孙健:《网络经济学导论》,电子工业出版社,2001,第29页。
④ 李玉峰、梁正、李建标、高进田:《知识经济学》,南开大学出版社,2003,第76页。
⑤ 张小蒂、倪云虎:《网络经济概论》,浙江大学出版社,2003,第51~53页。
⑥ 楚尔鸣、何恒远:《基于网络经济的传统消费理论评析》,《山东经济》2002年第6期。
⑦ 盛晓白:《网络经济通论》,东南大学出版社,2003,第77~79页。

络产品仍然服从边际效用递减规律。①

二 互联网边际效用

与传统经济模式相比，互联网经济的特征突出体现为其自我膨胀性，以下从梅特卡夫法则和马太效用出发探讨互联网边际效用递减。

（一）梅特卡夫法则和马太效用

在互联网繁荣时期的各种流行思潮当中，影响力最大的思潮之一就是梅特卡夫法则（Metcalfe's Law），在梅特卡夫法则作用下，互联网的用户大约每隔半年就会增加1倍，而互联网的通信每隔100天就会翻一番。

在互联网经济中，由于人们的心理反应和行为惯性，在一定条件下，优势或劣势一旦出现并达到一定程度，就会导致其不断加剧而自行强化，出现"强者更强，弱者更弱"的垄断局面，这就是马太效应（Matthews Effect）。马太效应反映了互联网经济时代企业竞争中一个重要因素——主流化。谁占领的市场份额越大，谁的获利就越多。

（二）互联网边际效用递减验证

1. 边际效用递减是个人定制的必然结果

梅特卡夫法则带来的互联网爆炸性持续增长必然会带来网络价值的飞涨。在所有的经济网络中，都会产生这种收益递增，导致网络价值滚雪球般地增大。

但是，在网络世界中，伴着网络用户的大量增加，随之而来的是精细化网络经济即"个人定制"的出现。从马斯洛的需要层

---

① 王学东、易明、杨斌：《电子商务概论》，武汉理工大学出版社，2005，第239~240页。

次理论出发，随着"个人定制"出现，只要是现实存在的人，从心理学上来说，就必然有效用递减的现象出现，这种在互联网经济中存在的心理现象证明：收益递增并不与效用递增对等，效用递减规律仍然有效。

2."锁定特征"与"成瘾性"的本质区别

互联网经济的"马太效应"与学者提到的互联网经济由于其"锁定"特征而造成边际效用递增的说法似乎相吻合。但互联网经济的这种"锁定"特征与效用递减规律中强调的特殊性，即"成瘾性"有着本质上的区别："成瘾性"更多地出现在毒品等人类无法摆脱的心理魔障上，而软件的"锁定"只能说是一种消费习惯，这种消费习惯是可以变化并更改的。

3. 总效用和边际效用曲线的绘制

综合前文对梅特卡夫法则和马太效应的分析，参照西方经济学关于总效用和边际效用的函数关系，绘制互联网经济的总效用和边际效用曲线如图 3-1 所示。

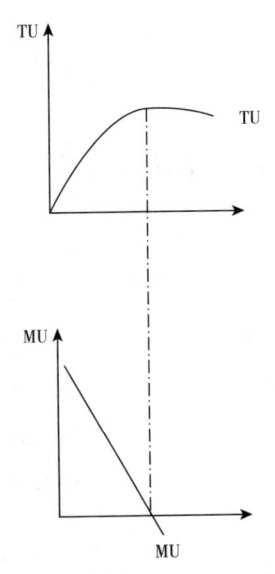

图 3-1 互联网经济的总效用曲线 TU 和边际效用曲线 MU

从图 3-1 可以看出，互联网经济的边际效用曲线 MU 向右下方倾斜，呈现下滑趋势，总效用曲线 TU 随着 MU 曲线正负值的变化而出现拐点。边际效用曲线 MU 实际上是网络消费者的需求曲线，MU 向右下方倾斜就是由边际效用递减规律和购买商品的效用最大化原则造成的。拐点意味着网络消费者的满足感开始下降，出现了负面效果，如果继续使用将导致消费者总体满意度下降。

例如，早期的消费者使用网络聊天工具以微软 MSN 和腾讯 QQ 为主，在没有其他选择的前提下，仍然会继续使用。但随着智能手机的出现，消费者开始感觉微信更便捷。微信公布了 2018 年度微信数据报告，报告称每天有 10.1 亿用户登录微信，每天有 450 亿次消息发送，4.1 亿次音视频呼叫成功，其中视频通话用户比三年前多了 570%，同时每个月还有 6300 万位 55 岁以上用户保持活跃，是我国目前使用人数最多的社交网络平台。正是因为网络产品的效用也是递减的，原先的主流产品，如 MSN、QQ 等，必须不断地开发各种新功能来满足和刺激客户的新需求，提高客户的"黏性"（忠诚度），才能保证企业的发展。

第三节　互联网消费需求理论研究

一　研究现状与述评

Evan Schwatz 认为市场营销就要向"网络（互联网）经济"转型;[1] 林中燕采用蛛网模型对信息服务业进行研究，认为由于网络（互联网）经济的存在，一些特殊情况，如物价持续上涨、经济衰退或不可预见的灾害等，都会导致蛛网模型剧烈波动。[2] 韩耀等通过对网络外部性、信息产品的消费者选择以及非信息产品消

---

[1] Evan Schwartz, "Web economics-Nine Essential Principles for Growing Your Business on the www" [M], Broadway Books, 1997.
[2] 林中燕：《产业链视角下的信息服务业蛛网模型》,《河南科技大学学报》2009 年第 1 期。

费新变化的研究，刻画出网络（互联网）经济条件下消费者的行为特征。[①] 李莉等分析了电子商务环境中的消费者行为，建立了搜索成本经济学的概念，提出了电子商务市场中的消费者感知风险问题。[②] 刘湘蓉依据灰色系统理论的研究方法对网络经济加以定量分析，认为消费环节是生产环节的延续，并对生产环节有促进作用。[③]

比较国内外研究现状，我们发现其呈现出以下特点：当前针对互联网经济背景下消费需求理论的系统研究较为缺乏；在已有的学术论著中，学者们同意互联网经济对当前的经济学体系乃至消费者的消费习惯都会产生影响，但在具体分析上，由于立足点不同，出现了完全对立的观点，如对互联网经济的边际效用是递增还是递减存在不同看法；同时，在模型分析上略显薄弱，学者们往往语焉不详，导致概念模糊，不能说明当前互联网经济背景下消费需求理论的变化。

由此，当前互联网经济背景下的消费需求理论研究重点应着眼于在"完全理性、完全竞争、完全信息"的经济学基本假设前提下，立足于微观经济学消费需求理论的基本原理，结合互联网经济的基本特征展开研究。为架构互联网经济环境下的消费需求理论研究框架，有必要进一步明确互联网经济的基本特征。

二 互联网经济视角下的消费需求理论研究

互联网经济的基本特征告诉我们，传统经济学的某些理论正面临新的挑战。作为一个新的研究领域，学者们针对网络环境下的消费理论研究尚未形成较为一致的认识，对其核心问题见仁见

[①] 韩耀、刘宁、庄尚文：《网络经济背景下的市场均衡》，《产业经济研究》2007年第4期。
[②] 李莉、杨文胜、谢阳群、蔡淑琴：《电子商务市场质量信息不对称问题》，《管理评论》2004年第3期。
[③] 刘湘蓉：《基于灰色关联的电子商务经济影响因素研究》，《上海管理科学》2008年第1期。

智，而对其理论架构的探讨更是少有。由此，本书结合前期对互联网经济基本特征的长期跟踪，通过思考和研究，给出假设前提和技术路径，构建相应的理论研究模型。

（一）假设前提

1. 互联网经济是拉动内需强有力的推手，是传统经济的补充和延伸，二者间没有明确的界限。
2. 对互联网经济下的消费需求不能完全套用原有经济学理论。
3. 某些在传统经济特定环境中适用的消费需求原理在互联网经济中会发生改变。
4. 创新经济学概念必须进行充分的验证，不能简单地堆砌或相加。

（二）技术路径

收集各种资料和数据（包括：互联网经济发展的背景；对传统消费需求理论的重新界定；互联网经济消费需求理论的特征分析等），研究互联网经济背景下消费需求理论的发展，并给出综合评价。在数据收集、分析和理论与模型研究的基础上，通过模型的建立，采用比较与实证相结合的方法，评价当前互联网经济特征下消费需求理论的变化。

（三）研究思路及模型架构

研究思路为：在现状分析的基础上，找出当前互联网经济对消费需求理论的影响因素，验证微观经济学之消费需求理论在互联网经济中的作用，并沿着消费者行为分析的基本思路，细化消费需求理论节点，建立经济模型，进一步考量当前消费者需求的变化及应对措施等。在此基础上，提出当前我国消费需求中存在的问题及在互联网经济背景下的建议。

图3-2为基于互联网经济特征的消费需求理论研究模型（根

据微观经济学相关理论体系绘制）。

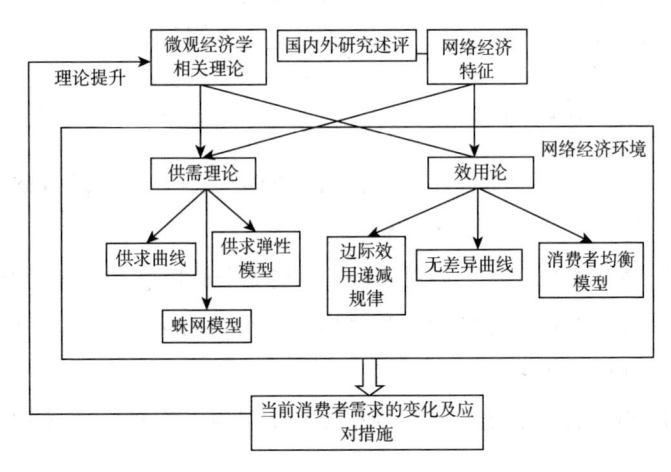

图 3-2　基于互联网经济特征的消费需求理论研究模型

在本模型中，研究的重点和难点在于：互联网经济中的各项经济活动是否遵循经济学家所归纳出来的、适用于传统经济的发展规律；当前互联网经济中拉动内需的重点和难点；如何看待互联网经济中消费需求在发展过程中出现的问题；在前期理论研究基础上所提出的互联网经济消费需求模型和理论框架是否有效；等等。

综上所述，传统微观经济学消费需求理论为我们提供了有效的分析方法和观点，但由于互联网经济带来的环境变化，新问题的出现，需要有新理论的解答与支持。不同学科的交叉研究，有助于弥补互联网经济背景下消费需求理论框架方面的不足，分析目前经济形势下我国消费需求的问题所在，寻找充分发挥互联网经济优势、创新经济发展模式，同时促进传统经济和互联网经济间相互协调和整合的有效路径。

第四章 互联网消费者无差异曲线研究

互联网的高速发展，带来了消费者行为的变化，网络购物呈几何级数的态势增长。本书通过对相关学术观点展开述评，从微观经济学无差异曲线的假定前提出发，具体分析边际替代率递减与边际效用递减的关系、互联网经济下的消费者无差异曲线等，探讨互联网经济下的消费者行为与微观经济学理论的吻合程度。

本章将主体概念"网络消费者"定位为：在互联网上开展网络商品购买（网上购物）或购买与互联网相关的 IT 产品的消费者。

第一节 研究现状与述评

一 效用及无差异曲线

《国民经济学原理》（C. Menger，1871）、《政治经济学原理》（W. S. Jevons，1871）、《纯粹经济学要义》（A. Walras，1873）被公认为边际主义的开山之作，几乎同时提出了效用价值论，提出商品的价值不取决于劳动的消耗量，而是取决于主观评价，这就是效用价值论或边际效用价值论。[1]

经济学家把人们买东西得到的满足称为"效用"。[2] 边际效用

---

[1] 巴里·克拉克：《政治经济学》，王询译，经济科学出版社，2001，第39页。
[2] 谭顺：《关于网络经济几个问题的辨析》，《山东理工大学学报》2003年第4期。

是消费者在一定时间内增加一单位商品的消费所得到的满足程度的增量。① 关于效用的度量，西方经济学家们先后提出了基数效用论和序数效用论的概念，序数效用概念在 20 世纪 30 年代被广泛使用，一般运用无差异曲线来分析消费者行为，用来表示消费者偏好相同的两种商品的所有组合。②

二 研究现状与研究述评

通过对现有研究成果的检索，我们发现使用无差异曲线进行网络消费者行为研究的成果较少，学者们基本从"互联网经济"的出发点开展研究。

杨艳、牟丹认为，在互联网经济条件下，由于网络产品的边际效用递增，传统的无差异曲线由向内弯曲反转成为向外弯曲，网络产品对传统产品的边际替代率呈现出递增的趋势。③

田媛认为，在网络商品和传统商品并存的时代，消费者可以选择同时消费网络商品和传统商品，但网络商品的边际效用递增特性必定使传统的无差异曲线有所偏转。④

楚尔鸣认为，在效用水平不变的前提下，随着网络产品消费数量的连续增加，消费者为得到每一单位网络产品所需要放弃的传统商品的消费数量是递增的，这就使传统的商品边际替代率的递减规律转变成商品边际替代率递增规律。表现为无差异曲线向右上方大幅度旋转。⑤

吴华用无差异曲线来找出网络受众需求曲线作为网络新闻的

---

① 何明升、李一军：《网络消费的基本特点及其对传统经济理论的突破》，《学术交流》2001 年第 2 期。
② 高鸿业：《西方经济学》，中国人民大学出版社，2004。
③ 杨艳：《再论网络经济对传统经济理论的挑战》，《生产力研究》2008 年第 14 期。
④ 田媛：《基于网络经济的消费者行为分析》，《北方经济》2007 年第 18 期。
⑤ 楚尔鸣：《基于网络经济的消费理论创新》，《中南大学学报》2003 年第 2 期。

宏观规划的重要依据。①

何明升和李一军的理论分析显示，网络消费的过程特别复杂，其间包括了生产和消费，存在效用递增，同时也存在效用递减。但是，他们在构建数学模型并推演后，得出的结论却是仅有效用递增，没有效用递减。②

研究表明：当前学界较少针对在互联网高速发展的经济背景下消费需求理论的变化和运用展开研究；在已有的学术论著中，学者们一致认为网络经济对当前经济学体系乃至消费者行为都会产生影响；但在具体分析上，由于立足点不同，出现了完全对立的观点，如杨艳认为无差异曲线出现反转，田媛及楚尔鸣认为只是出现偏转等。就研究方法而言，学者们对于当前互联网经济背景下消费者行为的针对性分析较少，且在模型应用分析上略显薄弱，大部分未经过数学推导论证。何明升、李一军通过数学推导只能得出"网络（互联网）经济下边际效用递增"这一阶段的存在。

第二节　互联网消费者无差异曲线分析

一　研究假设

运用无差异曲线对互联网经济下的消费者行为进行分析的基本假定如下。③

（一）偏好的完全性。网络消费者在浏览的过程中和传统消费者相同，总是会比较和排列不同商品。

（二）偏好的可传递性。假定网络消费者理性的选择是：若选择 A>选择 B，选择 B>选择 C，则选择 A>选择 C。此为传递性。

---

① 吴华：《显示偏好与网络新闻受众需求》，《内蒙古财经学院学报》2004 年第 3 期。
② 何明升、李一军：《网络消费的基本特点及其对传统经济理论的突破》，《学术交流》2001 年第 2 期。
③ 董长瑞：《西方经济学》，经济科学出版社，2004，第 51 页。

（三）偏好的非饱和性。假定网络消费者在选择时，会出现"马太效应"，认为数量多的产品比数量少的好；且暗示自己选择的这些产品必然是对自己有益的，不是有损的，如网游点卡消费者认为该商品可以提升自己游戏装备的档次，而不去考虑可能带来的成瘾问题。

二 无差异曲线

在上述假定条件下，我们借助微观经济学的无差异曲线来表示网络消费者偏好。如图4-1所示。

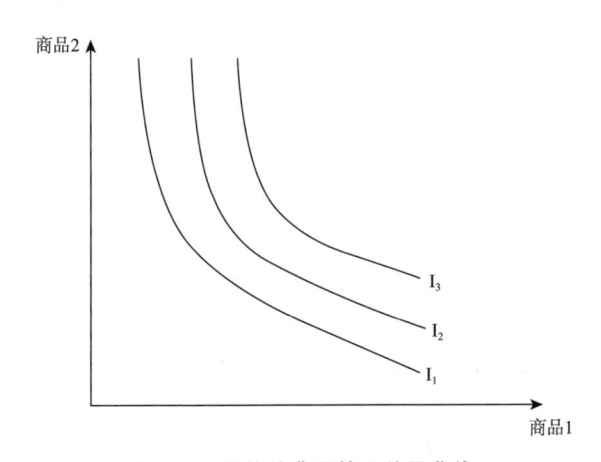

图4-1 网络消费品的无差异曲线

该图通过把网络消费者有相同效用或满足程度的商品组合点进行连接，形成光滑的无差异曲线，斜率为负。表明在该无差异曲线上任何一点所表示的特定商品组合对网络消费者的效用都是相同的。事实上，网络消费者有无数条无差异曲线，因为在网络消费者购买行为最终达成之前的偏好有无限种可能。

三 互联网消费者无差异曲线分析

传统的微观经济学认为，无差异曲线有三个特征：一是离原点较远表示效用程度或满足程度较大,如图 4-1 中消费者对 I_3 的满足程度大于 I_1,提供了消费者的偏好顺序。二是任何两条无差异曲线不能相交。三是无差异曲线凸向原点,反映边际替代率递减规律。①

为了进一步探讨无差异曲线在网络消费者行为决策中的运用,在阐述效用和无差异曲线等基本概念、绘制网络消费者无差异曲线的基础上,分析和研究无差异曲线的三个特征在互联网环境下的应用情况具有一定意义。

(一) 边际替代率递减与边际效用递减的关系

首先,应辨别边际替代率递减与边际效用递减是两个截然不同的概念。

边际替代率递减是在维持效用水平不变的前提下,随着一种商品的消费数量的连续增加,消费者为得到每一单位的这种商品所需要放弃的另一种商品的消费数量是递减的,反映在图形上则是无差异曲线的斜率递减。② 边际效用递减则指在一定时间内,在其他商品的消费数量保持不变的条件下,随着消费者对某种商品消费数量的增加,消费者从该商品连续增加的每一消费单位中得到的效用增量即边际效用是递减的。③

但是,二者也不是完全没有关联,事实上针对两个商品的边际替代率递减规律中,隐含着单个商品的边际效应递减规律。斯罗曼也认为:"边际替代率递减的原因与边际效用递减有关。"④

对于互联网经济而言,边际效用递减规律仍然有效(见第五章第二节)。这种在互联网经济中存在的心理现象证明:收益递增并不与效用递增对等,效用递减规律仍然有效。以此类推,边际替代率

---

① 杜木恒:《微观经济学》,中国财政经济出版社,2003,第 69 页。
② 高鸿业:《西方经济学》,中国人民大学出版社,2004。
③ 常杉:《微观经济学研究论析》,《当代经济》2008 年第 4 期。
④ 约翰·斯罗曼:《经济学》,郭庆旺主译,经济科学出版社,2001,第 183 页。

递减规律决定了在互联网背景下，商品无差异曲线斜率的绝对值是递减的，即曲线凸向原点。由此得出结论：在互联网经济中，商品的边际替代率递减是个人定制的必然结果，无差异曲线出现偏斜属正常，但不可能出现逆转，即边际替代率递增的现象。

（二）特殊的网络消费者无差异曲线

在极端情况下，无差异曲线会出现特殊的形状。如完全替代品的出现：完全替代品指两种商品之间的替代比例是固定不变的。对于应用上网浏览器软件的消费者而言，微软的 IE 浏览器和腾讯的 TT 浏览器之间是无差异的，二者在功能使用上基本相同，由此出现的无差异曲线如图4-2所示。

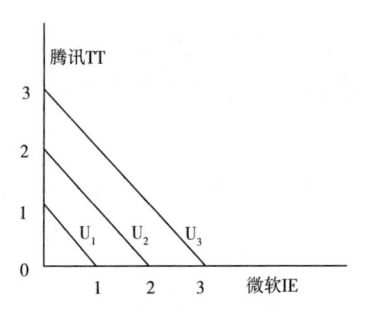

图4-2 完全替代品的无差异曲线

第二种特殊情况是完全互补品的出现：完全互补品指两种商品必须按固定不变的比例同时被使用的情况。[1] 如消费者要使用某个银行网银，必须使用该银行指定的插件，任何超量的插件都是多余且无效的（见图4-3）。

不同消费品的无差异曲线图，反映着互联网消费者不同的偏好。图4-2、图4-3说明：只是在特殊情况下，无差异曲线才表现为水平的或者垂直的。

---

[1] 高鸿业：《西方经济学》，中国人民大学出版社，2004。

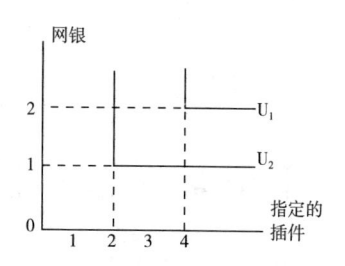

图 4-3　完全互补品的无差异曲线

互联网经济学是在当代经济学基础之上发展起来的一个新的分支学科，专门研究互联网高速发展背景下的经济现象及规律。了解并运用无差异曲线，有利于我们研究网络消费者的偏好，为互联网经营决策提供参考。当然，互联网经济学的研究必须以已有的经济学理论体系为基础，在借鉴和继承现存经济学的理论和方法的基础上，对经济学理论在互联网领域的应用展开进一步的探讨，进一步完善互联网经济学的理论体系。

第五章 电子商务发展规模测算

全球经济一体化的今天,互联网越来越广泛地覆盖了各个领域。作为信息技术(Information Technology)与现代经济活动结合的产物,电子商务成为人类社会进入知识经济时代的重要标志之一,电子商务不仅改变了人们的传统生活习惯,且对原有经济模式下的生产、经营、管理等产业链各环节活动,以及全社会的经济运行结构都产生了一系列影响。蓬勃发展的新一代信息技术与经济各领域深度融合渗透,促进了中国"互联网+"产业的增长,以外贸行业为例,2017年中国跨境电子商务交易规模已达7.6万亿元,在外贸总额中的占比上升至27.35%,2008~2017年年均增长28.42%,远超同期货物贸易进出口总额增速(4.95%)。[①]

第一节 "互联网+"与电子商务

IBM公司于1996年提出了Electronic Commerce(E-Commerce)的概念,到了1997年,该公司又提出了Electronic Business(E-Business)的概念;[②] 中国统一翻译为"电子商务",客观上容易造成概念认识歧义。E-Commerce或可指在实现整个贸易过程中各阶段贸易活动的电子化,E-Business则更多倾向于产业链的优化,特

[①] 岳云嵩、李兵:《电子商务平台应用与中国制造业企业出口绩效——基于"阿里巴巴"大数据的经验研究》,《中国工业经济》2018年第365(8)期。

[②] Adam N. R., Dogramaci O., Gangopadhyay A., *Electronic Commerce: Technical, Business, and Legal Issues*. Upper Saddle River, N. J.: Prentice Hall. 1999.

指利用信息网络实现所有商务活动业务流程的电子化。

电子商务（Electronic Commerce），一般可被理解为通过计算机网络进行的商务活动，这里的"商务"包括商贸、服务、经济事务以及行政事务等活动。目前，大多数国家都使用OECD（经济合作与发展组织，Organization for Economic Co-operation and Development，简称经合组织）关于电子商务的定义，即商品或服务通过互联网订购，但付款和交付环节可在线下完成。[①] 作为一种新的市场运作方式，电子商务是市场信息化、网络化和信息市场化引导的经济活动方式。电子商务的出现，有利于促进不同国家、地区的经济一体化进程，提高资源配置效率，尤其是工业制造业、现代服务业企业能够通过应用电子商务提高经营效率和效益水平，减少人力和时间消耗，提高服务效率。[②]

电子商务开拓了新的生产领域和销售领域，大大促进了供求双方的贸易与经济活动，提高了企业的整体经济效益和参与世界的竞争能力。同时，电子商务还具有运营成本低、用户范围广、无时空限制以及能同用户直接互动交流等突出特点，代表着未来贸易发展的方向。

一 研究现状与述评

Wymbs, Cliff认为信息技术和互联网对服务业造成了根本性的变化，分析了关键因素驱动的服务业竞争力转型和全球化。[③] Cox J. 和Dale B. G. 从物理服务环境的角度确定了评估有关电子商务服务决定因素的适用性，并认为需要进一步的研究来确定电子商

[①] Goldstein, Andrea, and David O'connor: E-commerce for Development: Prospects and Policy Issues. Vol. 2001. OECD Development Centre, 2000.

[②] 郑大川、黄蕾、林中燕：《电子商务发展规模测算的数理估算方法比较》，《闽江学院学报》2015年第36（2）期。

[③] Wymbs, Cliff, How E-commerce is Transforming and Internationalizing Service Industries, *Journal of Services Marketing*, 2000: (14-6): 463-477.

务经营环境因素。① 杨兆从国际贸易电子化的发展出发,初步探讨了国际贸易电子化的表现,认为计算机技术的飞速发展推动了经济全球化进程。② Lauden 以新一代电子商务为焦点,剖析了电子商务的演变,总结了从 2000 年 3 月以来大批电子商务企业的倒闭中学到的教训:电子商务的核心在于商业、技术和社会问题。③ 关毅东选择流通产业的电子商务问题进行研究,探求加速流通自身发展的内因和动力以及流通业电子商务发展的战略与对策。④ 郭东治探讨了电子商务之价值创造与企业经营绩效间的关系,以及企业特质与电子商务应用对电子商务之价值创造和企业经营绩效间的关系造成的影响。⑤ Lee, Gwo-Guang 和 Hsiu-Fen Lin 开发了研究模型用于探讨电子服务质量与总体服务质量之间的关系,以及客户的满意度和购买意向。⑥ 孙瑜等研究了商品流通体系,认为该体系包含"信息流、物流、资金流",探讨了"以虚驭实"的管理方式,跳出了原有停留在仓储、运输环节谈物流的思维模式。⑦

自 2009 年之后,学者研究电子商务的视角开始转向对产业链优化作用的研究:林中燕(2009)研究了产业链视角下的信息服务业蛛网模型,通过绘制信息服务业产业链蛛网模型,进一步明确了相关节点间的关系,以提高各个节点的效益和效率。张微认

---

① Cox J., Dale B. G., Service Quality and E-commerce: an Exploratory Analysis, *Managing Service Quality*, 2001 (11-2): 121-131.
② 杨兆:《纵论国际贸易电子化——关于电子商务在国际贸易行业中的理论和应用问题分析》,对外经济贸易大学博士学位论文,2001。
③ Lauden K. C. Carol Guercio Traver. *E-Commerce*: *Business*, *Technology*, *Society*. Addison Wisely, 2004.
④ 关毅东:《电子商务发展与流通产业变革》,武汉理工大学硕士学位论文,2002。
⑤ 郭东治:《电子商务之价值创造对企业经营绩效之影响》,台湾:义守大学管理学院硕士学位论文,2003。
⑥ Lee Gwo-Guang & Lin Hsiu-Fen. Customer Perceptions of E-Service Quality in Online Shopping. *International Journal of Retail & Distribution Management*, 2005 (33-2): 161-176.
⑦ 孙瑜、张龙:《以电子商务模式改造传统产业研究》,《现代情报》2005 年第 12 期。

为电子商务活动的开展可以为产业集群以及集群内部企业核心竞争力的建立与维持提供支持,依据基于复杂适应系统理论的分析思路,研究了产业集群电子商务扩散的机理。[1] 李铁提出四种电子商务与传统产业的合作模式,系统分析了电子商务与传统产业合作的主要模式及面临的问题。[2] 陈小红研究了电子商务与经济增长之间的互动关系和变动趋势以及系统控制模式,提出了电子商务与经济增长之间协调发展的评价模型和控制的基本模式方法。[3] 林中燕研究了后 ECFA 时代福建省 ICT 产业的提升路径,认为福建 ICT 产业应定位于自身优势,以闽台关系为基石,夯实基础设施建设,通过 ICT 样本建设拉近城乡距离,建立 ICT 人才培养联动机制。[4] 杨洋等认为电子商务应用的深化是发展现代农村服务业的有效途径,采用服务业内在推动力理论,提出了依托电子商务拓展现代农村服务业的模式。[5] 郭涛开展了运营商电子管道向电子商务转型的关键能力和系统架构研究,分析了新形势下电子商务对电子管道的发展要求和目前存在的问题,研究了电子管道向电子商务转型的关键能力,并提出了系统目标架构和演进路线。[6] 郑雅方探讨台湾电子商务 B2C 物流策略,研究分析了平台经营的定位、金流服务、信息化能力、供应商的素质、供应商数量与商品数、

---

[1] 张微:《产业集群电子商务扩散机理研究》,长春工业大学硕士学位论文,2010。
[2] 李铁:《电子商务产业与传统产业的合作关系研究》,《企业导报》2011 年第 20 期。
[3] 陈小红:《电子商务对经济增长贡献的评价与控制研究》,东华大学硕士学位论文,2011。
[4] 林中燕:《后 ECFA 时代福建省 ICT 产业的提升路径》,《福州大学学报》2012 年第 5 期。
[5] 杨洋、穆炯、曹云忠:《依托电子商务扩展农村服务业产业链》,《江苏商论》2012 年第 1 期。
[6] 郭涛、薛立宏、蔡逆水:《运营商电子管道向电子商务转型的关键能力和系统架构研究》,载中国通信学会无线及移动通信委员会编《全国无线及移动通信学术大会论文集》,人民邮电出版社,2012。

仓储功能与物流业者的整合能力。① 杜永红在"一带一路"倡议背景下，分析了跨境电子商务以渠道拓展与市场份额的增加引领贸易和投资的发展策略，探讨了实现"一带一路"沿途国家间的生产分工协作、资源与产品共享以及相互市场开放的发展策略。② 郭征亚从电商全产业链视域出发，研究农村电商实现可持续发展面临的机遇与挑战，探索了农村电商在当前生态体系下实现可持续发展的对策。③

综上，早期研究成果中，研究者一般就电子商务开展探讨，较少涉及电子商务与产业间的互动关系。随着互联网的普及，网民数量的高速增加，政府和研究者开始关注电子商务对经济增长的贡献度，研究视角开始转向传统产业链与电子商务间的衔接，由微观层面的业务模式探讨转向宏观层面的第三产业优化研究。

二 "互联网+"和电子商务

2015年，在十二届全国人大三次会议上，李克强总理在政府工作报告中首次提出"互联网+"行动计划。"互联网+"是指以互联网为主的一整套信息技术（包括移动互联网、云计算、大数据技术等）在经济、社会生活各部门的扩散、应用过程，其本质是传统产业的在线化、数据化，是传统产业转型升级的过程。"互联网+"强调互联网在社会资源配置中的优化和集成作用，将互联网的创新成果深度融合于经济、社会各领域之中，提升全社会的创新力和生产力，形成更广泛的以互联网为基础设施和实现工具

---

① 郑雅方：《电子商务 B2C 物流策略之探讨》，台北：台湾大学管理研究所，2013。
② 杜永红：《"一带一路"战略背景下的跨境电子商务发展策略研究》，《经济体制改革》2016 年第 6 期。
③ 郭征亚：《产业链视域下农村电商可持续发展生态体系分析》，《商业经济研究》2017 年第 24 期。

的经济发展新形态。①

电子商务是以信息网络技术为手段、以商品交换为中心的商务活动,它不仅包括商品交易,还涵盖了物流配送等附带服务。作为信息技术与现代经济活动结合的产物,电子商务成为人类社会进入知识经济时代的重要标志之一。电子商务的各类应用建立在两大支柱和四大基础之上(见表5-1),只有建立在此基础上才能逐步建立完善的电子商务应用,最终形成电子商务产业链并且实现其优化。

表 5-1 电子商务应用基础

两大支柱	1. 政策法律与隐私权的保护
	2. 各种技术标准和安全网络协议的确立和兼容
四大基础	1. 网络基础结构
	2. 多媒体内容和网络宣传
	3. 信息和信息交换基础
	4. 贸易服务的基础设施

商务活动是人类经济社会的活动基础,其活动形态的改变会同时带来经济社会各个方面的调整。商务活动的电子化和信息化演变,使人们的生活方式,生产、营销、管理等产业链中的各个环节,以及经济运行的结构和形态,都发生了一系列深刻变革,带来了产业结构的调整和资源的重新配置。电子商务突破了传统的"商圈"概念,使交易对象方便地进入全国乃至全球市场,扩大了市场空间。企业可在电子商务平台上进行全天候交易,延长了交易时间。依托电子商务,生产商可以直接构建零售终端,与消费者进行交易,大大缩减流通环节,进一步降低交易成本。在市场监管领域,网络交易具有"来源可追溯、去向可查证、责任

---

① 林中燕、郑大川、张晨画:《2015年福建省电子商务学科发展研究报告》,《海峡科学》2016年第1期。

可追究"的特征,是新时期实现市场有效监管和新商业文明建设的重要支撑。此外,电子商务在节能减排、创造就业、支持创业等方面也发挥着重要作用。

"互联网+"和电子商务不是平行并列的关系,也不是谁从属于谁的关系。"互联网+"和电子商务你中有我,我中有你,相互融合,相互促进。电子商务的发展丰富了"互联网+"的内容,"互联网+"又促进了电子商务的继续演化。电子商务的发展通过价值链、供需链、企业链、空间链、资金链渗透到整个经济社会活动中,而整个经济社会及各个环节的互联网转移又对电子商务提出新的要求。健康发展的电子商务能保证"互联网+"顺利推进,科学发展的"互联网+"反过来又能保证电子商务的持续创新。[①]

第二节 电子商务发展规模测算的数理估算方法研究

我国近年来电子商务交易额快速增长,2013年我国网络零售市场交易规模为1.85亿元,超越美国成为世界第一电子商务大国。如何衡量电子商务发展规模,成为当前业界的研究重要领域。

一 电子商务发展规模测算的理论依据及研究进展

(一)罗杰斯的创新扩散理论

创新扩散理论是由20世纪60年代美国学者罗杰斯提出的(Everett M. Rogers, 1962)。在仔细考察了创新事物的扩散进程以及影响扩散速度、扩散范围的重要因素后,罗杰斯总结了新兴事物在社会复杂系统中得以顺利扩散的基本规律,提出了著名的创新扩散S曲线理论。在这一曲线中,创新扩散的过程分为知晓、

[①] 林中燕、郑大川、张晨画:《2015年福建省电子商务学科发展研究报告》,《海峡科学》2016年第1期。

劝服、决定、确定四个阶段。①

电子商务作为一个年轻而富有生命力的新兴产业，在不同地区呈现出多样化的发展特点。正确测算其在特定地区特定范围的发展规模，对正确认识电子商务发展现状、制定具有现实指导意义的产业政策显得尤为重要。作为一个新生事物，电子商务的发展过程完全符合罗杰斯的创新扩散理论所描述的特点。"近年来，关于信息化、信息社会、电子商务、电子政务等方面发展状况评估的许多指标体系，实际上都是以 S 曲线的三阶段理论——就绪度、应用度、影响度——为基础的。"②总体上，我国的互联网普及符合 S 曲线的发展规律，有学者估算未来我国互联网普及率的饱和值在 54% 左右，且预计在 2027 年以后达到一个稳定的水平。③

（二）电子商务发展规模测算的研究进展

对电子商务发展规模进行测算，可以追溯到马克卢普进行的知识经济测算研究（Fritz Marchlup, 1962）和波拉特进行的信息经济测算研究。④ 马克卢普在国民经济中划出了一个专门的知识产业，并用最终需求法（支出法）对其进行分析和测算，指出 1958 年美国知识产业的产值约占国民生产总值的 29%。1977 年波拉特提出关于信息经济分析的基本概念和整体框架，在马克卢普的基础上，对信息经济的研究进行了全面扩展。波特拉的重要贡献之一是将信息产业从服务业中独立出来，单独进行测算；同时将信息产业分为一级信息产业和二级信息产业，分别进行测算。这一思路为电子商务的规模测算研究起到了很大的指导作用。

---

① Rogers E. M. *Diffusion of Innovations* [M]. New York: Free Press, 1962: 35-38.
② 钱海婷：《电子商务测度模型及绩效评估方法探讨》，《管理现代化》2009 年第 5 期。
③ 彭阳阳：《中国互联网扩散发展规律研究》，《现代商贸工业》2016 年第 8 期。
④ Marchlup F.：《美国的知识生产与分配》，孙耀君译，中国人民大学出版社，2007，第 55 页。

2001年哈佛大学国际发展中心信息技术小组与IBM合作建立了"迈向网络世界——发展中国家指南"。[①] 该指南建立了包含五类19个指标的指标体系,以此描述特定地区电子商务发展水平的各种因素及其状况。一些跨国咨询企业则更多地采用评分卡的方法对电子商务进行评估。比如思科的"网络评估记分卡"和普华永道的"电子商务成熟模型"。

2013年任今方依据OECD对电子商务发展的维度进行了划分,将电子商务应用度从复杂的电子商务统计中分离出来,进行独立的分析研究,构建了适合我国不同区域进行电子商务发展水平宏观测度的模型。[②]

许多国际机构和国际合作组织,比如经合组织、APEC等,都针对电子商务指标体系和评价方法进行了研究。其中以经合组织有关企业的电子商务优先指标和APEC的电子商务准备状况评估指南最具有影响力。这两个指标体系为各个国家建立自己的电子商务评价体系提供了很好的参考。

(三) 中国电子商务主要统计机构和统计指标

据统计,中国已开展的主要官方与非官方有关电子商务或包含电子商务某些指标的统计调查如下(见表5-2)。

表5-2　中国电子商务统计调查指标对比一览

调查机构、报告名称	调查对象	主要调查内容
国家统计局:《信息化情况主要指标》	全国范围内开展的统计调查和综合测评	年末在用的计算机数,年末拥有网站数,全年电子商务采购金额、全年电子商务销售金额

[①] 魏建良、谢阳群:《电子商务水平测度理论评述》,《情报杂志》2006年第2期。

[②] 任今方:《区域电子商务发展水平测度方法研究与实证》,《兰州教育学院学报》2013年第29(10)期。

续表

调查机构、报告名称	调查对象	主要调查内容
中国互联网络信息中心（CNNIC）：《中国互联网络发展状况统计调查》	从网络用户的角度开展的统计调查	上网人数、上网计算机数、CN域名数、带宽总量、用户特征等
国家经贸委市场司、中国社会科学院信息化研究中心：《企业互联网应用和电子商务发展水平统计调查》	从企业角度开展的统计调查（侧重于应用环境和发展规模情况）	企业实施信息化的程度、电子商务驱动模式、互联网应用成效等
中国电子商务研究中心：《中国电子商务市场数据监测报告》	从市场、行业、企业等几个方面进行细分领域调查	主要包含企业规模、市场营收、市场份额、用户规模等
赛迪资讯顾问有限公司：《企业电子商务发展现状调查》	从企业角度开展统计调查	企业互联网投入使用情况、B2B和B2C交易情况、设备情况、资金支付方式和售后服务等
互联网研究与发展中心（CII）：《电子商务指数报告》	从地区和全国角度开展的调查和综合测评	政策环境、电子商务效益、基础设施、人力资源、网络景气、用户满意度、安全性等
各地统计部门开展的电子商务发展情况统计调查（以福建省统计局"正统网"为例）	从企业角度开展统计调查。注：主要针对地区性参与电子商务及服务外包产业活动的企业	针对第三方电商企业：电子商务平台交易额、网站访问量、期末会员数、信息化建设投资额等；针对电商应用企业：电商交易、支付情况、物流配送及企业信息化基础建设情况等

由于上述电子商务统计调查大多为探索性的，有的是对调查方法进行探索，有的是对调查内容进行探索，而且这些调查的范围均很有限，缺乏严格意义上的调查数据——电子商务交易额，

因此其调查结果也仅供参考，还不能确切地代表和反映全国的水平。在各项统计调查中，福建省电子商务与服务外包统计公共服务平台（简称"正统网"）所采取的方式较为新颖。该平台围绕"政府主办、服务外包、企业受益"的运作模式和"以服务换数据，以服务促发展"的创新统计理念，依据统计学理论和国际惯例，以集成化的数据采集为核心基础，通过引导企业在平台上报送统计报表，一方面可便捷、高效、客观地采集电子商务和服务外包统计数据，另一方面可构建政府部门与调查对象间的良性互动平台，促进地区电子商务产业发展。

（四）电子商务统计的关键点

首先，建立统一的电子商务调查体系。明确电子商务的概念、分类、调查对象、核算方法；制定电子商务统计方法、统计口径、统计范围；建立电子商务统计指标体系，编制电子商务发展指数等综合评价指数，以全面、准确地评估地区电子商务发展的水平、效益及其变化情况。

其次，明确电子商务调查对象。电子商务调查对象应包括政府、事业单位、企业和家庭，内容丰富，技术难度大，涵盖全部国民经济行业，建立电子商务统计框架还应提出科学性、可比性和可行性的要求，由宏观管理部门来实施这样的调查。

最后，突出电子商务统计研究的重点方向。如分析电子商务对国民经济的影响是电子商务统计研究的重点之一，相应地必然要求提供电子商务对主要经济增长指标影响力度的数据。这些关键指标包括交易额（电子商务应用程度）、对经济增长的贡献率（电子商务应用效果）等。

二 基于抽样调查的电子商务发展规模测算方法

由于进行电子商务活动的形式众多，经营活动种类繁杂，特别是参与对象的数目庞大，并且有相当比重的参与者并未进行正式渠道的登记注册，这就使面向电子商务活动的统计核查工作无法像普通商务活动一样获得完全的统计信息。

因此，在电子商务统计工作中，抽样统计调查成为目前唯一可行的数据收集方式，和常见的宏观经济领域发展测算方法不同，电子商务发展测算呈现出其自身的特点。

实际的抽样调查通常关注总体的某些参数，如总量、均值等。对于这些目标量的推断通常有两种方式：一种是基于传统抽样设计的推断，按照某种抽样设计从有限总体中随机选取样本的入样概率作为推断的基础；另一种是基于模型的推断，即假设有限总体是某个超总体的一次随机实现，估计量是基于这个超总体模型做出的。前者把总体取值看作固定的，样本是随机的，其随机性由抽样设计导致，并用随机样本推断总体。后者认为总体取值是随机的，总体自身是超总体的一个样本或者是一次随机实现，在一定模型假设下揭示样本单元与非样本单元的关系，通过样本数据预测非样本数据，进而获得关于总体参数的估计。基于模型推断的估计量性质都是基于超总体模型下的所有可能来实现推导的。两者的区别在于，基于抽样设计的方法是无参数的随机化推断方法，不对总体的目标变量做任何分布假设；模型推断方法假定总体来自某个分布，是一种参数推断方法，模型的参数可以通过样本进行估计。

在电子商务发展水平测算领域，目前可以采取 4 种方法，分别是简单估计法、比率估计法、指数法、回归模型法。

（一）简单估计法

简单估计法是通过简单扩充得到估计量，即通常说的距估计。

均值估计是一种典型的简单估计方法。在均值估计中，组成总体的 N 个单位的某项指标值为 $y_1, y_2, \cdots, y_N$。为得到总体总量 $\sum_{1}^{N} y$，随机抽样得到样本 $x_1, x_2, \cdots, x_n$。将样本均值 $\bar{x} =$

$\frac{1}{n}\sum_1^n x$ 作为 $\bar{y}$ 的无偏估计,得到总体 y 的均值,从而总体总量为 $\sum_1^N y = N\bar{y}$ ①。

在电子商务统计中,我们可以通过"平台"采集的数据使用简单估计法对各地区、各行业电子商务发展规模进行估计推算。从"平台"数据中,我们可以计算出调查企业电子商务销售额平均水平,以此作为全社会电子商务销售平均水平。因此,全社会电子商务销售总额=全社会电子商务销售平均水平×全社会工商企业数目。

(二) 比率估计法

设所调查的变量 y_i 为所要描述的指标值,变量 x_i 是该指标值的辅助变量,且两者均为随机变量。y_i 与 x_i 间存在稳定的比率关系,即 $y_i = R \times x_i$,其中 R 为比率系数,得到 $R = \frac{y_i}{x_i}$。总体比率的计算公式为 $R = \frac{\sum_1^N y_i}{\sum_1^N x_i}$,样本比率的计算公式是 $r = \frac{\sum_1^n y_i}{\sum_1^n x_i}$。

在比率估计法中,为得到总体某项指标的总量 $\sum_1^N y$,用样本比率关系 r 作为总体比率关系的无偏估计,得到总体指标的比率值 R。从而总体指标值为 $\sum_1^N y = R \sum_1^N x$ ②。

使用比率估计法从抽样调查数据推算全社会电子商务交易额,即先算出被调查的抽样样本中电子商务交易额占销售额的比重 r,以此作为全社会电子商务交易额占销售额比重 R 的无偏估计。再根据比率关系 R 及全社会商品和服务销售总额进一步推算出全社

---

① 陆秋君:《简单估计与比率估计效果的分析》,《统计与决策》2006 年第 12 期。
② 张娅莉:《抽样技术中的比率估计法》,《黄石理工学院学报》2007 年第 23 (2) 期。

会电子商务交易额。具体计算公式为：

$$\dot{R} = r = \frac{抽样样本中电子商务交易额}{抽样样本中商品和服务销售额}$$

全社会电子商务销售额＝全社会商品和服务销售总额×$\dot{R}$

比率估计法可以从行业汇总的角度推算全社会电子商务交易额。"平台"收集了不同行业电子商务的销售情况数据。因此我们可以根据不同行业的交易数据计算出对应的比率系数 r_q，其中 q（$q=1, 2, \cdots, p$）表示全社会所包含的各种行业。再根据各自的比率关系和全社会分行业商品和服务销售总额进一步推算出全社会中各行业电子商务交易额，最后进行汇总得到全社会销售总额。具体计算公式为：

$$\dot{R}_q = r_q = \frac{抽样样本中行业 q 的电子商务交易额}{抽样样本中行业 q 的商品和服务销售额}$$

全社会 q 行业电子商务销售额＝全社会 q 行业商品和服务销售总额×$\dot{R}_q$

$$全社会电子商务销售额 = \sum_{1}^{p} 全社会 q 行业电子商务销售额$$

比率估计法还可以从动态发展的角度推算全社会电子商务交易额。"平台"收集了不同年份电子商务的销售情况数据。假定抽样样本电子商务交易额和全社会电子商务交易额增长速度一致，那么我们可以利用历史数据，使用比率估计法推算出全社会当前的电子商务交易总额。具体公式如下：

$$\dot{R}_q = r_q = \frac{抽样样本中 t 期的电子商务交易额 - (t-1) 期的电子商务交易额}{抽样样本中 (t-1) 期的电子商务交易额}$$

全社会 t 期电子商务销售额 ＝ ($\dot{R}_q$ + 1) × 全社会 ($t-1$) 期的电子商务交易额

（三）指数法

对电子商务水平测算的研究兴起于 20 世纪 90 年代，国内外对电子商务水平测算的研究主要集中在信息化测度层面，有些学者把信息化水平等同于电子商务水平，在进行电子商务水平测度时往往采用信息化指数。中国互联网研究和发展中心（CII）提出了电子商务总指数指标体系，[①] 并测算了中国电子商务总指数。CII电子商务指数比较适合中国目前的统计体系，被中国较多的专家学者所接受和认可。近年来电子商务关键性统计指标方面的研究主要是基于CII指数进行定性和定量分析。

创建电子商务发展指数，前提是建立一个科学的、切实可行的电子商务评价指标体系。电子商务评价指标体系的设计应该遵循以下原则。

1. 电子商务评价体系的构成应该能够全面反映区域电子商务的发展状况，不仅要考虑企业过去的业绩，还要具备对未来发展趋势的预测；不仅要考虑对象的定量指标，还要考虑对象的定性指标。

2. 建立电子商务评价体系，所采用的指标不能是主观臆想的，而应该建立在科学分析的基础上；各个指标应相互配合，通过系统的测试和检测，形成完整的体系。

3. 电子商务评价体系的指标不应该是一成不变的，评级对象的类型不同，所采用的指标应该有所区别，对于不同的电子商务经营形式，应采取对应的指标设计，充分体现评价主体的差异化。

4. 电子商务评价体系应以客观数据和客观事实为依托，充分反映被评价对象的发展状况，在指标选择、计算方法的使用和模型运用上，应强调计量客观原则，不能带有过多的主观色彩。

CII电子商务指数提供了电子商务发展指标体系的可借鉴框架。在此基础上，可以根据各区域的特点制定符合自身要求的指标体系。以电子商务发展指数指标体系为基础，我们可以采用以

---

① CII电子商务指数研究与测算课题组：《关于电子商务水平测度的研究》，《统计研究》2001年第12期。

层次分析为核心的指标评分法对电子商务总指数进行测算。

专家评分和层次分析法相结合，能够设定指标体系中各项指标的权重 W_{ij}。以建立的层次结构为依据进行问卷调查，并组织专家进行评分。根据各项得分构造出比较矩阵。采用对每一层中相对于上一级指标的影响程度进行分级标注的方法进行排序，使各个影响程度依次递增。这样，通过对比较矩阵不同的分级标注，我们就能够得到各层指标对电子商务总指数的权重。

最后，根据计算公式得到电子商务发展指数的总得分。具体公式可表示为：

$$ECI = \sum_{1}^{n} \left(\sum_{1}^{m} P_{ij} W_{ij} \right) \times W_i$$

其中，ECI 代表电子商务发展指数的得分，n 为电子商务指标体系构成的一级指标个数，m 表示指标体系中的二级指标个数，P_{ij} 为第 i 个一级指标的第 j 个二级指标标准化后的值，W_{ij} 为第 i 个一级指标的第 j 个二级指标的权重。

（四）回归模型法

在经济学和社会科学领域，回归模型分析是应用极为广泛的一种数量分析方法。这一方法通过回归模型的形式描述经济事物之间的因果关系，考察变量之间的变化影响规律，帮助人们准确把握因变量受其他自变量影响的程度，从而科学地对因变量未来的变化趋势进行预测。具体步骤如下。

1. 确定模型中的因变量（记为 y）和自变量（记为 x）。由于回归分析用于分析因变量如何随着自变量变化而变化，因此分析过程的第一步就是要确定自变量和因变量的内容。回归模型就是描述 y 关于 x 的模型，并在给定 x 的条件下，通过模型预测 y 的期望平均值。

2. 确定模型形式。根据函数拟合，通过对散点图的观察确定因变量和自变量之间的数学关系，判断应采用何种数学函数来描述回归关系。如果因变量和自变量之间存在线性关系，则回归模型采用线性回归分析；如果两者之间是非线性关系，则应该根据散点图判断究竟呈现何种非线性关系，从而建立合适的非线性回归模型。

3. 建立回归模型，进行参数估计。根据采集到的样本数据以及上一步确定的回归模型，在一定的统计准则和设定的置信度下，对模型的各个参数进行估计，得到确定的回归方程。最常用的估计方法有最小二乘法和极大似然估计。

4. 对回归方程进行参数检验。由于回归方程是在样本数据的基础上估计得到的，其结果是否真实地反映了事物总体间的统计关系以及回归方程能否用于预测都要进行统计意义上的参数检验。

5. 利用已经估计好的回归方程进行预测。建立计量经济模型的一个重要目的就是利用估计的回归模型进行预测，对事物未来发展趋势进行提前判断。预测分为点预测和区间预测两种。点预测就是将自变量的一组特定值带入方程，从而计算出因变量的点预测值。而区间预测不仅可得到因变量的估计值，还提供了估计值所处的大致范围。

（五）四种电子商务发展测算方法总结

对于简单估计法和比率估计法而言，这是两种简单易行的估计方法，对样本数量要求不高，在实际工作中容易执行。但是它们都假定样本和总体数据之间有恒定的数量关系，或是均值一致，或是比率关系不变。而事实上，这是很难实现的，这就影响了这两种方法的估计精度。

指数法是目前电子商务发展水平测算的主流方法。由于建立了完备的指标体系，采用了较为科学的定量分析，这一方法在一定程度上能够较为准确地对电子商务发展水平进行测算。但是这样做的前提条件是要建立在客观的专家评分基础上，而在实践过程中，专家评分的结果往往受到专家个人因素的影响而产生很强的主观性，这就影响了发展水平指数的准确性。

回归模型法是一种科学的计量分析方法，在各个学科领域，尤其是经济领域得到了广泛应用，证实了它的合理性和可操作性。它能够从多个角度对经济问题进行详细的分析，并提供合理的预测。然而，这一方法也有其局限性。回归模型对样本数据的要求较高，太少的样本数据或是出现奇异值，都将影响到模型的估计和预测。同时，模型对数据的分布也有严格的要求，如果现实的数据不符合分布的假定，那么得到的估计结果将出现偏差，从而影响到预测能力。

上述四种方法各有优势和劣势，并不能武断地排出优劣顺序。[1] 在实际操作中，我们可以将四种方法同时使用，然后对不同的结果进行综合比较，从而得到更科学的预测结果。

（六）软件运行环境的实验模拟

为更好地开展电子商务统计测算方法研究，研究者对上述模型进行了软件运行环境的实验模拟。程序的总体设计思路为：通过读取一个符合数据分析要求的 xls 文件，对文件的各个 sheet 表中的数据进行分析，读取固定行列中的数值之后，绘制出相应的曲线图，并将通过模型计算出来的值存储在"值分析.xls"的文件中。

该程序要求所有读入的 xls 文件的各个 sheet 表要用固定的名称，且各个 sheet 表中的数据也必须要在指定的行列范围之内。否则程序不能正确计算出所要的结果。Excel.exe 是用 matlab2012b 生成的可执行程序文件，程序使用简单，直接点选择文件按钮，选择完相应的 xls 文件后，程序可自动显示对应 sheet 表中提取的数

---

[1] 王春：《估计模型在抽样推断中的实证运用分析》，《内蒙古农业大学学报》2004 年第 6（3）期，第 70~72 页。

据，以及最终绘制的图形。

综上所述，开展电子商务统计测算方法研究，必须基于完整的数据样本和数据仓库，但目前电子商务涉及全社会、全行业数据，覆盖面较大，使电子商务统计成为当前统计的空白领域之一。[①] 研究者的前期研究和行业调查表明，抽样统计调查可作为电子商务统计数据收集方式进行下一步的深入研究；同时，建议在实验环境测试中，结合简单估计法、比率估计法、指数法、回归模型法等四种统计方法对全社会电子商务规模测算方法进行反复测试和研究，结合电子商务发展特征，提炼经验，设计合理的全社会电子商务规模测算方法体系，及时掌握区域经济和电子商务发展的动态，为政府宏观管理及企业经营决策提供参考。

---

① 桂学文：《电子商务促进经济发展的效果测度研究》，华中师范大学博士学位论文，2011。

第二部分
"互联网+"产业创新

第六章 "互联网+"乡村振兴

"互联网+"是在知识社会创新2.0推动下形成的经济社会发展新形态,利用互联网及信息通信技术深度融合互联网与传统行业。它代表一种新的社会形态,已上升至国家战略,成为创新驱动和经济发展的新引擎。如何充分发挥互联网在社会资源配置中的作用,将互联网的创新成果深度融合于社会各个领域之中,从而提升全社会的创新力和生产力,已然成为"互联网+"研究的重要课题。

中国人口多耕地少,必须要用占世界7%的耕地养活占世界22%的人口,所以我国农业的极端重要性显而易见。粮食始终是一种具有战略意义的特殊产品,直接关系国家的安危。因此,农业在中国经济和社会发展中,始终具有不可取代的重要地位和战略作用。而随着我国城镇化的加快,大部分农民从田地上脱离出来,我国的农业发展趋向于专业化、机械化和科学化,现代农业必定是向智能化和信息化发展。随着人民生活水平的提高,政府对于农产品的质量也愈加注重。

第一节 "互联网+"农业

农业产业链涉及农产品生产、加工、运输、销售等诸多环节,是农业产前、产中、产后的各部门、组织机构及关联公司以价值链、信息链、物流链、组织链缔结的有机整体,[①] 是不同农产品链

[①] 崔春晓、邹松岐、张志新:《农业产业链国内外研究综述》,《世界农业》2013年第1期。

的集合体，是农业生产分工与协作的载体。所以构建完整的农业产业链和服务体系，不仅有利于推广农业技术、提高农业生产效率、提高农产品交易效率、提高农业竞争力，而且有利于农业与工商业、金融等部门的融合，使农户扩宽农业经营领域，更多地分享到农业产业链条中的增值收益，增加农业的比较收益，开辟新的增收渠道。[①]

"互联网+农业"突破了传统的农业经济观念和运作模式，是互联网与农业系统融合的过程，旨在促进农业经济全面发展，围绕市场需求，以政府政策为导向，实现核心农企协同创新，在"互联网+"的基础上进一步提升农业信息、科技等专业化服务水平，使资源得到合理配置和优化，最终实现效益增加，走向智能化农业。

一 研究现状与述评

农业市场发展到一定阶段必然会导致产业链的形成，而其管理便是产业链理论在农业领域的具体运用。在西方发达国家，农业产业链管理得到了政府和农业产业链所有参与者的重视和肯定，被一致认为是将农产品由生产推向市场的一条有效路径。相对于农业这个古老的产业而言，积极探索"互联网+"农业管理模式，是实现农业可持续发展、提高农产品国际竞争力及提高农民收入的有效途径。

国际学术界相关研究较为成熟，很早就将分析角度聚焦于农业信息管理、价值链分析和农产品质量控制等方面。Wout J. Hofman 强调信息和交流技术在农业发展中的重要性，认为其可为农业关联企业提高竞争能力及为增加市场份额提供机会。[②] Paul H. W. M. 和 Oude Luttighuis 提出需要设计一般的、柔性的、广泛的

[①] 成德宁、汪浩、黄杨：《"互联网+农业"背景下我国农业产业链的改造与升级》，《农村经济》2017年第5期，第52~57页。

[②] Wout J. Hofman. *The Improvement of Agriculture-chain Competence* [M]. Thomson, 2001.

信息技术服务结构来解决问题，且应由政府投资。① W. Schiebel 通过案例探讨了从消费者需求和市场份额角度研究农业产业链上的合作企业的方法。② J. E. Ross 认为"全面质量管理"（TQM）的目的在于满足消费者对产品质量的要求。③ P. Sterrenburg 等在 TQM、ISO（国际标准化组织）、GMP（良好作业规范）和 HAC-CP（危害分析和关键控制点）等的基础上，设计了农产品质量预警系统。④ 在食品安全方面，Boehlje 提出了食品安全溯源体系构建，以提高监管参与度。

国内学界长期以来注重的是农业产业化理论的研究，主要从运作效率、组织模式及整合角度进行研究，随着互联网技术的发展，互联网与现代农业的有效结合推动了农业产业链的转型升级。刘丽伟认为，"互联网+"嵌入并作用于农业产业链各环节，可通过融通整个产业链的物质、资金和信息流，逐步形成农业互联网生态圈，带动产业链向共生、互利、共赢迈进。⑤ 寇光涛等归纳总结出当前我国"互联网+农业产业链"的发展模式主要包括合作社主导模式、龙头企业主导模式、产业联盟主导模式和电商平台主导模式，提出了"核心企业+全产业链增值"的创新路径及"平台生态圈+中小企业集群"的创新路径。⑥ 高茜认为"互联网+农业

---

① Paul H. W. M., Oude Luttighuis. ICT Service Infrastructure for Chain Management [R]. Wageningen: Proceedings of 4th international conference on chain management in a-gribusiness and the food industry, 25–26. 05. 2000.
② Schiebel W., Value Chain Analysis: An ECR Tool for Assessing Business Competitive Advantage [J]. *International Journal of Management Practice*, 2007（3）.
③ Ross J. E. Intermediate-metallicity, High-velocity stars and Galactic Chemical Evolution [J]. *Monthly Notice of the Royal Astronomical Society*, 2003（5）.
④ P. J. L. Ramaekers, J. W. G. M. Swinkels, J. H. Huiskes, et al. Performance and Carcass Traits of Individual Pigs Housed in Groups as Affected by Adlibitum and Restricted Feeding [J]. *Livestock Production Science*, 1996（47）.
⑤ 刘丽伟：《"互联网+"促进农业经济发展方式转变的路径研究——基于农业产业链视角》，《世界农业》2015年第12期。
⑥ 寇光涛、卢凤君：《"互联网+农业产业链"的实践总结与创新路径》，《农村经济》2016年第8期。

产业链"融资必须依靠农村供销社解决。①

三 "互联网+"农业

"互联网+"优化和丰富了农业产业结构,缩短了农户与城市消费者乃至国际消费者之间的距离,减少了多层中间商带来的利益摊薄问题,真正让利于农业生产者和最终消费者,促进了农业产业链的良性循环。通过互联网将同一条农业产业链中上下游的企业紧密联系起来,也减少了纵向产业链中各个环节割裂情况的发生,能够更加充分地利用产业链中任何有价值的资源,避免浪费。例如在传统产业链中,将农业种植和养殖割裂开来就无法充分利用其中可以作为饲料或肥料的资源。

另外,依托"互联网+",打破时空限制,便利信息流通,使相关农业组织规模得以扩大,组织间的沟通更为顺畅,合作将更加紧密。通过这种方式,有类似业务或者合作业务的企业和组织之间将产生共鸣,乃至发生融合,促进良性竞争,通过对内联手发展进步、对外资源整合等方式来扩大规模,延伸联合的广度和深度,获得农业产业链的横向优化,最终实现规模效应和产业的集群化发展,有力提高农业生产者的话语权,提高农业生产积极性。因为在过去没有互联网将农业生产者紧密连接起来时,先进的技术与资源无法充分传播,仅仅依靠单独个体的农业生产者很难获得突破性进展,更不用说推动整个行业的进步,这就导致以个体居多的农业生产者在农业产业链条中处于弱势地位,市场更多由大型经销商和消费者做主导,个体农业生产者没有话语权,产业链的起始端不被重视,不利于整个产业链的发展。

简而言之,互联网技术同农业生产销售等各个环节有机结合起来,使之相互渗透,能够打通农业产业链的各个链条,包括信

---

① 高茜:《供销社的"互联网+农业产业链"融资分析与思考》,《中国乡镇企业会计》2017年第7期。

息流、资金流和物流，打造出互联网与农业互惠互利、紧密联合的有机生态圈。

（一）"互联网+"对农业产业链的效率优化

"互联网+"为各个产业的发展插上了信息化的翅膀，大数据、物联网及云计算是"互联网+"时代背景的特点，其引领了我国农业的转型升级，构筑了现代新型农业发展模式。通过农业信息化平台与大数据分析，农业供应商将更好地把握市场，了解消费者的需求，进而根据市场需求同步调整生产与供应，甚至做到提前预测市场风向，提早备货，尽可能减少供不应求和供大于求的情况发生，以提高农业生产的效率。通过物联网与云计算，农业生产经营者将更好地把控生产过程，维持和提升产品品质。由于农作物在生长过程中对光照、水分、湿度等要求敏感，倘若出现生长因素的变化就容易影响产品的品质。随着物联网技术的发展，任何相关的农业生长因素都可被实时记录下来，一旦生长因素数值变化超出了合理范围，就会及时提醒农业生产者，使其更好地控制产品的生产过程。此外，经过长期农业数据采集后，将数据进行进一步研究分析，还可以为农产品的品质改良做准备。

依托"互联网+"，农业高效率产出得以实现，农业经济运行效率得以提升，农业产业链得以重构。"互联网+"有效提高了农业生产各个环节的信息化、智能化水平，最大限度地使农业资源得以优化配置，从而增强了劳动、土地等生产要素的利用率。

（二）"互联网+"对农业产业链的质量安全监管优化

一方面，互联网技术能有效降低农业生产风险。由于农业存在容易受自然灾害、季节气候变化等因素影响的问题，将气象灾害等外界因素信息与农业平台相连，可以有效避免农业受到灾害的打击，降低生产经营风险，提早规划生产安排。

另一方面，互联网技术能有效对食品安全进行监管，在传统的农业产业链中存在食品质量安全问题，信息严重不对称，导致消费者对食品的质量安全产生怀疑和不信任，同时政府又很难对农产品进行监管，但通过互联网技术可以有效监控产品的来源。例如已有养殖户采用较为先进的脚环技术，将养殖的绿色无公害鸡鸭的信息记录在脚环系统中，包括鸡鸭每天运动的步数、行走的路线以及所喂的食物等。通过技术手段，能够做到整合并记录农产品的信息，即使是远程终端的消费者也可以通过扫描二维码等方式掌握产品的原产地、制造商、保质期、加工环境等，甚至观看到生产过程的视频。

"互联网+"缩小了消费者与产品间的时空距离，解决了消费者对商家产品不信任的问题，能够让好产品不被埋没，甚至提高产品的附加值，促进销售，树立安全可靠的品牌形象。

第二节　韩国信息化村分析与借鉴

农业是立国之本，虽然农业在我国已取得不错的发展，但是，不能回避的是，我国农业也存在农村发展成本提高、城乡差距日益扩大的现实问题。究其原因，主要是城乡之间信息闭塞和信息不对称。因此，我们必须认识到，虽然农民温饱问题基本解决，但农村信息的相对滞后，对农村经济社会发展、农业增产和农民增收起着制约作用，也制约着全面建设小康社会的进程。

农业信息化是指在农村地区，围绕农民生产生活的各个方面广泛应用信息技术，深度开发利用涉农信息资源，加快农村经济发展和社会进步的过程。① 我国自"十一五"以来，已全面推进了

---

① 辛仁周：《加快农村信息化发展，缩小城乡差距》，《通信世界》2005 年第 17 期。

五个领域的信息化建设。其中，加强信息技术在农业和农村中的应用被列为首位：推进农业信息化，逐步缩小城乡数字鸿沟，推动"三农"问题有效解决。进一步改进和完善农村信息基础设施建设，加快实施"村村通电话"工程，实现信息进村入户，推动建立和完善农业综合信息服务体系。①

随着信息技术的发展，信息化成为农业现代化的制高点。"十三五"时期，大力发展农业农村信息化，是加快推进农业现代化、全面建成小康社会的迫切需要。《中华人民共和国国民经济和社会发展第十三个五年规划纲要》提出推进农业信息化建设，加强农业"互联网+"技术的发展有效推动了农业转型升级。"互联网+农业"是一种新的生产和经营模式，依托互联网技术，以市场需求为导向，实现农业产业链条上资源的合理配置和优化，提高农业经济效益及效率，进一步提高我国农业的国际竞争能力。《国家信息化发展战略纲要》提出培育互联网农业，建立健全智能化、网络化农业生产经营体系，提高农业生产全过程的信息管理服务能力。《全国农业现代化规划（2016—2020年）》《"十三五"国家信息化规划》也对全面推进农业农村信息化做出了总体部署。

在一些国家，农村信息化建设已经为农民带来了显著效益：如美国的计算机应用已经逐步推广到农场范围，一些大农场则已计算机化。日本建立了农业技术信息服务全国联机网络，可收集、处理、存储和传递来自全国各地的农业技术信息……。其中，韩国的"信息化村"建设、农村信息化"追赶型"模式，更注重信息技术应用的实效，在建设信息化新农村方面具有借鉴意义。

---

① 冯晓芳：《信息产业部："十一五"期间全面推进农业等领域信息化建设》，新华网，2005年9月22日。

一 韩国的"信息化村"模式分析

(一) 建设背景

韩国政府一直重视农村建设,努力缩小城市和农村的差距,致力于实现国家的均衡发展。20世纪70年代,韩国以政府提供水泥、钢筋的低成本模式,掀起了知名的"新村运动"。

"新村运动"推动了韩国农村基础设施建设,增加了农民收入,改变了农村面貌,城乡经济基本保持平衡发展势头,创造并实现了一个发展中国家跨越式、超常规发展的模式。2016年,韩国人均GDP达27600美元;同年,我国人均GDP仅为8126美元。在工业化、城市化快速推进过程中,韩国实现了城乡经济协调发展和城乡居民收入的同步提高。

但是,韩国大手笔投入国家宽带网的建设导致了城乡之间信息鸿沟的增大,因此,韩国政府在"新村运动"开始30多年后,迅速将注意力锁定在"信息化村"建设方面。"信息化村"项目的实施目的是:为在被信息化排斥的农村、渔村、山村地区构筑起超高速互联网环境和电子商务等信息化内容,实现村民生活的信息化,带来实质性的收益,促进地区经济的发展。①

在韩国,实施"信息化村"建设计划已经明显见效:信息化网络大大促进了农产品的交易和流通,使到农村观光成为体验旅游的主打内容,培育了农村和土特产品品牌,实现了农业受哺、农村获益、农民增收,为增强地区经济竞争力、促进地区均衡发展做出了贡献。

(二) 特点

1. 政府主导

韩国政府主导下建设"信息化村"计划起步于2001年。到

---

① 海风:《韩国的信息化村庄》,韩国IT项目交流网,http://www.koreait.cn,2006年4月30日。

2002年5月，韩国行政自治部确定了首批20多个"信息化村"示范点，取得经验后逐步推广。这项工程很快受到广大农民的欢迎，在全国迅速扩展开来。到2010年，韩国"信息化示范村"总数达到386个，这些信息化村的建成极大地推动了韩国的村级信息化网络建设，搞活了农产品的交易流通以及农村体验观光等产业，进一步缩小了韩国的城乡差距，为促进农村地区的经济发展做出了巨大贡献，同时，信息化村运动的推行使韩国的农村电子商务实现了"量"与"质"的双重突破，使农村地区电子商务发展的软、硬件环境得到了实质性的提升，极大地带动了当地农村电子商务的发展。[1]

韩国统计厅的资料显示，"信息化示范村"计划在实施的第一年，即使试点农村通过信息化获得的实际利益达529亿韩元，其中农民实际增收和品牌效益占424亿韩元。在农产品交易方面，"信息化村"借助共同销售网络，大大增加了农产品销售量，当年销售额比上一年增加59%，订货量增加113%。农民尝到了甜头，参与信息化的积极性大增。[2]

2. 基础设施先行

每个"信息化示范村"必须完成的建设项目是高速互联网基础设施建设，包括铺设光缆、建设含主机设备的机房并实现宽带网进入农户；建立乡村信息中心，设置电脑等硬件，并实现与地方行政信息网的连接；构建农户的网络使用环境，现有示范村已做到给73%以上的农户配备了电脑。

为了促进农村地区的电脑和互联网使用，韩国政府提供了1500亿韩元的低息贷款建设农村地区的高速互联网，政府在乡镇的公共机构，如邮局、公共图书馆等处建立了计算机教育中心，

---

[1] 王沛栋：《韩国农村建设运动对我国农村电子商务发展启示》，《河南社会科学》2017年第25（12）期。
[2] 郭作玉、汤艳丽、孙锐：《韩国信息化村建设对我国的启示》，《中国信息界》2006年第24期。

同时在农村地区的邮局、基层行政机构等处设置了专用计算机，免费供农户使用。

在硬件方面，韩国政府采取措施，鼓励计算机企业为低收入家庭制造价格在100万韩元以下的计算机，以使低收入阶层、农户买得起计算机。

3. 确立管理运营体制

根据韩国有关规定，一个村庄要想成为"信息化示范村"，必须符合或具备两项主要条件：一是该乡村拥有本地区的特色产品或开展农村体验观光的资源，通过建设信息网，进行电子商务交易，扩大广告宣传辐射面，能够明显提高收入水平；二是所在地方政府积极支持信息化建设，当地村民具有一定的文化水平，特别是对信息化有强烈的要求。

在此基础上，示范村的村民要组成运营委员会，信息化指导人员和信息中心管理人员共同参与运营。

4. 人力资源保障

为顺利开展"信息化村"项目，韩国政府充分调动院校教育资源，开展农村人才教育培训。如韩国江原大学的农民教育体制和运行机制，作为学校教育新制度引起国际教育专家的关注。该校每年组织农业、林业、畜牧、信息等学科专业的专职教师、研究生，开展农村科技咨询活动。从1994年开始开展为期1年的"高层次农民教育"，选拔高中以上、具有较高生产经营规模效益和水平的青壮年农民培训一年，培训结束后颁发结业证书。此外，还建立了教师利用假期到农村巡回指导的农民教育制度。农民教育不仅停留在培训上，韩国政府还持续给予农民学员以跟踪指导和扶持。韩国通过对数十万名普通村民开展信息化技术的公益讲座和培训，培养出一大批创新型农业信息化骨干、管理干部和相关工作人员。

（三）经验和教训

尽管韩国的"新村运动"和"信息化村"建设促进了农村

和农业现代化，见效显著，然而，有限的政府投资加上中央政府主导的推进方式，并未从根本上改变农业和农村结构，由此产生的农户负债、劳动力转移和对中央政府依赖等问题不可忽视。近两年，韩国农业发展的速度和力度都相较往年迟缓，农村开始出现空心化、劳动力市场不稳定和某些城区不发达等新的负面问题。

二 借鉴韩国的农业产业链优化路径

借鉴韩国"信息化村"的经验和教训，充分考虑目前状况，统筹安排，信息化下的福建省农业产业链优化路径建议如下。

（一）政府主导，强化基础设施建设

虽然韩国"信息化村"政府主导模式受到一些学者的否定，也出现了一些副作用，但发展和建设历史表明，由于农村人、财、物资源不足，靠农户自建或者个别企业支持能力有限，政府主导模式仍应是我国新农村信息化建设的必经之路。因此，应切实发挥政府在新农村信息化建设中的作用，以各级农业部门为龙头，优化信息采集监测点，强化农业公共信息服务，建立好各级农业信息服务平台和农业信息服务站，提高各级农业门户网站的实效。

在硬件设施上，除电信、移动、有线等基本通信网络设备设施配套外，可效仿韩国"新村运动"的早期做法，以政府赞助电脑等硬件设施为起点，优先扶持符合条件的乡镇和农村。

吸取韩国"信息化村"模式的经验教训，在新农村信息化建设的进程中，应考虑降低农村或农户对政府的依赖性，在信息化建设项目开始见成效后，逐步由政府主导模式转化为政府托管模式，将项目转为由企业运作。

（二）推动示范村建设，以样板带动发展

根据韩国经验，"信息化示范村"的建设对周边村庄的辐射和

示范具有很大的样板效应。因此，为确保新农村信息化建设的顺利进行，采取"信息化示范村"建设模式十分必要。

前文提及，根据韩国有关规定，要想成为"信息化示范村"，村庄必须具备两项主要条件——特产或资源优势以及地方政府和村民的积极态度。因此，在建设"信息化示范村"的前期，可根据 Amenity 指标体系[①]进行资源的综合评价，杜绝裙带关系等人为因素，切实做好"信息化示范村"的建设。

国内一些县市已经开始重视新农村信息化建设。如福建省三明市就已经着手"信息化示范村"的建设。但在建设中，应注意硬件到位后软件、服务和培训等资源的持续跟进，否则"信息化示范村"建设将流于形式，形同虚设。

（三）发挥院校教育资源潜力，培养高层次农民

从韩国经验可以看出，院校教育资源是新农村信息化的人力资源保障体系。以往，针对农村的政府扶贫项目往往采用"城市→乡村"的单向扶贫模式，可考虑开发"农村↔城市"的双向扶贫模式，并优化为"双向教育扶贫"模式，真正发挥教育资源潜力，培养高层次农民。

以福建省为例，福建省拥有众多本专科院校，除以往涉农院校外，其他类型本专科院校也可借鉴韩国模式，一方面在农村中通过选拔甄选较高素质的农民参加脱产学习，开展"高层次农民"培训；另一方面建立教师利用假期到农村巡回指导的农民教育制度，建立农村教育体系。最终，"双向教育扶贫"模式的目标是：在提高农民总体素质的同时，也使高校"产学研"结合落到实处。

综上所述，全球经济发展对各国农业、农村、农民建设提出

---

① 农村娴美尼体（Amenity）是人类追求物质享受、生活舒适和提高生活质量而自我完善的过程，是工业化、城市化和现代化的反思和归宿，是城乡协调发展与资源共享、追求人类共同目标的结果。

了更高的要求。借鉴韩国"信息化村"模式，推动我国新农村信息化发展，是加快社会主义新农村发展、建设"一带一路"经济区不可或缺的一大步骤。

第三节　福建省"互联网+现代农业"

一　发展现状

2015年，福建省人民政府发布《关于加快转变农业发展方式的实施意见》。提出"十三五"期间，福建省要围绕发展特色现代农业，加快推进农业经营方式、生产方式、资源利用方式和管理方式的转变，具体体现在以下几个方面。

实施福建省"互联网+现代农业"行动计划，鼓励互联网企业建立农业服务平台，建立以消费需求为导向的产业体系。大力推进农业物联网技术在农业生产中的应用，推广成熟可复制的农业物联网应用模式，建设福建省农业物联网应用服务云平台，为各类农业企业物联网应用提供标准接入。支持互联网企业与农业生产经营主体合作，综合利用大数据、云计算等技术，为灾害预警、耕地质量监测、重大动植物疫情防控、市场波动预测、经营科学决策等提供服务。深入推进信息进村入户试点，提升12316服务与农技推广融合水平，强化信息资源整合与共享，加强农村信息站点和信息员队伍建设。

加快设施农业示范基地建设。实施"设施农业示范工程"，建设一批设施化种养、智能化管理、物联网控制现代农业项目，逐步实现"机器换人"。加强设施农业成套装备技术研发与推广，设施蔬果重点集成推广适合福建省气候特点的温室大棚设施、先进实用的温控系统、专用品种与栽培技术、改进型水肥一体化、物联网智能操控、无土基质栽培模式及技术，配套建设贮藏、保鲜设施。设施渔业重点集成推广循环水工厂化养殖的智能、温控、废水处理循环利用等系统，建成一批集中连片、生态环保塑胶渔排养殖基地。支持建设区域性规模化专业化育供苗中心,为设施农业示范基地繁育供应优质种苗。大力发展工厂化设施食用菌生产,重点支持自动化生产线和温控菇棚建设,推动珍稀品种、菌类药物和保健食品研发。大力发展节水灌溉,积极推广应用喷灌滴灌、水肥一体化等节水技术装备。到 2020 年建成 150 个以上千亩设施农业示范基地。① 截至 2015 年底,福建省已经提前实现千兆光纤通达全省各市、县(区),3G 信号实现行政村以上全覆盖,4G 信号覆盖全省市县城区及大多数乡镇,省、市、县广电网络形成"全省一网",率先开通海峡两岸直通光缆,全省移动电话普及率达 112.4%,互联网普及率达 104.1%(居全国第 4 位)。②

二 存在问题分析

但并不乐观的是,在田野调查后,我们发现仍然存在以下问题。

(一) 农民纯收入低,素质不高

《中国互联网络发展状况统计报告》显示:"不懂电脑网络,不具备上网所需的技能"是影响中国非网民不上网的最主要因素。近年来,农村劳动力总体素质虽有提升,但仍不尽如人意。农民年人均纯收入仍处于较低水平,大多数农民无法承受高昂费用。

根据 2019 年多次实地赴福建省部分乡村调研考察的结果来看,农村留守长辈及年幼儿童较多,这些农民群体一般文化素质不高,对互联网更不敏感,虽然大部分有手机,但对手机功能的使用感到吃力,更不用说使用年轻人喜爱的社交媒体。

---

① 《福建省加快转变农业发展方式的实施意见提出加快农业信息化》,中共中央网络安全和信息化领导小组办公室,http://www.cac.gov.cn/2015-10/29/c_1116980685.htm。
② 《福建省人民政府办公厅关于印发福建省"十三五"数字福建专项规划的通知》,福建省人民政府门户网站,http://www.fujian.gov.cn/zc/zxwj/szfbgtwj/201605/t20160517_1200705.htm。

（二）农业信息资源有限，农民尚未形成上网习惯

近期，使用关键词"福建+农业"在互联网搜索引擎上进行搜索的结果表明，相关网页约 1620 万个，首页前十个网站以省级政府机构、科研机构、院校为主，属于企业单位的只有一家，县级政府机构的也只有一家，仅各占 10%。这从侧面反映了目前福建省农业信息化仍然以政府为主导，企事业单位的参与尚显不足。大部分网站以新闻信息发布为主，缺乏对农民具有建设性意见的信息。部分网站信息更新不够及时，图片陈旧，说明在涉农网站应用效能方面还有待改善。

此外，由于网络新媒体的虚拟特性，从介入到受众接受需要一个过程，受传统文化的影响，农民要成为互联网的消费主体尚需时日。

（三）农业信息网络人才缺乏

农业信息网络的建设需要人力资源的保障，传统信息员的知识结构必须更新，不仅要熟悉农业经济运行规律，更要熟悉当前信息时代的网络特征，才能及时为农户和农产品经销商提供及时、准确的农产品信息。目前，福建省各高校大多开设了电子商务和信息类相关专业，但专门就农村电商和农村信息化开展研究的并不多。且政府对农业信息化人才的培训也不够重视，经费投入不足，农业信息化人才严重缺乏，培养新一代农业信息化人才迫在眉睫。

（四）农村信息化物流基础薄弱

目前基于互联网的电子商务所采取的物流主要走快递渠道。由于市场竞争，利润较高的快递市场出现了许多竞争者，如联邦快递、宅急便、顺丰、申通、中通、圆通等纷纷加入速递市场挤占市场份额。但除中国邮政外，其他快递公司由于能力局限，均声明若干地区，特别是偏远地区不能送货。物流的瓶颈限制了偏

远农村的物流配送，客观上造成了信息化在偏远农村地区实现的局限性。

三　基于邮政的福建农村信息化建设

（一）福建邮政服务三农优劣势分析

通过对各种渠道的综合比对，我们发现，有效运用现有资源，低成本、高效率地通过企业介入新农村信息化建设是一个较好的途径。其中，利用邮政网络服务三农是成本最低、覆盖面最广的方式之一。

1. 优势

福建邮政自1999年1月独立运营以来，在国家邮政局的统一指挥调度下，负责福建省内邮政网的规划、建设、运行管理与经营服务工作，下辖9个地市邮政局、58个县（市）邮政局和7个直属单位。全省邮政拥有邮区中心局7处，邮政网点1600余处。近年来，通过"全省EMS大提速"等举措，福建邮政改进经营方式，拓展新市场，不断加强产品创新，推出中邮专送广告、广告类商函、对账单、门票明信片、充值明信片等新产品，满足了市场的新需求。还发挥信息流、资金流、实物流"三流合一"的优势，成立福建中邮物流有限责任公司，成功地为戴尔、东南汽车、夏新手机等知名企业提供优质的物流服务。① 2019年第一季度，福建省邮政行业业务收入（不包括邮政储蓄银行直接营业收入）完成71.42亿元，同比增长19.53%；业务总量完成125.67亿元，同比增长23.37%。②

在服务三农方面，福建邮政拥有以下优势。

（1）雄厚的物流实力

强大的运输装备能力是福建省邮政开展邮政物流和电子商务

---

① 福建省邮政局，http://www.183.fj.cn，2007年5月28日。
② 福建省邮政局，http://xxgk.fj.spb.gov.cn，2019年4月20日。

的物质基础。借助各种传统的邮政函件运输途径，其可以把各种物品（如化肥、农药、烟酒等不易运送物品）运送到最偏远的山区、海岛。

（2）便捷的支付方式

通过邮政储蓄和邮政汇款业务，可以实现货到付款或者货款的实时结算，甚至可进一步采用分期付款等新支付模式。

（3）让人信赖的品牌

在网络环境下，电子商务网上交易的真实度易让人怀疑，邮政作为历史最悠久的国企之一，开展电子商务支农可信度高，支付达成率高。

2. 劣势

目前邮政作为老牌国企，自邮电分营后独立运营初期遗留下的后遗症——如竞争意识弱、服务态度有待改善、市场占有率低、基础设施技术含量不高等弊病——在运营中逐渐凸显：如邮政包裹服务还停留在窗口收寄和领取的模式上，给人们带来了很多不便。利润较高的快递市场挤进了许多竞争对手，从抵达时间和服务方面都对邮政 EMS 形成强大威胁。如何面对劣势，转换观念，调整运营模式，是福建邮政亟待考虑的问题。

（二）借助邮政平台，服务海西新农村信息化建设

根据有关数据分析，我们提出以服务三农为宗旨、以现有邮政资源为核心的福建省新农村信息化建设具体措施建议如下。

1. 服务新农村建设，重塑邮政模式

在福建省新农村信息化建设进程中，农民是主要参与群体，为更好地开展以服务"三农"为宗旨、以现有邮政资源为核心的福建省新农村信息化建设，应基于福建省邮政现状，全方位、系统化地优化当前邮政的运营模式。

对现有的组织架构进行流程再造，是培育和发展适合当前网络经济的邮政模式、建立现代企业制度的首要步骤。

互联网背景下的邮政电子商务，实际上是传统商贸模式的延伸。在延伸过程中，新生经营模式的冲击，不可避免地会对原有流程和业务产生影响，甚至导致根本性的变化。流程再造强调通过对企业内部和外部各级各类流程进行逐步系统梳理、诊断，不断优化，在达到一定临界条件时，完成从量变到质变的过程。①

流程再造不只存在于大中型企业中，对于福建邮政而言，变革是模式重塑的核心含义。在电子商务活动中，维持企业发展，贴近客户需求，跟进市场变化，不可避免地影响着传统邮政企业的原有经营活动，原有的价值链将不再以线的形态存在，而是形成多维业务流程网络，客观上也提出流程再造和业务梳理的要求。

因此，基于电子商务的福建邮政流程再造，首先应对现有的组织机构进行整合，消除部门职能交叉、多头管理等问题，构建层次分明的组织结构，最大限度降低内耗。其次，要对现有邮政业务流程进行梳理，实行集中采购、集中库存、集中销售、集中财务、质量统一等，打造福建邮政简便快捷的流程体系。

互联网的普及固然给邮政带来了更多的商业机会，但同时隐藏着各种风险。因此，在进行模式重塑时，一定要开展详尽的前期调研，切忌盲目开展。基本的途径和方法有：开展针对福建邮政的 SWOT 分析，深入细致地分析现有资源的优势和劣势，并根据现有资源状况，从邮政特质出发，关注服务"三农"的邮政电子商务的持续性、统一性和节约性，充分提升其长久效能，实现邮政品牌渗透和价值提升。

2. 增加技术含量，完善物流基础

与其他行业相比，邮政开展电子商务优势突出，即邮政"三网合一"的优势——邮政综合计算机网、邮政物流网和邮政金融网。②

---

① 陈志坚：《什么是流程再造》，博锐管理在线，https://www.boraid.com，2005 年 2 月 18 日。
② 熊安萍：《基于邮政三网的电子邮政》，《重庆邮电学院学报》2004 年第 4 期。

虽然具备了相关的优势，但在邮政体系模式重塑过程中尚不能盲目乐观，增加技术含量，完善物流基础设施是开展模式重塑的保障。

电子商务的实质，是技术和商务的结合，虽然有专家认为在电子商务模式中不应过于注重技术因素，但对网站的调查表明，技术运用效能不足往往是网站发展的瓶颈之一。因此，福建邮政在选择技术支持方时，应侧重评价对方的资信和经验，必要时延长网站测试时间，加大测试力度，提高网站性能。同时，对于已使用网站，作为使用方和管理方的福建邮政，应关注实时网站运营状况监控和用户（下级单位、相关合作企业、消费者）反馈，及时调整网站运营状况。此外，由于网络的开放性、虚拟性等特点，网站的安全性、可靠性、通用性和完整性尤为重要。

在物流基础上，虽然邮政拥有庞大的物流网，具有实物传递的功能，但与真正的物流配送系统相距甚远。建立现代物流配送系统可从以下两方面着手。

首先，对现有邮政投递网络进行改造和完善，建立高度自动化的物流配送中心，拓展物流存储，货物调剂、配送，在线实时收集、汇总、查询投递信息等功能，将邮政投递网络和服务进一步延伸到最偏远的农村和海岛。

其次，对现有投递队伍进行优化、整合和培训，提高投递队伍的整体素质和服务水平。

3. 扩展产品设计，打造统一平台

电子商务的出现和介入势必带来传统邮政服务渠道的扁平化。在充分发挥福建邮政网络资源的基础上，应进一步拓展农资配送、邮政金融、速递业务和报刊发行等方面的服务功能，提升服务品质，建立为福建省新农村建设的资金、物资和信息提供传递服务的福建邮政新平台模式。

网络背景下的统一平台包括线上和线下两方面。线下平台主要基于福建邮政原有体系，完善化肥、农药等农资和日化、酒类等生活用品的配送环节。在建立健全"地（市）局—县（市）局—乡镇支局—村级代办点"服务网络的基础上，对配送的产品实施保障金制度和风险预警机制。当配送品种、数量增加，进入规模化配送后，可考虑引入专业公司，开展产品售后服务和信息提供。

线上平台重在特色，在网站特色设计上，福建邮政网站可从独特的地理优势出发，以"海峡两岸—台湾产品"为主打产品线，辅以"福建名优特产品"产品线，精心设计导航条和内容，拓展现有网站的产品线和服务项目，突出邮政服务三农的优势，充分体现邮政电子商务网站的专业性。在公司和产品的选择上，同样需要对提供产品的公司实施质量和服务保障金制度和风险预警机制。

必须注意的是：统一平台上的参与者要有统一的战略策划、品牌建立和服务体系，以确保福建邮政品牌的内涵和品质。

综上所述，要建设海峡西岸经济区新农村，服务三农，充分利用现有资源，低成本、高效率地实现城乡信息对接是关键。结合当前互联网发展趋势，参照其他地区在邮政电子商务支农方面的成功经验，发挥福建邮政在物流、支付、品牌等方面的优势，进行资源整合，打造统一平台，是福建省建设海峡西岸经济区新农村的创新途径。

四 "互联网+"农业实践：淘宝村

（一）福建省淘宝村的发展与研究现状

1. 淘宝村的概念

随着国内电子商务的兴起，国家"互联网+"政策的发起，电子商务被运用到各行各业，为全国各地的产业注入了新活力，带来了繁荣和发展。同时，不可忽视的是，国家目前仍面临着城乡发展不均衡的问题，贫富差距较大仍是亟须克服的困难，为此，国家陆续出台了精准扶贫、乡村振兴等相关文件，目的是利用电子商务技术手段将农村的产品、传统技艺、旅游文化等优势资源通过互联网实现信息互通和整合，充分开发农村资源，带动农村经济和社会发展。

2018年，阿里研究院的《中国淘宝村研究报告（2018）》显示，全国各地的淘宝村数量已经达到3202个。① 所谓"淘宝村"现象，是指大量网商聚集在某个村落，以淘宝为主要交易平台，以淘宝电商生态系统为依托，形成规模效应和协同效应的网络商业群聚现象。② 在阿里研究院的报告中，曾将淘宝村的认定标准确定为以下三条：①经营场所在农村地区，以行政村为单元；②电子商务年交易额达1000万元以上；③本村活跃网店数量达到100家以上或活跃网店数量达到当地家庭户数的10%以上。③ 最新的报告（见表6-1）显示，2018年全国淘宝村数量达200个以上的省区市共6个，属于发展较为迅速的第一梯队，其中福建省以233个淘宝村的数量位居中国各省区市第5，以微弱优势超过河北省，但与同样沿海地区的省份浙江、广东、江苏、山东相比，差距仍比较大。

在淘宝村在全国各地展露的同时，一些经济较发达的省区市的淘宝村分布开始呈现集群化，淘宝镇逐渐出现，所谓淘宝镇是指拥有淘宝村数量大于或等于3个的镇、乡或街道。④ 当前，通过推动淘宝村、镇的建成，一些省份已成功促进了农村产业的兴盛，带动了当地就业率和创业率的提高，产生的经济和社会效应日益显著。

---

① 《2018年淘宝村、淘宝镇名单正式公布》，搜狐网，https：//www.sohu.com/a/272024334_384789，2018年10月29日。
② 徐智邦、王中辉、周亮等：《中国"淘宝村"的空间分布特征及驱动因素分析》，《经济地理》2017年第37（1）期。
③ 《中国淘宝村研究报告》，阿里研究院，2018。
④ 马海涛、李强、刘静玉等：《中国淘宝镇的空间格局特征及其影响因素》，《经济地理》2017年第37（9）期。

表 6-1　2018 年淘宝村、淘宝镇数量排名全国前十的各省区市

排名	省区市	淘宝村数量	淘宝镇数量
1	浙江	1172	128
2	广东	614	74
3	江苏	452	50
4	山东	367	48
5	福建	233	29
6	河北	229	27
7	河南	50	3
8	江西	12	0
9	北京	11	1
10	天津	11	2

2. 福建淘宝村的研究现状

目前国内关于淘宝村的研究以形成机理、空间分布、发展模式、对策研究为主。此外，由于江浙、广东一带淘宝村发展较早，规模较大，当前大部分的文献以这些地区的农村实践为案例，对于福建省淘宝村的研究相对较少。缪志春、辜艺婷等从整体的角度阐述了福建省县域农村电商发展的总体水平，包括存在的问题及对应的发展策略。① 邓晓峰、华绪庚等选择福建省发展较为典型的龙岩培斜淘宝村为案例，描述了其发展现状并提出了应对策略。② 李艳芳、林金煌等基于 2013~2016 年福建省淘宝村数据，利用最邻近距离及邻近点指数方法，分析了福建省淘宝村的时空演变特征，并进一步结合区位条件、资源禀赋、交通和物流基础设施以及地方政策等方面对其驱动力进行了研究。③ 然而，这些对于福建省淘宝村的研究鲜少从地区专业化程度和特色产业的角度出

---

① 缪志春、辜艺婷、丁丽萍：《福建省县域农村电商发展研究》，《现代农村科技》2018 年第 8 期。
② 邓晓峰：《龙岩培斜淘宝村电子商务发展现状及对策分析》，《龙岩学院学报》2014 年第 32（3）期。
③ 李艳芳、林金煌、佘锦慧：《福建省淘宝村时空演变特征及其驱动力研究》，《海南师范大学学报》（自然科学版）2017 年第 3 期。

发探讨福建省淘宝村的运行机制。鉴于此,可以从创新性角度,利用区域经济地理学中区位商的方法具体分析福建省各市区淘宝村的集聚情况,同时利用网络爬虫采集对应市区淘宝村的特色经营产业,探讨不同集聚程度地区的发展和经营模式,为福建省农村电商的发展提供新思路。

(二) 福建省淘宝村的集群模式与应用

1. 淘宝村产业集群的形成

大部分淘宝村的形成基于当地农村原有的特色产业,这些产业一般已经过多年的发展和积淀,有较为完善和规范的生产和销售体系,在业内或是周边地区有一定的品牌知名度和影响力。互联网农村电商的介入,拓宽了产业的销售渠道,带动了产品和服务需求,最终使产业逐步扩大,乃至形成村落的支柱产业。进一步地,由于全国网络市场的容量较大,加上用户的个性化偏好增加,产品细分领域的需求逐渐变大,虽然同一淘宝村内的商户存在同类商品的竞争,但由于产品细分种类增多、产品规格差异性提高,集群带来的原材料供应、物流运输和农村整体品牌的优势与必要性凸显,降低了内部的竞争水平,最终促成了同一农村、镇拥有同一重点产业的集群现象。①

2. 淘宝村模式的类型

(1) 根据产业组织方式划分。淘宝村根据产业组织方式,可以划分为家庭作坊式与同业聚集式。对于家庭作坊式,虽然淘宝村已形成当地特色产业,但很少有专业化的规模化生产,大部分商户为以家庭或家族为单位的小作坊式生产经营,雇员也均已家庭亲戚为主,厂房也由家庭自建,虽每家设备流程齐全,但规模都不大,精细化生产水平低。邻里商户之间更多的是地理空间上

---

① 曾亿武、郭红东:《农产品淘宝村形成机理:一个多案例研究》,《农业经济问题》2016年第4期。

的集合关系，存在较大程度的同质化，内部竞争更加激烈。对于同业聚集式，在一些村落，通过相关部门的引导和村民的有条理的组织，在同产业中供应链的每个环节都出现了专业化运作，包括原料采集、生产、加工、批发、经销、平台管理、售后等，同村的商户分工明确，提高了整体协同效益。①

（2）根据电子商务的参与程度划分。淘宝村根据对电子商务的参与程度，可以划分为自产自销型和第三方中介型。关于自产自销型，商户从生产加工到销售产品的过程，均由自己完成，甚至商户生产所需的相关原材料也可通过电商平台进行采购。这种类型多由小商户自行在电商平台上开设网店形成。第三方中介型，主要由大型电商平台加上农村合作社等单位形成。这种方式将部分生产商户联合起来，组成产品供应同盟，使农村在供应链上较有话语权。该类型农村商户主要负责生产，网络平台通过与生产商户联盟签订订单合同进行稳定销售。②

（3）根据经营方式划分。淘宝村根据经营方式可划分为生产型和贸易型。生产型淘宝村，更多依赖当地自然资源和传统产业进行生产，进而在网络平台上销售。对于贸易型淘宝村而言，当地并不存在重要的生产环节，村民更多的是从事小商品的批发与零售，侧重线上平台和店铺的运营，对当地资源的依赖和利用程度较低。③

3. 福建省淘宝村的主要案例

（1）龙岩培斜淘宝村。龙岩市培斜村位于福建省西南部。培斜村的特色支柱产业为竹业、茶业等，是典型的生产型淘宝村。该村依托于当地丰富的林业自然资源，已形成明显的产业集群，

---

① 郭承龙：《农村电子商务模式探析——基于淘宝村的调研》，《经济体制改革》2015年第5期。
② 郭承龙：《农村电子商务模式探析——基于淘宝村的调研》，《经济体制改革》2015年第5期。
③ 邓晓峰：《龙岩培斜淘宝村电子商务发展现状及对策分析》，《龙岩学院学报》2014年第32（3）期。

但是同质化现象严重，出现了恶性竞争的情况。①

（2）泉州灶美淘宝村。灶美村地处晋江安溪县尚卿乡，属于山区村，该村特色支柱产业为藤铁工艺，同样也是生产型淘宝村。该村各类藤铁工艺企业已达20余家，快递物流企业有10余家，已经形成集产、供、销和配套服务于一体的较为完整的产业链，拥有专门的研发、手工和机器生产、网络销售和物流服务团队。

（3）莆田坝下淘宝村。坝下村位于莆田市仙游县，是远近闻名的红木家具生产地，该村的经营模式也是以生产型为主，拥有不少红木小工艺品，全村相关企业达1000多家。该村发展为淘宝村主要是由农村青年返乡进行电商创业带动了全村红木电商的兴起。②

（三）福建省淘宝村集聚化程度分析

1. 研究数据和研究方法

我们以阿里研究院淘宝村的研究报告数据为基础，该报告统计了2018年福建省内各市县区的淘宝村、镇数量。淘宝镇数据能较好地反映当地农村电商集聚的结果。

采用的研究方法借鉴了区域经济地理学中的区位商概念。区位商指一个地区特定部门的产值在地区工业总产值中所占的比重与全国该部门产值在全国工业总产值中所占比重之间的比值，是用来判断一个产业是否构成地区专业化部门的常用指标。③④ 区位商在区域经济地理学中得到了较好的运用，可以用来衡量单一产

---

① 陈美秋、周松、陈金妍：《美丽淘宝村——培斜》，《人民政坛》2013年第11期。
② 吴兴南：《福建农村青年电商创业的现状分析》，《物流工程与管理》2016年第38（5）期。
③ 林中燕：《基于洛伦兹曲线的福建省第三产业电子商务应用分析》，《闽江学院学报》2015年第36（3）期。
④ 黄新建：《基于区位商法的江西省现代农业比较优势与产业布局研究》，《农业现代化研究》2014年第3期。

业在特定区域的专业化水平,有效反映该产业的集中程度。[1] 区位商的本质是通过相关指标来建立一个地区相对于较高一级地区某产业的比较优势,这些指标可以是产值、就业人数,抑或是其他要素。如果将区位商赋予空间意义后,区位商的数值就可以反映出某一区域要素的空间分布情况,反映某一产业部门的专业化程度,以及某一区域在高层次区域中的地位和作用等,是一个很有意义的指标。[2] 因此,可以通过计算福建省内各市县区的淘宝镇在淘宝村中所占的比重与全省淘宝镇在淘宝村中所占比重的比值,来反映福建省农村电商的集聚化和专业化程度。计算公式如下:

$$z_j = x_i / y_i \tag{1}$$

$$Z = \sum_{i=1}^{n=28} x_i / \sum_{i=1}^{n=28} y_i \tag{2}$$

$$q_i = \frac{z_i}{Z} \tag{3}$$

其中,x = 各区域的淘宝镇数量,y = 各区域的淘宝村数量,z = 各区域淘宝镇与淘宝村数量之比,q = 各区域的区位商。q 值越大则说明集聚化程度越高。一般而言,如果某地区的 q 值大于 1.5,则该产业在当地就具有明显的比较优势。

首先找到 q 值大于 1,即存在农村电商产业集聚的地区,然后利用网络爬虫,从相应不同城市的"58 同城"网站页面上搜索关键词"淘宝"进行数据抓取,再通过深度采集获得各地淘宝相关企业的经营产品范围,然后利用在线词频统计工具,统计出出现频率较高的词语进行人工整合,最终得到对应地区淘宝村的主营产业,如表 6-2 所示。

---

[1] 肖黎姗、余兆武、叶红等:《福建省乡村发展与农村经济聚集耦合分析》,《地理学报》2015 年第 70 (4) 期。

[2] 崔功豪、魏清泉、陈宗兴:《区域分析与规划》,高等教育出版社,1999。

表6-2 2018年福建省各市县区的区位商数值与相关产业

沿海/内陆	市	县/区	淘宝村数量（个）	淘宝镇数量（个）	区位商	相关产业
沿海	福州市	仓山区	14	2	1.15	贸易
		福清市	2	0	0.00	—
		晋安区	6	1	1.34	家具、食品
		连江县	3	0	0.00	—
		闽侯县	20	4	1.61	根雕
内陆	龙岩市	新罗区	2	0	0.00	—
内陆	南平市	武夷山	1	0	0.00	—
沿海	宁德市	福安	2	0	0.00	—
沿海	莆田市	涵江区	1	0	0.00	—
		荔城区	8	1	1.00	女装、男装
		仙游县	12	1	0.67	红木家具
		秀屿区	1	0	0.00	—
沿海	泉州市	安溪县	19	3	1.27	藤铁工艺、茶业
		德化	13	3	1.85	陶瓷（茶具）
		晋江	50	5	0.80	鞋、服饰
		洛江区	2	0	0.00	—
		南安市	23	3	1.05	鞋、数码配件
		石狮	22	3	1.10	服饰
		台商投资区	8	1	1.00	服饰、家居
		永春县	3	1	2.68	陶瓷、灯具
内陆	三明市	大田县	1	0	0.00	—
沿海	厦门市	海沧区	5	0	0.00	—
		湖里区	1	0	0.00	—
		集美区	6	1	1.34	食品、服饰
		翔安区	1	0	0.00	—
沿海	漳州市	龙海市	4	0	0.00	—
		龙文区	1	0	0.00	—
		芗城区	2	0	0.00	—

2. 数据分析结果

（1）福建省内淘宝村分布极不均衡。数据显示福建沿海和内陆城市淘宝村的分布呈现显著差异。位于福建内陆山区的三个城市——龙岩、南平、三明——的淘宝村仅各有 1~2 个，而位于福建省东南沿海地区的淘宝村数量则占据省内淘宝村总数的 98% 以上，经济较为发达的泉州更是占据了 60%，如图 6-1 所示。

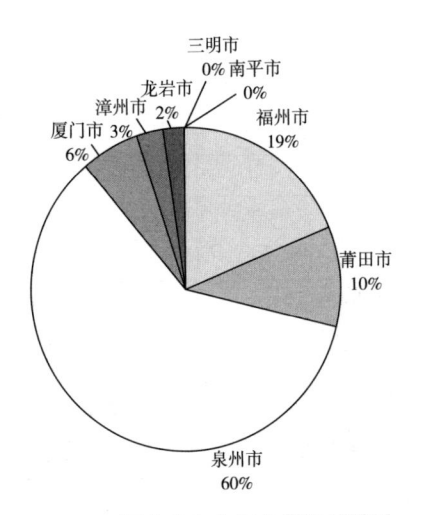

图 6-1　福建省各市淘宝村数量统计

将淘宝村数量和福州市统计局公布的 2018 统计公报中的农村居民人均可支配收入（见表 6-3）进行简单相关性分析，发现总体数据的相关系数约为 0.5，说明二者存在一定的正相关性，换句话说，淘宝村的增加、当地农村电商的发展的确带动了部分农村居民收入的提高。若将城市分为沿海组与内陆组进行相关性分析，则发现沿海城市淘宝村数量和农民收入的相关系数较低，仅为 0.35，然而内陆城市的相关系数却高达 0.82。从中，我们有理由推测对于经济较不发达的西部内陆城市而言，进一步发展淘宝村的策略是必要的，且对当地居民收入的提高具有较大潜在作用。

表 6-3　2018 年福建省各市淘宝村数量及对应城市农村居民人均可支配收入

市	宁德市	福州市	莆田市	泉州市	厦门市	漳州市	龙岩市	三明市	南平市
淘宝村数量（个）	2	45	22	140	13	7	2	1	1
农村居民人均可支配收入（元）	14722	17865	16492	18606	20460	16676	15698	15212	14558

（2）区位商高的地区的经营模式和产品特点。根据表 6-2 可以归纳总结出，区位商数值相对较高的闽侯、德化、永春等地，即产业集聚程度较高的地方以生产型经营模式为主，所生产的产品多为工艺品。此外，这些地区的产业已有多年历史积淀，地方传统产业较为出名。对应地，区位商数值相对普通的仓山、荔城、晋江、南安等地，即产业集聚程度较一般的地区以贸易型经营模式为主，所经营的产品多为服饰、鞋、数码类。

（四）福建省淘宝村集聚化程度差异显著的原因及对策

1. 物流运输

农村通过淘宝或其他电商平台能够将当地商品推广到全国各地，这是毋庸置疑的，然而不得不考虑的最重要的限制因素是物流运输。以农产品生产为主的淘宝村，尤其在拥有大量果树种植的地区，因为产品保质期短，食品易腐烂，物流运输是需要解决的难题。据了解，除了大部分农村地区存在物流企业分布不全、物流运输费用高等问题外，农村地区还缺乏冷链运输渠道及相应技术。在福建内陆乡镇，山多，公路少，物流问题更加凸显，极大地影响了农产品的销售运输，例如福建三明市境域内地形以中低山和丘陵为主；龙岩市拥有福建三大林区之一，森林覆盖率居全省首位；南平市同样丘陵广布、河流与山间盆地错落盘踞。

考虑到物流运输客观条件有限，且在较长时间内现状不容易改善,建议福建省内陆城市发展淘宝村时以拥有较长保质期的工艺品生产为主。以山区常见的木竹制品为例,竹篮、木盒等工艺品,不仅较容易保存,相对陶瓷等易碎品而言也容易运输,质量更轻,运费更低廉,如若在艺术上取得突破,产品也将拥有更高附加值。

2. 经济贸易基础

当地的经济贸易基础同样影响着该地农村电商的发展。当地经济贸易基础越强,农村电商越容易发展起来,甚至能越快形成规模效应;当地经济贸易基础越弱,相关产业资源就越弱,越不容易突破局限。福建省沿海城市的经济贸易基础普遍好于内陆城市,以泉州为例,泉州的农村人均可支配收入仅次于厦门,位居全省第二。泉州整体经济基础强大,贸易历史悠久,不论产业规模还是相关配套设施均比福建内陆城市更为发达,同时也带来了发展淘宝村的便利性。然而在没有任何产业基础的内陆农村,要发展特色电商产业,需要的培育时间更长,成功的可能性也更低。

因此,建议无经济贸易等产业基础的内陆农村尽可能利用当地传统特色产业或周边资源进行生产,先从引进或开发新产品入手,再形成拥有特色产品的村落,最终升级为淘宝村。充分挖掘农村资源,可以考虑培育当地特色手工艺品、改进或推广食品加工制作方法等,同时还可向周边的淘宝村、镇取经,学习借鉴相关产业发展经验。

3. 劳动力与教育程度

农村电商普遍存在劳动力缺失和文化教育水平不高的问题。福建省人口在100万以上的特大城市集中在沿海的福州、厦门、泉州和莆田。此外,闽东南沿海地区建制镇达到346个,而闽西北内地山区的城镇密度相对较低,建制镇只有249个。[①] 总体来看,

---

① 徐安勇:《新型城镇化建设与农村劳动力转移就业的促进——以福建省为考察研究对象》,《江汉学术》2013年第32(5)期。

福建省内东南沿海地区和西北内陆山区间城镇化、人口密度差别较大，西北地区农村整体的劳动力素质远低于沿海地区。受教育程度较高的大学生毕业后更倾向于留在沿海大城市而非内陆农村。

因此，政府需加强内陆城镇化的发展建设，完善当地人才就业保障体系，鼓励和适当补贴受教育水平高的人才返乡创业。尤其发展淘宝村，更加需要当地年轻人助力，他们既对本地特色产品和文化有相应了解，又对互联网信息技术更加熟悉，同时学习速度快，接受新事物能力强，创新能力强，更容易掌握电子商务技术与营销模式。以泉州灶美村为例，从2008年开始，灶美村的年轻人就带头"试水"电子商务，之后该村电商发展迅猛，人人触及，截至目前全村已有250多户家庭经营淘宝店，拥有1150家电商网店，年交易额达4.5亿元。

4. 经营渠道

经营渠道是商品在市场上流通且得以生存的重要条件。福建沿海淘宝村的经营渠道较为丰富，除了原先相对早地占据了国内电商平台市场外，还依靠沿海港口和国际贸易优势，已经对外输出了源源不断的商品。据了解，莆田已有箱包类商户在亚马逊等国际电商平台上形成自己的品牌且销量排名稳定在前十；泉州服饰鞋业等也已布局东南亚跨境电商，并有稳定的长期贸易往来。但是相对而言，内陆淘宝村发展稍晚，仍以国内电商为主。此外，据实地考察，内陆乡镇有很大一部分小商户还是依靠传统朋友介绍生意等方式，经营规模和渠道仍停留在较原始阶段。即使产品优质，也面临着销售渠道狭窄、推广困难等问题。

因此，对于内陆相对不发达的淘宝村而言，扩大经营渠道是必经之路。一是可以发展国内多平台渠道。虽然淘宝村以阿里巴巴集团旗下的天猫和淘宝网为主要销售平台，但近年来竞争越来越激烈，同时其他电商平台也在迅猛发展，像京东商城、网易严选等大型自建平台网站的销售渠道和市场也不容忽视，另外近几年新兴的自媒体、短视频等渠道更加贴近用户，收益可观，有条件地区亦可尝试。二是较有规模的商家可以布局跨境电商，福建地处东南沿海，相比内陆省份，发展跨境电商拥有不可比拟的优势和资源，可以在相对成熟的产业基础上将商品销往国外，开拓全球市场，扩大国内外影响力。

第七章 "互联网+"智慧旅游

当前经济和信息技术的高速发展促进了各个行业电子商务的迅猛发展,作为最早引入电子商务的旅游业而言,互联网的变革不仅改变了旅游传播信息的方式、旅游产品的销售方式,同时也改变了传统的旅游经营模式。互联网成了旅游者获取旅游信息的优先选择渠道。

第一节 旅游业与旅游产业链

旅游产业区别于其他产业在于它不是一个单一产业,而是一个由多种产业组成的产业群,具有多样性和分散性的特点。旅游产业包括景区景点、旅行社和旅馆服务业、餐饮服务业、交通业、娱乐业及其他相关行业。

一 旅游与旅游业

旅游(Tour)一词源于拉丁语的"tornare"和希腊语的"tornos",其含义是"车床或圆圈,围绕一个中心点或轴运动"。词根 tour 与后缀-ism 或-ist 连在一起,因后缀-ism 被定义为"一个行动或过程,以及特定行为或特性",而后缀-ist 则意指"从事特定活动的人",所以 tourism 意指按照圆形轨迹的移动,是一种往复的行动,即指离开后再回到起点的活动,而完成这个行程的人也就被称为旅游者(Tourist)。

查阅众多文献得出,旅游业是以旅游资源为凭借、以旅游设施为条件,向旅游者提供旅行游览服务的行业。又称无烟工业、无形贸易。旅游资源、旅游设施、旅游服务是旅游业赖以生存和发展的三大要素。

二 旅游产业链

(一) 文献述评

目前关于旅游产业链的定义尚无一致性共识,结合价值链和产业链的相关理论,旅游学者对旅游产业链的界定有不同的视角。

张辉提出,旅游的生产与销售涉及众多的企业活动,从获取旅游目的地的各种旅游要素暂时使用权开始,到旅游产品的组合及产品的分配和销售的整个过程可被定义为旅游产业链或旅游品链。① 劳本信将旅游产业链定义为旅游产品从工业到最终消费的一系列传递过程,由旅游产品供应商、传统旅游中间商或电子商务旅游中间商以及旅游消费者组成。强调了旅游信息化背景下旅游产业链的新模式,把旅游电子商务平台纳入旅游产业链中。② 黄继元认为旅游产业链是指旅游产业内部的不同企业承担不同的价值创造职能,旅游产业上下游多个企业共同向最终消费者提供服务(产品)时形成的分工合作关系。由旅游供给、旅游中间商和消费者三个环节组成。这是最通用的定义。③ 杨丽娥提出旅游产业链是研究旅游产业的一个新切入点,对旅游产业链的概念做出界定,并分析其区别于一般产业链的特征。④ James 认为,旅游产业链包含了所有旅游产品与服务的供应与分配的链条,可分为赢得订单、分配前的支持、分配及分配后的支持 4 个阶段,以实现旅游

---

① 张辉:《旅游经济论》,旅游教育出版社,2002。
② 劳本信、杨路明:《电子商务环境下的旅游产业链重构》,《商业时代》2005 年第 23 期。
③ 黄继元:《旅游企业在旅游产业链中的竞争与合作》,《经济问题探索》2006 年第 9 期。
④ 杨丽娥:《旅游产业链刍议》,《经济问题探索》2008 年第 6 期。

产品的端到端无缝连接，或者将旅游产业链定义为包含了旅游供应商、旅游开发商、旅行社和游客4个部分的单链。① 弓志刚等把乡村旅游产业作为一个共生系统，分析乡村旅游产业链的共生互利性、自组织性、共演化性、协同性等系统特征。② 邵景奎认为，旅游产业链是为满足旅游者的需求，由从事旅游产品生产的各类企业或行业组织、协会，基于供给大于需求理论，为追求各自相应经济和社会效益而组建的产业链动态图谱。③

虽然各位学者对旅游产业链的定义各不相同，但是定义的要点主要集中在空间移动的始末范围、旅游消费者需求、旅游产品供应等，体现了旅游产业链是完整的链条关系。

（二）旅游产业链的构成

旅游产业链上的节点包括旅游产业组织和消费者两大部分，他们共同保证了旅游产业链的流畅运行。旅游产业链的产业联系体现在价值流、信息流、资金流等方面，通过链条式的流转保证旅游产业链的稳定运作，从而实现价值转移。和第三产业属性一致，旅游业的产品表现也是服务，其不具备物流活动，空间上的不可转移，产销一体，是旅游产品从供应到最终消费的一系列传递、不断增值的过程。旅游产业链上不同层次的旅游企业依据其优势不同为不同的旅游产品注入价值，实现最终的价值增值。旅游产业链上包括提供旅游产品的供应商、批发商，提供旅游线路住宿的旅游零售商、代理商和最终消费的旅游消费者。

旅游产业包括"食、住、行、游、购、娱"六个子行业，提

---

① James Murphy, Stephen Smith, Chefs and Suppliers: An Exploratory Look at Supply Chain Issues in an Upscale Restaurant Alliance [J]. *International Journal of Hospitality Management*, 2009, 28 (2): 212-220. PHam.
② 弓志刚、李亚楠:《乡村旅游产业链共生系统的特征及模式的演化和构建——以山西省为例》,《农业现代化研究》2011年第32(1)期。
③ 邵景奎:《旅游产业价值链优化及其运行机制》,河南科技大学硕士学位论文,2012。

供这些行业产品的企业即为旅游产品供应商，其提供的产品一般需要经过旅游中间商组合才形成最终产品。

旅游批发商一般指旅行社，它们通过网络、零售商或直接向公众推销各种旅游产品的组合，通常资金实力较为雄厚，能组织安排不同时间、线路和价格的包价旅游。其营业收入主要包括代理佣金及酒店订房差价等。

旅游零售商、代理商和旅游批发商供应的产品有些类似，包括旅游出行的一系列产品组合，它们既可以是独立法人，也可以是旅游批发商的下属机构，或者受托于旅游供应商，按合同规定的价格出售其产品，从而取得佣金。

旅游消费者是最终消费者，处于旅游产业链的末端，是旅游产品价值的最终接受者，旅游产业链的重要组成部分。

（三）旅游产业链特点

旅游产业是典型的服务性产业，其综合性、关联度高的特点决定了旅游产业链与制造业或其他行业的产业链有很大的不同，旅游产业链具有以下特点。

1. 旅游消费者参与程度高

旅游的产销一体决定旅游消费者需参与到旅游产品的全生产过程中，而且只有旅游消费者全程参与才能保证旅游产业供应链的上、中、下游企业服务顺利实施。由此可知，旅游业是尤为典型的消费者高程度参与的产业，参与不只是体力上和智力上的投入，还包括情感上的努力与投入，是二者之间的互动，最终圆满完成旅游者的旅游体验。旅游者的旅游体验是通过旅游产业链来实现和完成的，所以旅游者参与到旅游的生产过程中在很大程度上提高了产品价值。

2. 旅游产业链上企业关联性强

旅游企业是旅游产业链的主体，涉及食、住、行、游、娱、购相关领域，既有横向关系又有纵向关系，企业间关联性极强。

与旅游者的食、住、行相关的酒店、餐饮及景点等之间属于横向关系,有横向关系的大部分企业之间有着不可替代性和不可补偿性,在向共同的旅游者提供服务时,任何一个环节的缺失都是对旅游业的致命打击。因此,强关联性意味着旅游产业链各个环节的良性配合,关乎整个旅游业的可持续发展。伴随着全球化的到来和信息技术的高速发展,单个旅游企业须有大局观,不能仅关注自身企业价值的实现,还应对整个行业产业链施加影响,使之协同发展,为旅游者和旅游产业提供最大化价值。

3. 旅游产业链日趋网络化

和其他产业链一样,旅游产业链不仅有自己内部的基本价值链,同时也有利益交错并相互作用的价值网络。新兴产业和企业,比如金融、文化、保险产业不断加入旅游产业链,并与其相互作用,共同分享旅游产业所创造的价值,形成新的价值网络。此外,政府作为旅游产业链协同整合的关键机构,维护市场秩序,引导产业发展,起着宏观决策作用。这个价值网络各节点的企业是既竞争又合作共生的关系。

三 "互联网+"下旅游产业链的变革

互联网的发展改变了传统层级性的信息方向和支付方式,使所有的传统经营者变成了信息中介,这也带来了旅游产业链的变革,不断涌现出新的商业模式和竞争策略。

传统的旅游代理商利用信息流动专卖权(对旅游销售链的信息的垄断)获取利润,而互联网的发展打破了这种垄断,旅游消费者可以通过网络得到关于旅游的一揽子建议,从而获取自己理想的旅游攻略。所以传统的旅游代理商应尽早创建自己的网上品牌,实现线上线下的服务,获取双重优势进而赚取利润,加入本行业的商业协会网站,通过协会网站的共享信息及提供的"一站式商店"来发展自身的旅游市场并获取相关信息。

在互联网的推动下,目前的旅游产业链出现了不少新的商业模式,传统的旅行机构竞相建立相应网站提供网上服务;旅游服务供应商提供网上直销目录,具体维护工作由各公司单独承担或由其他服务供应商共同承担;提供订房订票业务的专业旅游信息服务机构建立了旅游电子商务网;综合性的门户网站也设置了旅游频道。

新的商业模式的出现势必带来新的竞争策略。网上机构的佣金方式成了旅游供应商和销售商"破冰"的首选,运用降低或消除支付给网上机构佣金的方式来应对只有少数公司控制网上机构业务的局面。还有一些供应商和销售商则通过建立自己的供应商支持机构,由自己来销售大部分产品,以此来与"独立"的机构进行竞争。某些小型的销售商则通过成为大型机构的会员,与大型代理商的网站相连接,以此获得大型数据库或各种功能。

旅游网络服务提供商是个典型案例,被称为旅游产业链的"入侵者",它"破坏"了传统旅游产业的游戏规则,甚至剥夺了传统旅行社主动向在线服务转型的机会。旅游网络服务提供商在旅游产业链的上游,扮演着航空公司和酒店的"渠道商"的角色,它建立了旅游需求方和酒店、旅行者以及航空等供给方的数据库,一只手掌控着全国千万以上的会员,另一只手向酒店和航空公司获取更低的折扣,自己则从中获取佣金。旅游网络服务提供商靠整合旅游产业链的信息带动了整个旅游产业的变革,它像是一种服务型电子商务,保证信息能够顺畅地在酒店、机场和消费者之间流通,酒店和机票预定的空白地带的价值就被挖掘了出来。

因此,旅游企业之间、旅游企业与旅游者之间的电子商务活动将彻底改变传统旅游产业链的运作方式。运用互联网的优势,加强协同管理,能够有效克服传统旅游供应商与销售商各自的弱点,使传统旅游企业与电子商务充分结合,优势互补,进一步优化旅游产业链结构。

第二节 旅游电子商务特征与发展现状

一 旅游电子商务

"互联网+"背景下的旅游产业链中的活动即可理解为"旅游电子商务",它以信息技术为主体,在旅游信息库、客户信息库及电子支付基础上构建新型的商业模式,包括广义的旅游电子商务和狭义的旅游电子商务。广义的旅游电子商务立足于整个旅游市场,泛指一切与信息化处理有关的旅游商务活动,包括线上线下的劳务服务买卖活动,同时也包括旅游企业通过互联网与各个机构和部门建立相关业务联系。狭义的旅游电子商务即为互联网上旅游在线交易模式,立足于每一个旅游者,为其提供在线的即时专门服务。

因旅游业的特殊属性,在劳务服务买卖中所经营的产品具有无形性、信息供应量大等特点,没有物流活动,产销一体,所以旅游业被公认为发展电子商务得天独厚的行业。

目前我国的旅游网站主要有以下五类:第一类为政府旅游管理机构主导建设的国家和地方性旅游网站,如中国旅游网和北京旅游信息网,网站建设的目的在于为旅游企业和外界用户搭建信息平台,提供信息浏览和查询服务,此类网站和游客互动性不强,基本上不具备赢利功能;第二类为专业电子商务公司建设的旅游电子商务网站,主要提供旅游产品和服务的代理及其他业务,如携程旅行网、艺龙旅行网、同程网、途牛网等;第三类为旅游企业包括旅行社、景区和酒店、航空公司等旅游中间商和旅游供应商等自建的旅游网站,如春秋旅游网、青旅在线、芒果网、以南方航空公司和7天连锁酒店为代表的酒店和航空公司进行直销的网站等;第四类为一些综合性门户网站开设的旅游频道,如新浪、网易、搜狐等网站的旅游频道;第五类为其他机构或个人自建的旅游网站。①

二 旅游电子商务的特征

（一）简单便捷的物流体系

作为服务领域的旅游行业较少涉及实物运输，在交易中并不产生所有权或经营管理权的转移，而仅仅提供旅游产品的使用权。因此旅游电子商务的物流配送问题相对较为单纯，大多仅涉及票务的配送，这可以通过网络集中传输的方式解决，如电子票务的推广已成为旅游电子商务发展的必然趋势。②

（二）传统旅游市场的聚合和延伸

旅游目的地和客源市场一般都很分散，大量的旅游产品、接待设施、旅行社具有地域分散的特征，形成纷繁复杂的庞大网络。同时，传统的旅游市场销售往往以间接销售为主，难以实现直销，影响了旅游企业的市场开拓。通过根植于互联网的旅游在线交易，将众多的旅游供应商（航空公司、景区、旅游饭店及旅游相关行业）、旅游中介（旅行社）和旅游者连接到一个平台上，将原来市场分散的利润点集中起来，可提高旅游资源的利用效率。

（三）无形+有形的旅游产品模式

传统旅游产品所具备的无形性特点、生产和消费同一性等特点，使旅游者在使用旅游产品之前，无法亲自了解，只能从别人的经历或介绍中寻求帮助。随着信息技术的发展，旅游电子商务

---

① 胡卫伟：《国内外旅游电子商务的发展现状与对策研究》，《农村经济与科技》2016年第27（9）期。
② 林中燕：《旅游在线交易双方的权利和义务——以携程网为例》，2004中国（福州）国际电子商务学术交流大会暨2004中国国际电子商务高级学术论坛、中国国际电子商务高等教育论坛、中国国际电子商务立法研究学术论坛、中国国际电子商务应用技术研究高级论坛。

可为旅游者提供大量的旅游信息和虚拟旅游产品,多媒体展示给旅游者提供了"身临其境"的感受。全新的旅游体验,使"足不出户畅游天下"的梦想成真,使无形的旅游产品步入了"有形"感受的阶段。

(四) 强调旅游电子商务的服务质量

服务质量是旅游业作为服务性行业的根本,旅游电子商务的服务尤为重要。

据 CNNIC 报告,用户选择网络服务商 (ISP) 最主要的因素,第一是连线速度,第二为服务质量;用户认为一个成功网站必须具备的最主要的因素,处于首位的就是信息量大,更新及时,有吸引人的服务。[1] 因此,旅游网站若希望在较高访问量的基础上产生大量的交易,就必须提供具有特色、种类繁多、高质量的服务,来吸引各种不同类型的旅游者。如旅游网络服务提供商携程网以丰富的目的地旅游信息,餐饮、交通、住宿、娱乐和天气等诸多方面信息,人气极旺的旅游社区、信息交流、结伴同游、游记发表、俱乐部活动等提供的大量旅游信息资源,为广大网民和游客所钟爱,被 CNNIC 评选为"最受欢迎的旅游网站"。[2]

三 我国旅游电子商务发展现状

(一) 国内外旅游电子商务发展现状

当前,全球旅游电子商务仍然持续增长,在欧美等发达国家,旅游电子商务已经成为整个电子商务领域发展最快、最突出的部分,而拉美地区近几年在线旅游销售呈现爆炸式的增长。美国联合市场研究 (Allied Market Research) 机构最近公布的一份研究报

---

[1] 黄想:《旅游电子商务纵横谈》,《海脉网络经济周刊 (72)》2001 年 5 月 24 日。

[2] 本书关于旅游网络服务提供商的资料均来源于旅游服务网站。

告预测，全球在线旅游领域的市场规模到2022年将达到1.091万亿美元。

20世纪90年代，随着中国互联网的萌芽与成长，电子商务向各领域渗透，在旅游产业方面也得到长足发展。根据相关资料记载，中国最早创办的旅游网站为1997年的"华夏旅游网"，这标志着旅游电子商务在线预订的开端。到了1999年10月，携程旅行网开通，创下了中国旅游业成长最快的纪录，在当时被称为一个"没有门店的旅行社"。同年，艺龙旅游网成立，定位为城市生活资讯网，这两家"在线旅行社"逐渐发展成为在线旅游预订的两大巨头。

2005年，中国第一个旅游搜索引擎去哪儿网诞生，作为垂直搜索网站提供了"比价"的功能，旅行者可以在线比较航班和酒店的价格和服务。2005年，支付宝解决了网上支付的便捷与安全两大瓶颈。2010年8月，去哪儿网成为全球最大的中文酒店点评系统，自此"去哪儿网"也由原来单纯的旅游搜索引擎转变成在线旅游媒体。2012年9月，随着手机移动终端的运用，南方航空、中国航空、到到无线及各大酒店都推出了无线版本，用手机随时随地便可实现目的地查询与预订。

经过十多年的运营，"鼠标+水泥"模式成效显著，多种在线旅游网站、旅游电商、手机移动终端预订等与旅游相关的在线服务机构蓬勃发展，在线旅游网站超过3000家。前瞻产业研究院发布的《中国在线旅游行业市场前景预测与投资分析报告》数据显示，到2020年，中国在线旅游市场的交易规模将突破1万亿元人民币关口，同时市场渗透率将达到15.2%。中国互联网络信息中心发布的报告显示，截至2018年6月，手机预订旅行产品的网民规模达到3.58亿人。

（二）主要问题

近10年来，随着"互联网+"的飞速发展，旅游电子商务已经占据整个国内旅游业的80%以上，同时还以惊人的速度持续增长。但是在飞速发展的背后，仍然存在各自为战，未能形成规模效应等问题。

首先，在线旅游内容构建不到位。"互联网+"背景下的旅游产业链是由多个环节构成的，包括平台的架构、内容的充实和完善（包括服务模式、品种、旅行咨询等）、营销网络的构建、在线支付的安全性等，其中最为关键的是内容构建。当下很多在线旅游网站只是对企业信息和产品做简单的介绍，且只是简单地延伸了传统服务方式，从线下嫁接到线上，仍然没有对旅游电子商务形成整体观念，导致了网站建设不足或内容匮乏、没有创新而使在线交易无法完成或成交量有限等问题，未能实现现有网络资源与传统服务的深度融合。

其次，对旅游消费者的定位尚不清晰。仍然有相当大部分的在线旅游企业未针对相关目标消费群体进行有针对性、有效的营销。由于旅游本身属于服务性行业，其无形产品和人情服务特征尤为明显，而网络是虚拟的，如何将二者融合并提高旅游者的黏合度，是当前旅游电子商务业者亟待考虑的问题。

最后，在线交易仍然缺失足够的法律保障。在旅游在线交易中，买卖双方、客户与交易中心、客户与银行、银行与认证中心彼此间都发生业务关系，都会产生相应的法律关系，这种法律关系实质上表现为双方当事人的权利和义务。买卖双方的权利和义务是对等的。但是在现实的旅游在线交易中因信息的不对称性和买卖双方立场不同仍存在较多缺失法律保障的案例。

第三节 旅游在线交易的法律问题

中国具有世界上规模最大的国内旅游市场，网上订房、订票在整个中国电子商务市场中越发展现出其特有的优势和发展前景。而在目前的旅游在线交易中，仍然缺失足够的法律保障，所以关注旅游产业链微观节点中的法律问题尤为重要，本节就狭义范围内的旅游在线交易法律问题进行探讨。

一　互联网交易双方当事人的权利和义务

传统旅游商业模式下，除即时清结的或数额小的交易不需记录外，一般的交易要签订书面合同，以免在对方失信不履约时作为证据，追究对方的责任。而在旅游在线交易情形下，所有当事人的意思表示均以电子化的形式储存于电脑硬盘或其他电子介质中，而这些记录方式不仅容易被涂擦、删改、复制、遗失等，而且不离开电脑或相关工具，不易为人所感知，亦即不能脱离其特定的工具而作为证据存在。

1996年6月联合国国际贸易法委员会通过的《电子商务示范法》第5条规定："不得仅仅以某项信息采用数据电文形式为理由而否定其法律效力、有效性或可执行性。"我国《合同法》第11条规定："书面形式是指合同书、信件和数据电文（包括电报、电传、传真、电子数据交换和电子邮件）等可以有形地表现所载内容的形式。"第33条规定："当事人采用信件、数据电文等形式订立合同的，可以在合同成立之前要求签订确认书。签订确认书时合同成立。"这些规定确认了合同除了传统书面形式外，还可以以电子数据交换和电子邮件等作为其表现形式。虽然，《合同法》对网络合同方面的规定还很不够，但已经明确了网络合同得以生效的法律地位。因此，旅游在线交易中的电子合同作为数据电文适用有关的法律要求。

我国2018年8月出台的《电子商务法》从2019年1月1日起实施，其中第47条提出："电子商务当事人订立和履行合同，适用本章和《中华人民共和国民法总则》《中华人民共和国合同法》《中华人民共和国电子签名法》等法律的规定。"

由此，在旅游在线交易中，买卖双方、客户与交易中心、客户与银行、银行与认证中心彼此间都发生业务关系，从而产生相应的法律关系。买卖双方之间的法律关系实质上表现为双方当事人的权利和义务。买卖双方的权利和义务是对等的。卖方的义务就是买方的权利,反之亦然。因篇幅所限,本章仅论及作为网络服务商的一方(卖方)和作为消费者的一方(买方)(B2C)在旅游在线交易中(买卖双方)的权利和义务问题。

(一) 合同中关于卖方义务的确定

在旅游电子商务条件下,卖方应当承担三项义务。

1. 按照合同的规定提交标的物及单据

提交标的物和单据是旅游在线交易中卖方的一项主要义务。标的物在旅游在线交易中主要为酒店餐馆预订、国内国际机票、旅游线路、其他业务(如景区门票、租车、音乐会门票等),如旅游网络服务提供商是将有资质的酒店、机票代理机构、旅行社提供的旅游服务信息汇集于互联网平台供用户查阅的互联网信息服务提供商,应同时帮助用户通过互联网与上述酒店、机票代理机构、旅行社联系并预订相关旅游服务项目。

为划清双方的责任,标的物交付的时间、地点和方法应当明确规定,交付时间以酒店餐馆类标的物交付为例,就是在旅游者抵达消费地点时,交付方法考虑到旅游在线交易多以第三方旅游中介交易为主,为确保网站的利益,通常应由网站在主页上做出明确规定。

有些标的物交付方法比较复杂,例如旅游网络服务提供商要求客人在酒店总台办理 CHECK-IN 时,首先必须提供在旅游网络服务提供商处得到确认的预订客人资料,否则无法享受旅游网络服务提供商提供的优惠房价。其次,大多数旅游网络服务提供商会通过积分制鼓励客人预订。在客人入住宾馆及离店后,旅游网络服务提供商还会与酒店对客人入住情况进行核查,确认后才将预订酒店的积分累计到客人的户头上。酒店预订如果出现 NO-SHOW(即未事先通知旅游网络服务提供商公司而自行取消预订)

的情况，将扣除与预订金额相当的积分数。

2. 对标的物的权利承担担保义务

在传统的旅游交易中，作为卖方的旅游中介（旅行社）也不一定是标的物的所有人或经营管理人，无须保证将标的物所有权或经营管理权转移给买方，只需要保证其使用权即可。卖方则应保障对其所出售的标的物享有合法的使用权利，承担保障标的物的权利不被第三人追索的义务，以保护买方的权益。如果第三人提出对标的物的权利，并向买方提出收回该物，卖方有义务证明第三人无权追索，必要时应当参加诉讼，出庭作证。

例如旅游网络服务提供商在完成订单后，要求客人必须选择提交订单按钮，订单才被正式传送给旅游网络服务提供商，但这并不意味着订房已获确认，只有当旅游网络服务提供商按其所选择的确认方式（电话、传真、手机短消息或 E-mail）确认客人预订成功，订房才算得到最终的确认。如果客人选择的确认方式为"不用确认"，在酒店无房或其他特殊情况下，旅游网络服务提供商仍将致电或短消息通知客人，如无任何确认，即默认预订成功。旅游网络服务提供商承诺在给客人确认订房后，客人即可如期入住所预订的酒店，如果客人无法入住酒店，由此引起的损失由旅游网络服务提供商承担。

3. 对标的物的质量承担担保义务

旅游在线交易的卖方应保证标的物质量符合规定。卖方交付的标的物的质量应符合国家规定的质量标准或双方约定的质量标准，不应存在不符合质量标准的瑕疵，也不应出现与网络广告相悖的情况。如酒店等级通常代表软硬件水准。在酒店名称上，有"准"字号与非准字号酒店的区别，如"准三星级酒店"代表该酒店尚未通过国家旅游局的星级评定，不能等同于"三星级酒店"，如果客人在实际入住时发现酒店等级与网上宣传不符，可追究卖方中介商的责任。

此外，旅游网络服务提供商在网上公布的价格均为旅游网络服务提供商同各酒店签订的协议价，它是酒店给予旅游网络服务提供商的优惠价。旅游网络服务提供商在网上公布的前台现付价和网上支付价已包含服务费，但不包含酒店其他费用及税收。如果酒店另外再要求客人支付服务费（根据酒店等级不同收取10%~15%不等），可视为违约。

需要特别说明的是，旅游在线交易对于客人入住时间有特别严格的限制。这是由酒店产品的不可储存性决定的，如果没有在规定的时间入住，即涉及合同内容的实质性更改，若超过事先约定的时间或者行业惯例约定俗成的时间没有入住（NO-SHOW），且客人没有预先通知更改，都会导致合同失效，亦可视为客人违约。

（二）买方的义务

同样，在旅游在线交易条件下，买方应当承担以下三项义务。

1. 买方应承担按照旅游在线交易规定方式支付价款的义务

由于旅游服务的特殊性，旅游在线交易一般没有时间、地点的限制，支付价款通常采用信用卡、智能卡、电子钱包或电子支付等方式，有别于传统的支付方式。在旅游在线交易中，客人可通过E-mail对采用哪种支付方式进行确认或直接使用在线支付手段。

旅游网络服务提供商对网上预付方式也做出了详尽的规定。

第一种，现金支付。如果客人选择现金支付，预订确认后，要求客人按旅游网络服务提供商通知客人的规定时间至旅游网络服务提供商公司上门交款，如未在规定时间内到旅游网络服务提供商处付款，则该订单自动取消。届时如不能顺利入住酒店，旅游网络服务提供商公司将不承担任何责任。

第二种，网上支付。（1）旅游网络服务提供商目前接受信用卡委托支付，即用户将信用卡资料通过安全通道从网上提交给旅游网络服务提供商，由旅游网络服务提供商到银行进行划账。支持的信用卡以系统提示为准，系统不予通过即暂时不可使用。（2）对所有开通网上支付的酒店，客人务必须提前1个工作日提交预订单，并完整提供实际入住人的姓名。（3）在客人预订客房的同时，要按旅游网络服务提供商的要求选择允许的网上支付方式全额支付所有的房费。旅游网络服务提供商在确认收到该笔款项并得到酒店确认房间后将向客人提供确认。（4）选择网上支付预订时，入住人必须是所填信用卡持卡人本人，否则系统不接受预订。

2. 买方应承担按照合同规定的时间、地点和方式接受标的物的义务

由买方自提标的物的，买方应在卖方通知的时间内到预定的地点提取。

在酒店预订方面，则体现为客人应按照事先协商的预订时间抵达所预订的酒店；在入住酒店时，旅游网络服务提供商要求客人正确填写实际入住人姓名，客人可凭姓名及入住凭证（VOUCHER）在酒店前台登记入住，并在离店时付清除房费外的其余费用。

对机票等由卖方运送的票据类标的物，买方应做好接受的准备，及时接受标的物，如果买方迟延接受造成错过航班，应由买方负迟延责任。

3. 买方应当承担验收标的物的义务

在实物商品在线交易中，买方接受标的物后，应及时进行验收。发现实物标的物的表面瑕疵时，应立即通知卖方，瑕疵由卖方负责。买方不及时进行验收，事后又提出表面瑕疵，卖方不负责任。对隐蔽瑕疵和卖方故意隐瞒的瑕疵，买方发现后，应立即通知卖方，追究卖方的责任。

但在旅游在线交易方面，略有不同。如在酒店预订业务上，主要是对酒店价格和等级的验收。

例如客人入住酒店以旅游网络服务提供商的价格结算后发现其所提供的会员价高于酒店前台价格的，可以向旅游网络服务提

供商客户服务部投诉，同时将酒店开出的发票传真给旅游网络服务提供商，旅游网络服务提供商在调查属实后会将高于前台价的差额以双倍金额赔偿给客人。

如前文所述，酒店等级代表酒店软硬件标准。因此，"买方不及时进行验收，事后又提出表面瑕疵，卖方不负责任"实际上涵盖了客人从入住到离店的一个时间段，而不仅仅是实物商品验收的某个时间点。因此，在这一个时间段客人发现入住酒店与网络广告不符的情况，如酒店设施设备等级或价格等，亦可视为旅游网络服务提供商违约。

（三）对买卖双方不履行合同义务的救济

旅游在线交易中卖方不履行合同义务主要指卖方不交付标的物或单据，或交付迟延；交付的标的物不符合合同规定以及第三者对交付的标的物存在权利或权利主张等。当发生上述违约行为时，作为消费者的买方可以选择以下救济方法。

1. 要求卖方实际履行合同义务，交付替代物或对标的物进行补偿、补救；如提供其他同档次酒店的客房或本酒店更高档次的客房等。

2. 减少支付价款。

3. 对迟延或不履行合同要求损失赔偿。

4. 解除合同，并要求损害赔偿。

买方不履行合同义务，包括买方不按合同规定支付货款和不按规定收取货物，在这种情况下，卖方可选择以下救济方法。

1. 要求买方支付价款、收取标的物或履行其他义务。例如在旅游网络服务提供商处预订酒店，因实际入住人与预订入住人不符而影响客人顺利入住，旅游网络服务提供商将不承担任何责任。此外客人对订房亦应有相应的承诺，如客人已预付或旅游网络服务提供商已为客人预付房款而客人未入住所造成的损失亦将由客人承担。

2. 在损害赔偿方面，旅游在线交易通常无法要求买方支付合同价格与转售价之间的差额，因为旅游产品存在的生产和消费的同一性特质，不可转售，故不存在转售差价问题。

3. 解除合同。

网络世界构成了一个区别于传统旅游商业环境的新环境，即"虚拟旅游空间"。在这个"虚拟旅游空间"里，来自世界各地的个人或企业均可和旅游电子商务在线企业缔结交易，瞬间即可完成寻找交易对象、缔结合同、支付等交易行为。环境和手段的改变，使在传统旅游交易方式下形成的规则难以完全适用于旅游在线交易，但由于旅游业提供服务的无形性、生产和消费同一性、不可储存性等有别于其他产业的特征，对旅游在线交易也不能将其完全等同于其他企业有形商品的在线交易进行处理，在现实网络运营中需要特别注意。

二 网络旅游消费者权益保护

自 2003 年起，我国人均 GDP 超过 1000 美元。发达国家旅游业的发展经验表明，人均 GDP 达到 1000 美元以后，大众旅游时代到来，旅游市场需求也将转向。IMF 预测，中国 2018 年 GDP 总量或将达到 13.46 万亿美元，其实际 GDP 增速将为 6.5%，人均 GDP 将达到 9630 美元。我国旅游市场已经进入向中高级阶段转化的过程之中，随之旅游消费将渐趋理性化、个性化。①

在互联网上，虽然有 B2B、B2C、C2C 等在线交易模式，但基于旅游线路作为旅游产品的生产和消费同一性（旅游者必须亲自参与旅游产品的创造过程，其价值在创造中实现）这一特征，如果没有旅行社的实际运作，团队包价旅游根本无法实现（自助游除外）。由此，旅游网络服务商们基本还是采用"鼠标+水泥"模

---

① 《9630 美元！2018 年中国人均 GDP，将超越巴西，在金砖国家排第 2 名！》，https://baijiahao.baidu.com/s?id=1615033157855827454&wfr=spider&for=pc。

式,即"网上预订+网下接待"的操作方式。

旅游在线交易同时又是虚拟和无形的,在参与旅游在线交易时,旅游者往往无从选择,无奈之中只能就旅游网络服务商提供的电子格式合同进行点击确认。现实和虚拟的交叉使旅游者对自身角色的认识产生混淆,更无法明确自己作为消费者一方到底拥有怎样的权利和义务。

因此,在关注我国旅游电子商务蓬勃发展的同时,我们有必要在深入理解《消费者权益保护法》和《合同法》的基础上,就旅游在线交易中作为消费者一方的旅游者的权利和义务进行探讨。

(一) 先行给付义务和随附义务

在现有的旅游合同中,关于旅游者的权利讨论颇多,但对旅游者在旅游过程中义务的描述较为粗略,对旅游者有关义务的描述比较模糊,没有明确的界定,容易让旅游者产生歧义,同时也让经营者感觉不够公平。本节尝试从先行给付义务和随附义务的角度进行进一步的阐述。

1. 先行给付义务

这是旅游者的主要义务。至于旅游费用的种类、数额及给付时间,可由双方当事人自由约定。国内各省份在制定旅游管理条例时,都会明确提出:"旅行社应当与旅游者签订旅游合同。旅游合同应当就下列事项做出明确约定:(一)……;(二)旅游服务价格……"

旅游网站虽然没有把"先行给付义务"列入义务一栏,但关于费用的范围一定会在网站上公布。一般包括代办交通、膳宿、导游等必要费用(如代办手续费、交通运输费、餐饮费、住宿费、景点门票、接送费及行李费)以及税、旅游营业人应收之报酬以及合理之利润等。

如某网站所销售的"北海道全览并深入知床、赏花之旅"行程费用包括"团体来回经济舱机票、住宿及全程表列餐食、行程所列之旅游交通费用、200万元责任险暨3万元意外医疗险"。费用不包含："两地机场税金暨兵险费用；每日旅馆客房清理及行李小费；行程表上未表明之各项开支，自选建议行程交通及应付费用纯系私人之消费：如行李超重、饮料酒类、洗衣、电话、电报及私人交通费，护照新办与日本签证费用，导游、司机小费等。"

如上所述，具体操作中旅行社一般以缔约时预付为基本原则，即旅游者一般在旅游前交付费用，即便是在旅游在线交易中也是如此。如上述网络针对上述度假产品同时又提出："出发日八天内之行程请立即于在线实时完成SSL付款；若没能于在线立即完成SSL付款，请务必于提示有效期限内付款完成。出发日九天以上之行程，付款期限保留至订购次三日午夜24：00，但不得晚于出发前八日午夜。逾时未付者系统将自动取消订单，不再保留您的订位。"一旦付款，即表明旅游者已经履行该项义务。

现实中有时会出现旅游者未按合同约定履行先行给付义务，旅行社或旅游网络服务商拒绝继续为旅游者提供服务的纠纷。在这种情况下，法律为保护先履行义务的一方当事人的权利而设置了后履行抗辩权来保证其利益，依据《合同法》第67条规定："当事人互负债务，有先后履行顺序，先履行一方未履行的，后履行一方有权拒绝其履行要求。先履行一方履行债务不符合约定的，后履行一方有权拒绝其相应的履行要求。"

交易双方在平等自愿、协商一致的基础上订立的旅游在线交易合同，与传统合同一样为有效合同，受《合同法》的保护。在合同订立后，双方应按合同约定履行各自的义务。其中，按合同约定支付有关费用是旅游者的主要义务。旅游者不支付、少支付或迟延支付有关费用，则构成违约，由此造成的损失自负。旅行社或旅游网络服务商为了确保交易安全，维护自己的合法权益，依法行使后履行抗辩权，拒绝继续提供服务并无不当，对此不应负任何责任。

2. 附随义务

依照诚信原则和旅游合同的特点，旅游者在旅游活动中负有一定的附随义务。所谓附随义务是指在法律无明文规定，当事人之间亦无明确约定的情况下，为了确保合同目的的实现并维护对方当事人的利益——主要是人身和财产利益，遵循诚实信用原则，依据合同的性质、目的和交易习惯所承担的作为或不作为的义务。①

相对于前文所提的"先行给付义务"而言，附随义务只是附随的，但这并不意味着附随义务是不重要的。相反，在很多情况下，违反附随义务会给另一方造成重大损害，甚至可能构成根本违约。如在团队出发前不告知旅游者应该携带的证件种类或提前应申办的手续，将可能导致旅游者无法成行，造成无法履约。

附随义务不是由当事人在合同中明确约定的义务，而是依据诚实信用原则产生的。附随义务不仅仅表现在合同的履行过程中，在合同成立以前以及合同终止以后，也会发生附随义务。

旅游网络服务商一般也会提及旅游者应该履行的附随义务，如某旅游网络服务提供商在其海外度假产品的"预订须知"中提到："应履行的义务：您应确保自身身体条件适合外出旅游度假。您应确保您不属于中国政府限制出境的人员之列。您提供给旅游网络服务提供商的证件和相关资料、通信联络方式及配送地址等必须真实有效。度假期间，您应尊重当地的宗教信仰、民族习惯和风土人情，自觉保护当地自然环境。"

某旅游网络服务提供商对旅游者主动解除已生效订单有关的义务则做出如下规定："如果您所预定的产品包含机票，该机票均不可退票或签转，同时您还须承担旅游网络服务提供商处理该订单已经支出的其他必要费用：递送签证后取消，收取度假费用的10%。距出发不足 7 个工作日或在特别限定的日期后取消，以及圣

---

① 余能斌、马骏驹：《现代民法学》，武汉大学出版社，1995。

诞、新年、春节等旺季期间，距出发不足 15 个工作日取消，收取度假总费用的 80%。距出发不足 3 个工作日取消，收取度假总费用的 100%。在春节、五一、国庆节黄金周和其他部分地方性重大节日的特殊状况下，若取消已生效订单，您需要支付全部度假产品费用扣除已支出的必要费用后余额的 100% 的违约金。违约金额不足 50 元的，按照 50 元收取。"

与上述旅游网络服务商提供的条款比较，各地市的《出境旅游合同示范文本》对旅游者的随附义务描述较为详尽：在出境旅游申办和实施过程中，必须提供真实情况，如实填写有关申请资料，履行合法手续。否则，将承担由此产生的一切经济和法律责任。旅游者参加旅游应确保自身身体条件能够完成旅游活动，并有义务在签订合同时将自身健康状况告知旅行社。

同时，该类文本还提出了关于旅游者违约责任方面和纠纷方面的义务。

旅游者和旅行社已有约定的，从其约定承担，没有约定的，按照下列协议承担违约责任：（1）旅游者按规定时间通知对方的，应当支付旅游合同总价 5% 的违约金；（2）旅游者未按规定时间通知对方的，应当支付旅游合同总价 10% 的违约金。

旅行社已办理的护照成本手续费、订房损失费、实际签证费、国际国内交通票损失费按实计算。因违约造成的其他损失，按有关法律、法规和规章的规定承担赔偿责任。

出境旅游过程中，旅游者与旅行社之间发生纠纷，应当本着平等协商的原则解决或在回国后通过法律途径解决。旅游者不得以服务质量等问题为由，在境外拒绝登机（车、船）、实施违反行程国家或者地区法律、法规的行为或采取其他措施强迫旅行社接受其提出的条件。

以上条款虽然只是针对具备出境游资质的旅行社提出的，但由于在实际操作中可以约束某些消费者采用不良手段强迫旅游中介商解决问题，对旅游网络服务商而言，具有重大的参考意义。

（二）关于不可抗力的特别说明

旅行社与旅游者订立合同后，因不可抗力不能履行合同的，根据不可抗力的影响，可部分或者全部免除责任，但法律另有规定的除外。

关于"不可抗力"，按照我国《民法通则》和《合同法》等法律的定义，不可抗力是指不能预见、不能避免并不能克服的客观情况。包括自然现象和社会现象两种。自然现象有地震、台风、洪水、海啸等；社会现象有战争、海盗、罢工、政府行为等。旅游行程有时受客观因素影响较大，如入境国拒签造成无法成行，SARS事件导致旅游者担心自己的人身安全而取消旅游等。因此，对于旅游在线交易而言，不可抗力的范围中除常见的客观情况外，也要将这部分因素考虑在内。

《民法通则》第107条规定："因不可抗力不能履行合同或者造成他人损害的，不承担民事责任。"《合同法》第117条规定："因不可抗力不能履行合同的，根据不可抗力的影响，部分或者全部免除责任。"如果出现不可抗力事件，前期产生的费用，如机票退票费、签证费等仍应由旅游者承担。双方因不可抗力不能履行已生效订单约定内容的，可部分或者全部免除责任，但法律另有规定的除外。因延迟履行已生效订单约定内容发生不可抗力的，不能免除责任。但作为经营者一方的旅游网络服务商或旅行社有义务采取必要的措施尽量使旅游者减少损失。

（三）消费者权益法强调的权利

1. 自主选择权

作为参与旅游在线交易的旅游者一方，拥有很大的自主选择权，在选择旅游网络服务商时，应关注其合法性。如我国有关法律法规规定：所有从事网络经营的单位或个人，必须按照《中华人民共和国公司法》和《中华人民共和国企业法人登记管理条例》

等相关规定办理营业执照，经核准取得合法资格后方可从事其活动。按照《互联网信息服务管理办法》的规定，所有从事互联网信息服务的单位或者个人，都应办理 ICP 经营许可证或者备案手续。①

同时，我国出境旅游实行特许经营制度，因此，旅游者有权要求经营出境旅游的旅游网络服务商出示出境旅游经营许可证明，并在协商签订旅游合同的基础上，约定双方的权利和义务。

2. 知情权

旅游者有权要求旅游网络服务商提供行程时间表和赴有关国家（地区）的旅行须知，提供旅行社服务价格、住宿标准、餐饮标准、交通标准等旅游服务标准和境外接待旅行社名称等有关情况。因此，各地市《出境旅游格式合同》一般会提到："旅行社使用国家监制的旅游格式合同的，还应当制定详细的旅游行程表，作为合同的组成部分。"

参团行程作为合同附件必不可少，旅游者一定要把自己选择的参团行程作为合同附件，并加盖骑缝章。一个标准的旅游行程应明确的内容有：出发时间、集中地点、行程天数、航班号、航班起飞落地时间、用餐次数及标准、景点名称（是进入参观还是路过）、购物内容、酒店名称和等级等。

3. 保障安全权

旅游中的安全主要指人身安全、财产安全、隐私安全。在旅游在线交易环境中，旅游者在参与旅游在线交易时主要涉及虚拟的人身和财产安全、网络隐私安全。本章主要侧重探讨旅游者在参与旅游网络服务商组织的旅游活动时，有权要求其提供符合保障人身、财物安全要求的旅行服务。

由于旅行社或旅游网络服务商提供的是中介服务，涉及吃、住、行、游、购、娱方方面面，全程中又包括酒店、餐饮、景区、

---

① 《互联网信息服务管理办法》，http://www.isc.org.cn/20020417/ca38933.htm。

航空、铁路、汽车、游船等多个服务提供商，实际由其承担的直接服务很少，但出了事，旅游者通常直接找旅行社或旅游网络服务商，最终确定到底是谁的责任要费很大周折。因此，2001年《旅行社投保旅行社责任保险规定》（国家旅游局第14号令）正式出台。《规定》要求自当年9月1日起，全国旅行社必须投保旅行社责任险，同时不再强制要求旅行社代游客购买旅游人身意外险。①

责任险的承保范围是，旅行社从事旅游业务经营活动中致使旅游者人身、财产遭受损害，应由旅行社承担责任，保险公司负责保险金的赔偿。对于游客自身疾病引起的各种损失或损害，旅行社不承担赔偿责任。由于旅行者个人过错导致的人身伤害和财产损失而支出的各种费用，旅行社也不承担赔偿责任。②

上述条款未明确规定适用于旅游在线交易，为了使旅游者获得更为全面的保障，旅游网络服务商一般都会建议旅游者出游时除国家规定的责任险外，根据个人意愿和需要自行投保个人险种。

4. 要求提供约定服务权

旅游者有权要求旅行社或旅游网络服务商按照合同约定和行程时间表安排旅行游览。同时，旅游者有权要求其为旅行团委派持有《领队证》的专职领队人员，代表旅行社安排境外旅游活动，协调处理旅游事宜。

如某旅游者在审阅行程时发觉从第一天住宿的岛屿前往第二天住宿的岛屿乘坐的是小飞机，起飞时间可能是下午也可能是上午，考虑到整个团队是前天晚上9点才抵达马尔代夫，于是就在合同补充条款里特别要求小飞机要安排下午的航班，如果不能安排，将选择其他的旅游线路。因为这个条款，旅行社从业人员向马尔代夫接待方提出选择下午飞的严格要求，从而避免了不愉快事件

---

① 《旅行社责任险十问》，中国旅游网，http://www.cnta.com，2004年5月14日。
② 《旅行社投保旅行社责任保险规定》（国家旅游局第14号令），2001年4月15日。

的发生。

如果临行前发现旅行社提供的行程与合同不相符,客人可提出变更以及赔付请求。

5. 公平交易权

随着旅游的大众化,购物成了旅游中不可或缺的内容(除非参加 No-shopping 旅游)。异地旅游购物中遭遇欺诈的投诉日益增加。且由于异地购物的特殊性,索赔成了一件麻烦事。根据我国《消费者权益保护法》(2013年修正)第45条,消费者因经营者利用虚假广告或者其他虚假宣传方式提供商品或者服务,其合法权益受到损害的,可以向经营者要求赔偿。但我国的《消费者权益保护法》并不能追究境外交易行为。目前解决境外购物纠纷的方法是,在持有购物凭证的基础上,店家通常允许退货。如有游客投诉时,当地旅游部门也会责令组团社为游客退货。当然旅游者在旅行途中自行购物,那是旅行者个人行为,旅行社对此不负责任。

游客境外购物纠纷的增多已引起有关方面的重视,由此,很多地市《出境旅游合同示范文本》特别指出:"旅游者有权要求旅行社带团到旅游目的地国家或地区旅游管理当局指定的商店购物;有权拒绝超合同约定的购物行程安排;有权拒绝到非指定商店购物;有权拒绝旅行社的强迫购物要求。旅游者享有自主选择自费项目的权利。……参加自费项目纯属个人自愿,旅游者有权拒绝旅行社、导游或领队推荐的各种形式的自费项目,有权拒绝自费风味餐等。"

6. 求偿权

损害赔偿在各类消费合同中均是一种最基本的补救措施,故求偿权无疑也是旅游者不可或缺的基本权利。基于旅游合同所产生的求偿权大致可分为:物质损害求偿权、人身损害求偿权、基于连带责任的求偿权、精神损害求偿权、时间浪费求偿权。旅游活动过程中,旅游者的权利受到法律保护,旅游者可以要求赔偿。

《出境旅游合同示范文本》有关条款如下。

旅游者和旅行社已有约定的，按照约定承担，没有约定的，按照下列协议承担违约责任。

第一，因旅行社原因不能成行造成违约的：（1）旅行社在出团7天前（含7天）通知的，旅游者可获得旅游合同总价5%的违约金；（2）旅行社在7天之内通知的，旅游者可获得旅游合同总价10%的违约金。

因违约造成的损失，违约者按有关法律、法规和规章的规定，承担赔偿责任。

第二，旅行社安排合同约定以外需要收费的旅游项目，应征得旅游者的同意。旅行社擅自增加或减少旅游项目，给旅游者的合法权益造成损害的，旅游者有权向旅游行政管理等部门投诉或通过其他法律途径依法获得赔偿。旅行社组团不成的，经征得旅游者同意后转至其他旅行社合并组团时，原合约即告终止，新合约同时生效，双方均不再系争。

第三，由于网络本身信息流通的快捷性，旅游网络服务商通常与旅行社所签订的旅游合约在有关时间的条款上更为宽松，在旅游者按要求付清所有度假费用后，"如因网站原因，旅游者的度假不能成行而取消的，旅游网络服务提供商应当立即通知您，除无条件退返您已支付的所有费用外，还应按如下标准支付违约金：在度假开始前第72小时前通知到的，支付全部度假产品费用的5%。在度假开始前72小时内通知到的，支付全部度假产品费用的10%"。

互联网作为发展最快的一种新兴媒体，以其特有的跨越时空的便利、低廉的成本和广泛的传播性在很大程度上为传统旅游企业注入了新的活力。随着网络的飞速发展，旅游在线交易已成为新热点。在网络、旅游、法律的交叉领域中，现有的法律、法规已无法适应旅游在线交易对消费者权益所提出的法律保护要求，明确旅游者在旅游在线交易中的权利和义务更成为当务之急。

三 旅游在线格式合同的规制

旅游在线交易作为旅游电子商务中的主要交易模式，随着一系列网络安全技术的研发和使用，大大缩短了技术与产业之间的距离，降低了旅游在线交易的风险性。但是，旅游在线交易由于其虚拟性、不可接触性及其服务性特征，在交易过程中出现了损害消费者权益的现象，其中较为突出的是旅游在线交易中的格式合同显失公平的问题。如何运用法律手段来规范旅游在线交易行为，特别是对格式合同进行规制，是当前形势下亟待探讨的话题。[①]

（一）旅游格式合同存在问题分析

合同，又称"契约"，是平等主体的自然人、法人、其他组织之间设立、变更、终止民事权利义务关系的协议。[②] 我国《消费者权益保护法》（以下简称《消法》）中所称的格式合同（standard form contract），《合同法》称为"格式条款"：格式条款是当事人为重复使用而预先拟订，并在订立合同时未与对方协商的条款。[③] 格式条款的产生和发展是 20 世纪合同法发展的重要标志之一。为便于阐述，以下统称为"格式合同"。

在传统旅游交易模式中，格式合同已属常见，如国家旅游局 2014 年发布的最新版本《团队境内旅游合同（示范文本）》。[④]

尽管如此，旅游企业在格式合同的使用上仍然存在许多问题。根据全国消费者组织的统计，问题主要集中在以下五个方面（见图 7-1）。

[①] 林中燕、林爱平：《论旅游在线格式合同的规制》，《引进与咨询》2005 年第 5 期。
[②] 《中华人民共和国合同法》第 2 条，1999 年 10 月 1 日起施行。
[③] 《中华人民共和国合同法》第 39 条。
[④] http://www.pingtan.gov.cn/jhtml/ct/ct_ 2935_ 52955.

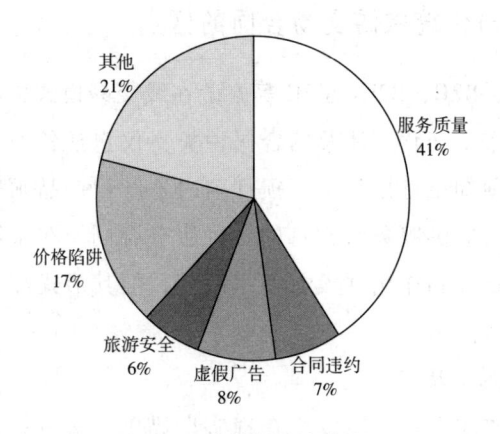

图 7-1　旅游投诉统计结果

资料来源：中国消费者协会。

其中，合同违约投诉占 7.44%。主要表现为一些旅行社不与消费者签订旅游合同，消费者的权利难以保证；有的旅行社使用的是单方面制定的格式合同，有意减轻或免除自己的责任；有些旅行社虽然签订了旅游合同，但在履行时却不兑现。[①]

（二）旅游在线合同的含义

传统旅游交易模式下，除即时结清或数额小的交易不需记录外，一般需签订书面合同，以在对方失信不履约时作为证据追究责任。而在网络环境下的旅游在线交易中，所有当事人的意思表示均以电子化的形式储存于电脑硬盘或其他电子介质中。

在旅游电子商务高速发展的阶段，虚拟网络情况下的旅游在线交易中同样也存在众多的旅游合同。为更好地说明问题，本书采用 1970 年布鲁塞尔《旅行契约国际公约》第一条第一项规定"旅行契约系指有组织的旅行之契约或中间人承办之契约"作为旅游在线合同的定义。

---

① 《观光游变成了"购物游"》，《海峡都市报》2004 年 8 月 5 日。

(三) 与传统旅游交易合同的区别

在 B2B、B2C、B2G、C2C 等旅游在线交易模式中，交易双方的主体都发生了变化，涉及的合同种类不仅包括各种行业格式合同，如订房须知、订票须知、预订国内外度假产品须知等；也包括网络服务商提供服务时常见的各种服务合同。在旅游在线交易中，合同的意义和作用并没有发生改变，但其形式却发生了极大的变化。

1. 订立的环境不同

传统的旅游交易合同发生在现实世界里，交易双方可就某个具体条款进行协商，调整合同文本；而旅游在线合同发生在虚拟空间中，交易双方一般互不见面；在电子自动交易中，甚至不能确定交易相对人，只能依靠密码或认证机构识别身份。

2. 形式发生变化

旅游在线合同所载信息是数据电文，不存在原件与复印件的区分，无法用传统的方式进行签名和盖章，表示合同生效的传统签字盖章方式被电子签名所代替（2004 年 8 月，十届全国人大常委会第十一次会议表决通过《中华人民共和国电子签名法》，首次赋予可靠的电子签名与手写签名或盖章具有同等的法律效力）。

3. 生效地点不同

传统旅游合同的生效地点一般为合同成立的地点，而采用数据电文形式订立的旅游在线合同，收件人的主营业地为合同成立的地点，没有主营业地的，其经常居住地为合同成立的地点。

4. 当事人的权利和义务不同

某些在传统旅游合同中不被重视的权利和义务在旅游在线合同中显得十分重要，如信息披露义务、保护隐私权义务等。

5. 合同订立的各环节发生变化

旅游在线合同的履行和支付较传统旅游合同复杂。

（四）旅游在线格式合同的规制途径

传统旅游交易中出现的问题，同样会出现在旅游在线交易中。网络上几乎所有旅游在线格式合同都是旅游网络服务商事先拟定的，大多存在一些不合理或显失公平的条款，旅游者除了点击"同意"外无从选择。但这些条款并不是违反法律的无效条款，只能对其进行必要的规制。

首先是两个基本原则的遵守。

1. 遵循公平原则

提供格式条款合同的旅游网络服务商，对格式条款内容的确定必须遵循公平原则。如果格式条款有违反公平原则的情况，旅游者有权向人民法院申请司法保护，法院可以直接依据公平原则认定该格式条款无效或变更该条款。

2. 合理提示原则

"合理提示"义务即"信息披露义务"，涉及《消法》中提到的"消费者知情权"。

旅游在线交易中，与其他电子合同相同，一旦点击确认，合同即告成立。我国《消法》第24条规定："经营者不得以格式合同、通知、声明、店堂告示等方式做出对消费者不公平、不合理的规定，或者减轻、免除其损害消费者合法权益应承担的民事责任。"因此，让旅游者在点击确认之前明确格式合同的内容尤为重要。

具体到对旅游在线格式合同的规制上，可通过以下途径执行。

1. 免责条款限制

各国法律对合同中尤其是格式合同中免责条款的订立都有严格的限制，我国合同法也不例外（《合同法》第39条规定："采用格式条款订立合同的，提供格式条款的一方应当遵循公平原则确定当事人之间的权利和义务，并采取合理的方式提请对方注意免除或者限制其责任的条款，按照对方的要求，对该条款予以说明")。旅游网络服务商在拟定格式条款合同时,应当采取合理的方式提请对方注意免除或者限制其责任的条款。

以下几种情况的免责格式条款无效。

(1) 提供格式条款的旅游网络服务商免除其责任,加重对方责任、排除对方主要权利的,该条款无效。

如某旅游网站的格式条款上规定乙方可以因为"及时采取了善后处理措施"而免除或减轻自己的责任。根据《合同法》的规定,违约事件发生后,当事人在采取了补救措施后,对方还有损失的,应当赔偿损失(《合同法》第112条规定:"当事人一方不履行合同义务或者履行合同义务不符合约定的,在履行义务或者采取补救措施后,对方还有其他损失的,应当赔偿损失")。

(2) 违反平等互利原则的格式合同条款无效。主要指不公平、不合理的合同条款或免责条款。

(3) 违背合同目的的格式条款无效。如合同法已经规定的对合同当事人所享有的主要权利或应承担的义务做出实质性的限制。

2. 行政规制

对格式条款的行政规制是各种规制方法中的一种,但在实际中所起到的作用最少。旅游在线交易涉及的一般格式条款大致有以下几种方式。①

(1) 相关行政机关对格式条款的内容在其使用前先予以审核,经核准方可用于合同的缔结。

(2) 由行政机关事先拟定合同的范本,供企业制定格式合同时进行参考或直接使用。如上海旅游委《出境旅游格式合同》的运作方式就是如此。自2004年1月1日起,上海市经批准经营国内和出境旅游业务的旅行社(公司)在接受旅游报名或与旅游者

---

① 杨坚争、高富平、方有明:《电子商务法教程》,高等教育出版社,2001,第251页。

（团）签订旅游合同时，必须参照使用由上海市旅游事业管理委员会制定、上海市工商行政管理局监制的《示范文本》（2013年修订）。

（3）行政机关直接制定格式合同条款并强制使用。

（4）由行政机关公告格式合同中应记载或不应记载的事项供企业参考。

（5）行政机关行使监督权。

（6）要求企业进行登记备案。如上海市旅游委要求"旅行社使用自制旅游格式合同的，应当事先报工商行政管理部门审查"。

但是，行政干预的作用主要在于监督，各地旅游局或旅游质量监督管理所作为一个行政或事业单位的作用也只能是行使其监督权；同时，行政机关的预先审查并不能保证不公平条款不再出现，最后仍需通过相关仲裁或法律程序。

3. 行业和消费者自律规制

自律规制是指格式条款使用人（旅游者）或同业公会（如各地的旅行社协会）对其所使用的格式条款进行自我审查。在我国，各地的旅行社协会也起了重要作用。在具体采用这样的规制方式时应考虑几个问题：一是协会是否具备承担该任务的能力；二是其所处的中间人地位；三是消费者联盟的代表能否代表大多数消费者的利益。

4. 司法规制

格式合同和条款的广泛运用，迫切要求出台相关的法律法规来调整和规制格式条款，法律将更加注重保护作为弱者的消费者的合法权益。如果在旅游过程中发生旅游纠纷，旅游者可及时向消费者协会或旅游监督管理部门投诉，同时要注意收集和保留证据，必要时可联系其他旅客共同维权。

5. 对霸王条款的规制

所谓霸王条款主要是指一些经营者单方面制定的逃避法定义务、减免自身责任的不平等的格式合同、通知、声明和店堂公告或者行业惯例等。① 这种条款突出的问题是，只体现单方意志，约定显失公平，因此成为束缚、阻止消费者依法维权的障碍之一。

某些旅游网站上常见的霸王条款是："本合同最终解释权归××公司。"

根据《合同法》第41条规定："对格式条款的理解发生争议的，应当按照通常理解予以解释，对格式条款有两种以上解释的，应当做出不利于提供格式条款一方的解释。"

根据我国消费者权益保护法的有关规定，商家在经营活动中，应当遵循自愿、平等、公平和诚实守信的原则，为消费者提供真实、准确、客观的消费信息，不能用模糊和容易引起歧义甚至虚假的内容来欺骗、误导消费者，更不能以格式合同、通知、声明、店堂告示等方式来减轻、免除自己的经营风险或者减轻、免除其损害消费者权益所应承担的法律责任。因此，在旅游在线交易的格式合同中标明自己享有"最终解释权"，实际上违背了《合同法》诚实守信、公平自愿的基本原则，损害了旅游者利益。

---

① 《格式合同问题多多，4大力量改写霸王条款》，http://bj.kaoyan.com/MBA/e/2003/8113120650.htm。

第八章 "互联网+"区域产业创新

随着科技的发展,"互联网+"因其超越时空的特征而逐渐成为主流形态,并日益改变着人们的经济生活方式,带来了新的产业革新与升级。随着互联网技术的革新,电子商务应运而生,并在近年来取得迅猛发展。电子商务是企业降低成本、提高效率、拓展市场和创新经营模式的有效手段,是形成高效灵活的产业链协作关系、提升我国产业和资源的组织化程度、转变经济发展方式、提高经济运行质量和增强国际竞争力的重要途径,其高速增长对世界经济金融产生了深远的影响。

第一节 福建省电子商务发展现状

一 发展概况

根据阿里巴巴集团发布的《2018年中国数字经济发展报告》,福建电商发展成效居全国前列,为实现商务高质量发展做出了积极贡献。2018年,福建在阿里平台上数字销售总额居全国第6位,排名前5位的分别为广东、浙江、江苏、上海、北京;人均数字消费全国第5,排名前4位的分别为上海、浙江、北京、江苏。电商发展主要呈现以下特点。①

---

① 《福建电商发展提质增效助力赶超》,福建省商务厅,政务动态,http://swt.fujian.gov.cn/xxgk/swdt/zwdt/201902/t20190218_4762150.htm。

（一）传统优势产业持续发力

福建在阿里平台上的销售总额同比增长35.3%，成为排名前十的省份中增速最快的。2018年"双11"期间，全国237家品牌企业单日成交额破亿元，跻身"亿元俱乐部"。其中，30%以上的"双11"交易额破亿品牌注册地位于上海（72家），广东（56家）和浙江（43家）分列第2、3位，福建以10家领衔第二梯队。福建省的服装鞋帽、运动户外、卫浴水暖等传统优势产业继续保持全国领先优势。

（二）助力就业创业成效明显

报告显示，福建省入列数字化转型十大省份，表明全省创业创新资源丰富、氛围良好。2018年，阿里巴巴国内零售平台提供直接就业岗位1558万个。其中，福建以84万个就业岗位排名全国第4，仅次于广东（369.8万）、浙江（225.7万）、江苏（152万）、上海（115.4万）。

（三）线上线下融合加速

福建的9个设区市均将社保、公积金、生活缴费等公共城市服务搬上了支付宝平台，"一网通办"小程序已入驻支付宝。根据饿了么和口碑的本地生活服务数据，2018年，福建省线上线下餐饮消费都迎来大幅上涨，福州跻身全年本地生活餐饮消费力城市TOP10。

（四）网络基建领跑全国

数字经济时代，以物流为代表的网络基础设施建设尤为重要。数据显示，2018年，福建位列物流时效TOP10榜单第6位；泉州市的包裹发货量位列全国第8。2018年"双11"期间，泉州在全国快递签收量TOP20中排名第18。

来自福建省电子商务促进会的数据显示,2018年中国跨境出口电商行业交易规模达7.9万亿元。福建和浙江作为网络、物流比较成熟的沿海区域,跨境出口电商占比均超过10%,已形成跨境电商规模。数据显示,2017年,全省跨境电子商务交易额超3000亿元人民币,增幅超过30%。跨境电商出口已经连续3年增速超过35%。[①]

二 发展特点

1. 整体发展呈较高增长态势

(1) 具有一定规模、从事B2B交易的骨干电商企业数量及其电商交易额有较大增长。

(2) 规模以上传统制造、流通企业通过自建平台或利用第三方B2B平台进行原材料采购及产品销售总金额增长较大。

(3) 从事B2C交易的平台型企业、电商代运营企业数量及其电商交易额有较大增长。

(4) 从事C2C交易的网店卖家数量及其交易总额增长较大。

(5) 移动、电信、联通与各市各行业合作运营的移动电商平台及移动网店数量与移动交易支付总额有较大增长。

(6) 服务于电商行业的企业的数量及其服务收入有较大增长。

(7) 在国内外第三方平台从事跨境及对台电商的交易总额均有较大增长。

2. 各地政府高度重视

各地政府都深刻认识到电商产业在社会经济发展新常态下的重要战略地位,重视政府在电子商务发展过程中的引导支持作用,纷纷出台相关产业扶持、园区建设、服务管理、资金扶持、人才培养等方面的政策制度,着力创建有利于电子商务发展的软、硬

---

① 《福建省跨境电商交易规模达7.9万亿元占比超过10%》,新浪网-新浪福建,http://fj.sina.com.cn/sm/sz/2019-01-11/detail-ihqfskcn6188075.shtml。

环境。

同时，各市政府也坚持"政府引导、市场驱动为核心"的原则和理念，尊重市场规律，尽可能减少政府对市场行为的干预和管制，坚持电商产业的市场化运作，充分发挥企业在电子商务发展中的主体作用，要求企业坚持运用市场机制优化资源配置，进行企业经营活动。

3. 发展体现地方产业特色

各地电商产业的发展都依托原有的产业优势，充分反映了自身的特点和优势，表现出了传统产业和电子商务相互融合、相互促进的特点。

福州、厦门、平潭片区组成了福建自贸区，因此这三地的电商产业发展都特别重视与自贸区建设的结合，跨境电商尤其是对台跨境电子商务更是三地未来电商产业重点突破的方向，同时服务贸易的电子商务发展和电子商务的金融创新也是三地电子商务发展的共同目标。在这个共识下，三地纷纷出台了相关政策和措施，大大促进了跨境电商、服务贸易电商平台建设规划、电子商务结算与支付创新的发展。泉州、莆田、漳州则在各自的传统优势产业上拓展电子商务的发展，充分挖掘服装鞋业、建筑建材、食品饮料、工艺美术、金银首饰、红木家具、本地特产和特色食品、农产品电商销售渠道，以中国瓷都·德化电子商务创业园、晋江中国鞋都电子商务中心、安溪茶业电子商务产业园等园区（基地）的一批有影响有实力的垂直电商平台（园区）为依托，加快建设红木产业电子商务垂直平台、油画跨境电子商务垂直平台、金银首饰电子商务垂直平台，通过各种网络销售方式加快传统产业的发展和创新。龙岩、南平、宁德是福建农林水产品和装备制造产品重镇，它们依托优势产业，重点扶持发展生态绿色食品、食用菌、水产品、电机电器、电线家装用品、活性炭等重要专业产业链，建设行业网上大市场，扶持福建农产品网络超市、四季三餐网、奇果网等一批模式领先、特色鲜明的垂直电商平台。

4. 各市发展并不均衡

省内各市电子商务产业发展极不均衡,呈现出阶梯状分布态势。根据阿里研究院2013年中国城市电子商务发展指数报告,并结合2014年福建省各市电子商务销售额,厦门、泉州稳居省内第一梯队,销售额均达到1400亿元,并在外贸网商密度、内贸网商密度、零售网商密度三项指标中位居省内前列。综合各项指标,福州、莆田属于第二梯队,年度销售额为700亿~1000亿元,在电子商务发展指数全国排名中分列第18位和第19位。其余的市级辖区则属第三梯队,无论电子商务年度销售额,还是电子商务发展指数排名,与第一、二梯队均有较大差距。

(三) 福建省电子商务政策扶持

福建省各级政府大力推进国民经济和社会信息化,特别关注电子商务的发展与应用,并致力于解决电子商务发展过程中的各种问题。省政府及地方政府近两年相继出台了一系列电子商务扶持政策,努力为电子商务的健康发展创造良好的制度和法律环境,并取得了很大效果。

1. 多项政策的出台

在省政府2014年出台的《关于进一步加快电子商务发展的若干意见》、2015年出台的《福建关于印发进一步推进跨境电子商务发展行动方案》、省商务厅《2015年福建省电子商务工作要点》等相关文件精神指导下,各市人民政府正在编制或已经完成了各地的《电子商务发展中长期规划》,并配套出台了针对各地实际情况的电子商务产业发展推进实施办法,例如福州市人民政府《关于加快推进电子商务产业发展的实施办法》、泉州市人民政府《创建国家电子商务示范城市 进一步加快推进电子商务发展十条措施》、漳州市人民政府《关于进一步推动工业稳增长促转型十一条措施》、南平市人民政府《关于扶持电子商务发展的若干意见》、宁德市人民政府《关于加快电子商务发展的若干措施(征求意见稿）》、《龙岩市加快电子商务发展的实施意见（试行）》等。这些政策对品牌建立、平台建设、引进龙头企业、培育本土企业、促进电商服务业、开放投融资渠道、加强人才培养、促进信用体系建设做出了一系列规范和指导，具有很强的针对性和全面性，同时兼具科学性和可行性，能为福建省各市电子商务产业健康发展起到切实的推动作用。

2. 示范体系的建设

2014年8月，福建省商务厅下发了《关于开展电子商务示范体系建设的通知》，明确指出，必须推进电子商务"示范城市—示范基地（园区）—示范企业（平台）"多层次示范体系建设，发挥示范体系的引导、辐射和带动作用，实现全省电子商务产业的大集聚、大繁荣、大发展。

福州、厦门、泉州、莆田分别于2011年和2014年被列为国家电子商务示范城市，2014年省商务厅开展了福建省电子商务示范县（市、区）、示范基地（园区）的创建工作和电子商务示范企业（平台）的认定工作，明确指出，推动四个国家电子商务示范城市建设，创建一批电子商务发展成效突出的省级电子商务示范县（市、区），打造一批产业集聚效应明显的省级电子商务基地（园区），培育一批体现福建省产业特点、具备较强垂直整合能力、能起到产业链带动示范作用的省级电子商务示范企业（平台），是示范体系建设的工作重点。

3. 自贸区和闽台电商联动

自"一带一路"战略规划制定以来，福建强调政策创新先行。特别是福建自贸区自挂牌以来，共推出两批次共计57项措施。《海峡两岸服务贸易协议》特别允许台湾企业在福建省设立电子商务合资公司，注册ICP牌照且出资持股比例可达55%。2013年发布的《福建省跨境贸易电子商务工作实施方案》为深化闽台电子商务合作提出了方向性实施方案。《关于进一步加快电子商务发展的若干意见》明确提出，要推动闽台电子商务合作，加强两岸电子商务跨区域、跨部门、跨业务合作交流；支持在福建省台商投资区、台湾农民创业园等对台合作区域拓展电子商务业务。2014年，海关总署批准平潭综合实验区开展跨境贸易电子商务试点工作，采取一系列先进政策，有力促进了平潭建成两岸电商物流中转枢纽和跨境交易中心平台，有利于推动闽台电子商务网上交易互联互通。作为促进两岸电商合作的重要工作内容，《福州市（平潭）设立海峡两岸电子商务经济合作实验区总体方案》已拟定，有望获批并对外公布。这一方案提出，到2020年，福州、平潭力争成为海峡两岸电子商务投资合作便利、产融创新突出、服务体系健全、营商环境规范且最具创新活力的电子商务交易中心、互联网金融运作中心和电商物流枢纽中心。福建作为两岸电子商务合作搭桥平台和通道功能的新优势显著提升，闽台电子商务合作发展迎来新时代。

（四）产业转型升级助推福建省电子商务的发展

1. 制造业转型升级

电子商务的工业化应用是互联网和工业制造领域融合发展的具体内容，能加快制造与服务的协同发展，促进生产型制造向服务型制造转变，并且能促进生产性服务业的发展，推动服务功能区和服务平台的建设。

福建省经贸委出台的《2013年全省工业转型升级专项行动计划》明确提出，支持电子商务企业整合产业链和供应链，为生产企业和分销企业间、批发企业和零售企业间网上交易提供第三方服务。同时，支持中海创依托现有工业领域系统解决方案，拓宽业务领域，发展成为工业电子商务平台。2014年，"数字福建"云计算中心、北斗位置服务平台、大数据产业重点园区等加快推进，虚拟研究院和海峡技术转移中心建设取得新成效。省政府要求把"两化"融合作为打造升级版产业的重要抓手，实施新一轮企业技术改造。2015年，福建省两化融合重点项目计划报送520个以上，项目总投资金额约 1000 亿元。2015 年 4 月 27 日，在全国两化融合管理体系贯标工作会议暨成果展上，福建省明一国际、东南汽车、飞毛腿、国网福建电力、金龙旅行车、科华恒盛、金龙联合汽车、海翼集团、金牌厨柜、特步、九牧厨卫、万利达、三棵树等 13 家企业通过首批两化融合管理体系评定，占全国通过总家数（200 家）的 6.5%，位居全国第 5 位。全省贯标通过率为 69%，比全国平均贯标通过率（40%）高出 29 个百分点。2014 年泉州市被中国工程院列为"中国制造 2025"唯一的地方样板和实践范例，是福建省内首个实施"数控一代"示范工程的试点。漳州市《关于进一步推动工业稳增长促转型十一条措施的通知》明确，市政府安排 300 万元专项资金支持工业企业发展电子商务。在 2015 年 6 月举办的"宁德'互联网+'传统产业转型升级峰会"上，政府相关部门、各传统企业与阿里巴巴等知名电商企业的多名高管就"互联网+"产业转型、升级、发展进行了深入分享与研讨，探讨了"互联网+"闽东传统产业的未来发展方向。

2. 农村电子商务成果显著

农村电子商务是福建省今后电子商务工作的重点之一。福建省不断探索适合本省实际的县域电子商务和农村电子商务发展的路子，促进县域和农村经济的转型升级和加快发展。

2014 年 7 月，福建省与阿里巴巴合作建设"特色中国·福建馆"，主推福建省优质农产品和特色工艺美术品等，目前已吸引入驻企业 430 家，实现交易额超 4 亿元。阿里巴巴集团启动"千县万村"计划后，福建省抢抓机遇、积极跟进，成为继浙江、广东后全国第三个"千县万村"计划省份。福建首个新农村电商试点县尤溪县于 2014 年 12 月正式启动，并开通首批村级农村电子商务服务站。长汀县作为第二个试点县，同时也是阿里巴巴农村电商战略全面升级后的福建第一个示范县，于 2015 年 5 月 6 日启动，24 个村级服务点正式开门迎客。2015 年 5 月 11 日，福建省与阿里巴巴集团在福州共同举办福建省县域电子商务峰会。此次峰会上，阿里巴巴集团发布《2014 中国县域电子商务研究报告》《2014 电商百佳县名单》，福建省石狮、德化、闽侯、仙游、晋江、武夷山、福安、政和、南安、安溪、福清、长乐、柘荣、惠安、永春、沙县等 16 个县市入围全国电商百佳县，仅次于浙江省的 41 个，排名全国第二。

其中石狮、德化更是名列全国前十。龙岩培斜村、安溪灶美村等 28 个行政村入选中国淘宝村，福建淘宝村数量全国排名第 3。德化是网上最大的陶瓷茶具供应地，全县茶具销售占全国茶具网络市场的近 80%。安溪铁观音销售占全国茶叶电商销售总额的 42%，前 5 大茶叶专业电商网站中，福建省有 4 个，电商占有率稳居全国第一。清流县的鲜花通过春舞枝电子商务平台实现了"买全国卖国际"，2013 年春舞枝公司鲜花销售额达近 2 亿元，上缴税收 1621 万元，已成为全国最大鲜花电子销售商，有效促进了清流花卉产业从第一产业向第三产业的华丽转身，实现了农民增收与财税增效双丰收。"淘宝村"是搞活农村电子商务产业的重要途径。2013 年，龙岩培斜村在淘宝网、天猫上的销售额达 5000 余万元。

3. 第三产业

福建省对电子商务在第三产业的应用和创新工作高度重视，并取得了很大的进展。2010 年 8 月，福州市鼓楼区被国家发展改革委列为"国家服务业综合改革试点区域"。省发改委专门出台了《关于推动福州市鼓楼区国家服务业综合改革试点工作若干措施的通知》。2014 年 10 月，福州市被列为全国电子商务与物流快递协同发展首批试点城市。厦门市出台了涉及总部企业认定、电子商务、游轮、服务外包、软件与信息服务业人才等服务业发展重点领域的多项政策措施，以及扩大内需、提振消费等改善服务业发展环境的工作意见，促进服务业重点领域和关键环节的加快发展。泉州市积极向上争取建设国家级"金改区"、省级服务业"综改区"、全国消费金融公司试点城市；丰泽、晋江两地获批成为全省首批省级服务业综合改革试点区域，石狮获评国家级信息消费试点城市。龙岩市出台《促进第三产业加快发展行动计划（2014~2016年）》指导性文件，明确了电子商务和第三产业融合的方向和主要措施。三明市出台了《三明市现代物流业发展专项规划》《三明市服务业发展三年行动计划》等一系列相关政策。南平市下发了《关于建立居家养老服务公共财政投入机制的意见》，将社区居家养老服务所需经费列入公共财政的支出范畴。《福建省促进快递行业发展办法》出台后，省内服务电子商务也呈现迅猛发展势头，尤其是以本地生活服务为代表的电子商务企业，积极布局市场，呈现出多样化发展趋势，出现了数量众多的综合类本地生活服务电子商务企业和深耕垂直领域的本地生活服务电子商务企业。

（五）福建省电子商务的支撑服务

1. 专业化平台

培育发展专业化电子商务平台，立足本地产业基础，从构建垂直类平台入手，积极培育和引进第三方支付平台，力求赢得新的发展空间，这是省内各级政府达成的共识。

福建省对外贸易经济合作厅与商务部中国国际电子商务中心联合建设了"福建省国际电子商务应用平台"，这是全国首个区域电子商务平台，为福建企业提供信息展示、贸易撮合、在线交易、电子支付、CA安全认证、诚信认证、物流管理、电子单证传输等无纸化全流程电子商务服务。福州5家公司被评为福建省电子商务示范企业（平台），同时获得了省级电子商务发展专项资金的支持。依托马尾名成水产品交易中心建成的中国东盟海产品交易所，是我国首个面向境外开展跨境电商业务的海产品交易所，是一个集交易结算、仓储物流、检验检疫、融资服务于一体的第三方交易公共服务平台。依托新西营里农产品市场的华威菜多多网上商城将城市配送、农产品商贸、互联网信息技术相结合，为客户提供基于电子商务平台的优质生鲜农产品网购、城市配送和线下体验服务。福建省政府选择泉州"中兴海丝路外贸电商平台"为政府官方合作伙伴，共同打造规模达千亿元的外贸电子商务平台。福安电机产业集群公共服务平台开通了电机电器云平台，打破了地域界限，为宁德市中小企业提供网络联动、专家在线服务，有效降低了电机电器产品的研发和营销成本。莆田开发运作电子商务平台的企业逐年递增，不仅搭建了中网一号中国购、中电网购等综合性第三方交易平台，涌现了普天药械交易网、中房购、方家铺子有机人家等垂直电商平台，还产生了大量的分销平台和跨境电商平台。南平重点推进"中国特色武夷馆""武夷513网""搜搜茶网""茶城网"等电商平台的发展壮大。

2. 行业协会

福建省各级电子商务协会充分发挥行业协会作用，为电商企业营造良好的发展环境，如开展行业统计、制定行业规划、开展行业宣传、参与政策调研等；推动协会开展各类活动，如电子商务高峰论坛、鼓浪听涛、人才培训等大型活动；通过商会协会组织了形式多样的多场沙龙、讲座活动，为电子商务业界人士搭建了一个良好的学习平台，激发了企业依托电商创新营销模式的动力，开拓了思路，增进了交流。

泉州市、石狮市、晋江市、安溪县、德化县、南安和台商投资区等先后成立了多个电子商务协会，在外贸电商方面，先后成立了闽泉网商盟、金石网商盟，积极探索省、市、县三级协会，及内外贸电商的联动、互动和合作，充分发挥协会的作用，连续举办多届中国鞋服行业电子商务峰会，定期举办电子商务精细化管理培训及主题沙龙等活动。

莆田市先后成立了莆田市电子商务协会、莆田电子商务商会、福建省红木产业电子商务协会等电商行业组织，整合行业资源，加强行业自律。莆田市还大力开展行业会议、论坛等活动，促进行业内相关技术、经验的交流和推广。特别是2014年4月召开的首届"湄屿潮音"中国（莆田）国际电子商务大会，邀请了Facebook、

Google、Paypal、Yandex、Hermes 等知名跨国企业高管到莆演讲，参会人员达 1400 多人。安福电商城引进中国电商精英会，成立莆田电商精英俱乐部，并首次在莆田举行公益分享课，向莆田电商传授电商经营理念和知识等。

3. 人才培育

在大力推进电子商务技术、应用、配套设施等发展的同时，福建省高度重视引进和培养优秀的电子商务人才。2014 年，福建省商务厅专门下发《福建省电子商务人才培训工作方案》（以下简称《工作方案》），对省内电子商务各层次人才的培养目标、培养对象、培养内容提出了具体要求，并明确了培养方案和保障措施，为电子商务人才的培育工作提出了具体指导意见。在《工作方案》指导下，省级电子商务培训网络学习平台的建设工作开始展开论证，各地积极设立电子商务实训基地（人才孵化中心）及相关研究院，电子商务专才培训、电子商务管理高级研修班、"八闽电商行——走进设区市（县、电商产业园）"电子商务大讲堂、电子商务沙龙、电子商务论坛（峰会）、电子商务大赛等系列活动也有条不紊地展开。

三 存在问题

（一）外部因素分析

1. 各级主管部门

电子商务作为一种新兴经济活动载体，是对传统商务模式的创新与变革，代表着经济活动未来发展的重要方向。它是我国"新常态"下新的经济增长点，是传统制造工业完成生产模式转型的杠杆和支点。电子商务的发展高度依赖交通基础建设、信息基础设施、社会经济资源等各项社会公共产品，因此它的健康发展离不开政府的统筹规划和监督管理。对此，政府应切实担负起规划发展方向、规范发展行为、监督发展活动的责任。

牵头负责的主管部门缺位是目前电子商务发展面临的不足之

处。电子商务由于涉及面较广,目前要面对发改委、经信委、商务厅、工商局等多个政府部门的监管,多头监管、政出多门导致电商企业无所适从。对于一些亟须解决的行业难题,由于各监管部门的意见难以达成共识,行业管理和政策往往难以落实,更阻碍了电子商务产业的健康发展。

政府相关部门的公务人员对电子商务认识不足也是阻碍电子商务产业发展的因素之一。电子商务作为一个新型的经济运行模式,对其进行管理监督的政府部门也同样存在专业人员缺失的问题。大多政府管理人员存在对电子商务专业知识认识不够的现象,也有部分人因旧思维旧观念影响了自身对电子商务这一充满创新活力的经济新模式的深刻认识,使政府具体的政策和措施灵活性不足,无法适应电子商务产业快速发展的特点。

2. 区域资源分配

福建省各市电子商务发展极不平衡,第一梯队和第三梯队电子商务发展水平有较大差距,这和福建省各地社会经济发展状况高度不平衡密切相关。从数据上看,经济发展状况和电子商务发展状况的全国排名高度重合,充分证明了电子商务发展在很大程度上受到经济发展情况的制约。福建省辖区内面积不大,人口不多,地势呈现由西北部向东南部倾斜的状况,整体自然资源有限且分布不平衡。特别是长期以来由于特殊的原因,福建省整体基础设施建设远远落后于同期发展的浙江、江苏、广东等省份,并且出现东南部基础设施较为发达,西北部极为落后的局面。这些因素导致自然资源、人力资源、资金流等生产要素向东南部集中,全省各地社会经济发展程度出现极大的不平衡。电子商务发展需要社会生产力提供足够的商品和贸易,需要公路、铁路、机场等交通设施进行物流配送,需要足够的电信光缆等信息基础设施,需要大量的电子商务专业人才从事相关工作,也需要大量具有先进性、创新性的战略思想和理念活跃在产业发展过程中。这一切资源都更多地集聚在东南沿海地区,导致了相关资源的区域分配不均，造成了各地电子商务发展不平衡的现状。

3. 政策法规环境

电子商务作为新的生产方式和新的经济增长点，正处于发展的爆发期。新的业态形式导致新的参与者、新的交易方式、新的交易标的、新的支付方式层出不穷，也出现了许多新问题和新矛盾，这就对各级政府提出了更高的要求。对于这一新的经济增长点，政府一方面要支持和培育，另一方面又要进行有效的监管，因此需要针对电子商务产业制定出整套完整的制度体系。

然而目前各级政府都未对快速发展的电子商务产业做出及时反应。政策的时滞性导致既缺少电子商务产业的完整顶层设计体系，也缺少针对具体问题、具体细节的规范性文件。这一方面是由于制定政策本身需要冗长的过程，另一方面是由于各级政府缺少对电子商务的足够认识，缺少相关的专业公务人员参与。因此，目前在电子商务发展的关键环节缺少很多具有可操作性的政策法规，在电子商务扶持和发展方面缺少创新，在电子商务信用监管、电子商务财税监管、电子商务物流配送监管方面还缺少科学有效的具体办法。另外，现有的电子商务政策法规往往源于原有对传统市场进行监管的规范性文件，在针对性和可行性方面存在不足和缺陷。各地方出台的政策法规也更多是对上一级政策的照搬和修订，往往缺少符合地方电子商务发展特点的针对性。同时由于电子商务产业目前存在多头管理的现象，各个部门出台的政策往往出现重复条款，甚至出现政策性的矛盾，导致电子商务企业无所适从，难以判断。

（二）内部因素分析

1. 企业家才能

企业家才能指企业家经营企业的组织能力、管理能力与创新能力。马歇尔在其《经济学原理》一书中，将企业家才能和劳动、土地、资本一起，同列为"生产的四要素"。

电子商务作为一种全新的商业活动形式，对企业家的组织能力、管理能力和创新能力提出了新的要求。首先，电子商务贯穿企业经营活动的各个环节，这就要求企业家对企业经营活动中的各种生产要素进行新的分配和组合。其次，电子商务是对传统经营活动的创新，它对生产链和销售供应链都做了新的诠释和变革，因此要求企业家对供应环节、生产环节和营销环节进行全新的安排和管理；电子商务本身就是生产经营活动的创新，在经营的过程中其自身也在不断完善和发展，新的理论不断涌现，新的实践活动不断进行，要求企业家具备更强的创新能力，不断适应电子商务活动新的变化，并根据自身经营特点大胆创新，推动电子商务理论和实践的不断发展。

2. 内部管理

福建省大部分企业在内部机构设置上尚未从经营整体目标出发，只是把电子商务作为营销渠道之一，而没有将电子商务和传统经营活动融为一体，造成了电子商务活动的人为割裂，势必造成线上线下两条营销渠道的不合理竞争。线上渠道由于在商品体验、退换货方面的先天劣势，最终只能靠更低的价格生存。而这样的营销手段实质上是对企业正常经营活动的干扰，最后的结果只能是线上渠道利用低价策略挤占线下市场空间，线下营销网络萎缩，直至崩溃。

传统企业应该将电子商务作为新的商业活动模式，而不是简单地将线下的营销搬至线上而已。电子商务应该融进企业生产经营的各个环节，应该能够提供线下渠道不能提供的服务，打造电子商务的独有附加值，形成持续造血能力。显然，线上、线下应该有机结合，形成一个相互交错的网络，才能促成传统企业在电商领域的成功。

3. 人力资源

福建省电子商务专业人才仍然缺乏，主要缺少跨境电商模式设计和战略规划的管理人员、县域电子商务的市场运作和营销管理人员，以及对电子商务和传统产业的结合进行规划、设计和实施的项目管理人才。同时，福建还缺乏熟悉电子商务经营活动特点的政府公务人员，尤其是具体负责电子商务服务和监管的公务人员。

4. 研究与应用结合

福建省电子商务发展在创新性上落后于浙江、广东等电子商务强省，表现为在经营战略、经营模式、经营内容、经营技巧、赢利手段上缺少创新。在电子商务经营活动上，更多的是模仿和照搬，不能针对全省及各市具体的社会经济特点创新出适合自己的电子商务发展模式。要提高电子商务产业的创新能力，特别要加强研究与应用的结合，同时政府要营造一个鼓励创新、能推动研究成果向实际应用高效转化的经营环境。

福建省各高校开设电子商务专业的时间较晚，高校和科研机构中专门研究电子商务课题的科研人员数量不多，科研力量整体薄弱。高校科研成果和企业的电子商务活动出现一定程度的脱离，教学中理论知识相对陈旧，实际案例不足。电子商务科研成果向实际生产力的转化缺少有效的连接，企业和高校、科研机构的对接活动大多浮于表面，双方的合作内容大多过于简单，甚至流于形式。

第二节　福建省电子商务产业转型升级思路

一　发挥"海丝"和对台优势

（一）海上丝绸之路核心区

福建应该充分发挥福建平潭开放合作区的作用，推进福建海峡蓝色经济试验区建设，加强福州、厦门、泉州等沿海城市港口建设，发挥海外侨胞的独特区域优势作用。以扩大开放倒逼深层次改革，创新开放型经济体制机制，加大科技创新力度，形成参与和引领国际合作竞争新优势，成为"一带一路"特别是21世纪海上丝绸之路建设的排头兵和主力军。

福建应该抓住"一带一路"建设的重要机会，推进跨境光缆等通信网络设施建设，搭建面向东盟国家的跨境电子商务及物流信息共享平台，完善口岸通关机制，促进海上丝绸之路沿线区域信息互联互通、货物通关和人员往来便利化。同时，打造贸易合作基地，探索设立中国（福建）自由贸易园区，推进重点商品出口基地、福建商品市场和商贸园区建设，积极发展跨境电子商务，务实办好海上丝绸之路品牌博览会、沿线国家福建商品展，鼓励和组织企业参加中国—东盟博览会以及有关国际性博览会、展会，深化贸易合作。

（二）闽台电子商务联动

在"一带一路"建设进程中，加强闽台合作无疑是重要内容之一。应深化闽台经贸合作，落实好《两岸经济合作架构协议》及后续协议，推动福建口岸与台湾关贸网络全面对接，吸引台资企业借道福建拓展东盟出口市场，实现互利双赢。电子商务领域的交流与合作日益成为两岸经贸合作的重要形式之一。做好电子商务领域闽台联动，对促进闽台经贸文化交流合作，促进闽台经济社会共同繁荣有着特别的意义。

2015年第十七届海峡两岸经贸交易会（简称"海交会"）期间，台北市电脑公会组织台湾32家共108位企业代表参与海交会，打造"海峡两岸信息消费体验馆台湾专区"，并通过本次海峡两岸电子商务合作对接会实现了项目的落地对接，涉及跨境电商、食品流通、化妆保健、智能医疗、智慧旅游、电子支付等领域。在以"联动两岸·洽筹未来"为主题的2015年海峡两岸电子商务合作对接会上，福建省电子商务协会与台北市电脑公会在大会上正式签署了战略合作协议，以推进两岸电子商务协同发展为目标，实现资源共享、共同发展，并为今后在其他项目上的合作奠定了坚实基础。

两岸电子商务服务领域的合作和交流也取得了很大的进展。早在2008年，厦门银行就引入了有台资背景的富邦金控，成为全国首家有台资参股的城市商业银行。2010年，厦门建立两岸区域性金融服务中心，这是大陆首个也是唯一被冠以"两岸"名称的区域性金融服务中心。2015年1月，台湾合作金库商业银行在福州开立一级分行，成为福建首家开业的全资台资银行分行。2015年5月，台湾第一商业银行厦门分行也正式开业。福建省统计局与台北市电脑商业同业公会签署了《闽台新兴产业信息交流合作备忘录》，这一举措将为两岸企业提供数字化的平台支持，帮助更多的台湾电商企业与项目落地福建，为闽台产业合作向纵深发展发挥作用。

二 推进政产学研协同创新

（一）完善电子商务研究体系

应通过政府购买服务及项目委托等形式，以项目创新带动模式创新，促进电子商务政产学研一体化体系建构。完善高等院校和科研院所的合作共享机制，鼓励和支持地方、企业与大学、科研院所共建电子商务产学研创新研究基地，面向企业、市场需求开展电子商务创新和学术研究活动。鼓励闽台电子商务企业、研究机构开展合作，整合闽台高校联合培养人才项目师资和科研资源，打造两岸电子商务产学共建平台，加大电子商务新业态研究力度。

（二）梳理电子商务发展思路

应梳理全省电子商务产业发展思路，研究制定有关电子商务的统计方法、统计口径和统计范围，整合税务、工商数据库资源，协同移动、联通、电信、阿里巴巴、百度等大型企业数据库资源，完善"福建省电子商务基础信息库"建设，建立电子商务统计体系。

（三）完善人才培养政策法规

目前，除了福建省商务厅 2014 年出台的《福建省电子商务人才培训工作方案》外，各级政府尚无相关政策法规，只是在各地的电子商务相关文件中部分涉及人才引进和培养工作。总体来说，对于政产学研协同发展，相关的政策法规还处于空白阶段，亟待填补这一空白，为政产学研的协同发展提供方向性指导和政策支持。构建政产学研协同合作框架，重点是要做好"五个一"：建立一个电商人才培训体系，构建一个分行业电子商务产学研合作平台系统，成立一个平台成果转化支持基金，制定一个公务人员考核机制和一个电商人才培训计划。

（四）打造电子商务人才高地

应建立政府主导、行业指导、企业参与的电子商务培训机制，把电子商务人才培养纳入电子商务产业发展规划。建设一批行业或区域性电子商务实训基地，根据国家职业标准，结合福建省及各市电子商务发展的实际情况，采用选择现有教材和组织内外部专家编写新教材相结合的方式，修改完善培训教材，培养一批适应福建省及各市社会经济发展的从业人员；充分发挥相关行业协会、龙头企业、培训机构、高等院校等在组织培训中的积极作用，具体工作由行业协会及社会培训机构等共同实施，各级主管部门要积极推动辖区内电商企业员工参加职业技能培训，人力社保部门要从就业培训方面给予支持，教育部门要加大宣传力度，鼓励高校相关专业学生参加培训并获得相应证书。政府应支持省内高校开展电子商务教学和科研活动，特别是针对闽台电商合作、跨境电商开展人才培养和课题扶持工作。由政府和电子商务协会牵头组织，根据各个行业的不同特点，搭建行业电子商务产学研合作平台。平台应该以企业为基础，以企业电子商务经营发展为导向，以为企业提供有效、专业的服务为目标，吸收尽可能多的省内外高校及科研机构加入。加强院校电子商务专业建设，加强"双师型"电子商务师资队伍建设，加强产业园区、行业协会等平台的人力资源保障体系建设，鼓励社会教育培训机构参与电子商务人才培养，提高各行业不同层次人员的电子商务应用能力。

应打造一个依托电子商务网络培训学习平台，以电子商务专才培训、高级研修班、电子商务大讲堂、电子商务专题沙龙、电子商务论坛（峰会）、电子商务大赛等各种形式为内容，以公务人员、企业电子商务执行人员、企业管理者、高校学生为对象的电商人才培训体系，打造一支懂专业、会管理的政府服务队伍和一支具备专业知识、创新精神和奋斗精神的行业战斗部队。

（五）强化政府工作人员的电商专业知识

应增加公务员在服务电商产业时的专业内涵，提高政府服务效率，提升政府服务形象。联合各个高校和科研机构，依托各高校的师资力量和各企业的高级管理人员，组织各高等（职业）院校、行业协会的电商产业专家，通过专业授课、专题讲座和行业沙龙等形式，定期对省内各级电商产业相关部门公务员进行系统培训。建立科学有效的考核机制，对公务员进行电商服务知识考核，落实奖惩机制，促使公务员自觉进行专业学习，提高政府服务能力。

三 传统产业升级转型

（一）改变传统经营模式

应以国家服务业综合改革试点区和省级服务业综合改革试点区建设为契机，利用各地社会经济条件，推动优势服务性产业的电商化进程。通过电商化进程，实现原有服务业商业模式的现代化转变，提升服务品质，扩展业务范围，拓宽传统品牌经营渠道，鼓励各行业领军企业、品牌优势企业通过 ERP、CRM 等信息化手段改造和提升传统经营模式。

福建银行、证券、保险等金融机构在传统网络服务、移动服务等新兴服务领域已经展开布局和创新，为用户提供个性化的优质服务；在医疗方面，以大数据平台为依托的"健康之路医护网"等智能医疗健康电子商务企业，开始带动智能健康产业的整体发展；在教育服务领域，教育资源平台开始进行建设和完善，以福州市"公共文化云服务平台"为代表的公共文化教育平台开始为社会公众提供优质的在线文化教育服务；在旅游服务领域，福建充分利用省内丰富优质的旅游资源，配合旅游集散中心旅游电子商务系统，积极发展旅游电子商务。

在商品流通领域，可支持 500 亿元以上产值产业集群（基地）建设垂直型行业细分平台网站：重点扶持光电产业集群、计算机及通信产业集群、金属及深加工产业基地、纺织服装产业集群、体育用品产业集群、汽车及零部件产业集群、农产品加工产业集群、休闲食品产业集群、建陶及水暖器材产业集群等本省优势产业集群，推动传统产业转型升级，壮大优势产业。联合福建省商业集团闽货特色产品贸易有限公司，鼓励老字号、著名商标、"三品一标"和特色工艺美术品以及传统商贸流通企业等运用电子商务方式拓展市场，并根据网络营销特点积极改良自身产品，扩大销售范围。

（二）大力扶持县域电子商务

与城市电子商务相比，福建省的县域电子商务起步较迟，但是势头很猛，已经基本形成了以地方优势特色为基础的县域电子商务集聚群，成为福建省电子商务产业的优势领域。2015 年，县域电子商务被省商务厅列为电子商务重点领域。由于县域电子商务多处于边远山区，交通设施、通信设施等配套不足，所以在发展县域电子商务时必须注意发挥政府的扶持功能。可以采用由政府统一引导，利用世纪之村等现有成熟电商信息平台，自上而下推广电子商务的模式。或由政府牵头，吸引村民以专业合作社或者农产品电商公司的形式，建立统一平台。农户既可成为农产品网商，成为销售网络的一部分，也可只作农产品生产商，供应平台货源。由于各个区县村镇存在各自的社会自然经济特点，对于出台的相关政策，针对在各地实践中的具体问题，各级政府要进一步出台相关细则，以便更好地推动本区域县域电商健康发展。

要扶持农产品网络贸易，重点扶持福建省东南部高优农业、西北部绿色农业、沿海蓝色农业三大特色产业带优质农产品上网；鼓励四大优势产业——园艺、林竹、畜牧、水产——以及十大特色农产品——茶叶、花卉、蔬菜、水果、食用菌、笋竹、烤烟、中药材、畜禽、水产品——开设网站开展交易，同时鼓励农户运用综合性平台开展网上贸易及网站排名，提高农产品的市场竞争能力。

省商务厅在全省范围全面启动了与阿里巴巴合作的新农村电商项目，举办福建省电子商务县域峰会，并配合出台扶持农村电子商务发展的相关政策措施，制定出台农村电商行动方案，具体将围绕激活农村电子商务经营主体、搭建农村电子商务产业发展平台、构建农产品网络销售体系、构建农村电子商务服务体系、推进农村电子商务物流配送渠道建设等任务展开工作部署，在示范推广、人才培训、物流配套等方面给予支持，全面推动农村电子商务发展。

（三）培育电子商务新模式

应培育电子商务新兴模式，加快发展公益型社区电子商务，融合总部经济、楼宇经济和会展经济，以厦门市和福州鼓楼区国家级服务业综合改革试点区为平台，重点扶持便民电子商务网点，结合互联网平台建设，建立新型社区服务体系，整合运用物联网和社区网格管理资源，形成与城市定位相匹配的电子商务社区服务格局。重点扶持和建设移动商务项目，在创新中寻求福建省电子商务的差异和优势，提升移动端用户活跃度，挖掘移动端流量价值。

加快发展电子商务服务信息技术，推动电子商务创新发展，形成差异化竞争优势；扩展个性服务、深度服务和增值服务，完善物联网在智能交通、智慧旅游、公共文化、健康事业、在线教育等领域的应用；发展创新型电子商务模式，支持"网店一体"电子商务模式创新，支持 B2B2C（供应商到电商到顾客）、O2O（线上与线下互动）以及 C2M（顾客到工厂）等电子商务模式发展，支持电子商务企业利用搜索引擎、网址导航、微信平台、分销系统等创新方式开展网络营销。

在 2015 年第十三届中国·海峡项目成果交易会上，安溪的茶多网展示了创新商业模式——"F2C"，并利用该模式成功打造了原产地实体店与网店一一对应、实体市场与虚拟市场无缝结合且融权威第三方价格指导和质量检测服务为一体的现代化电子商务交易平台，成为福建电子商务模式创新的典范。

四 服务体系构建

电子商务的发展离不开它所处的环境。科学系统地规划、建设一个好的电子商务环境，对电子商务产业的发展具有极其重要的促进作用，也能极大地提升电商企业的竞争能力和经营水平。同时，一个良性发展的电子商务发展环境，也能够提高政府部门的管理和监督水平，为提升政府的电子政务管理能力创造一个好的产业基础。

在加快电子商务发展的新时期，各级政府部门应该认真调研，科学规划，搭建平台，提供服务，规范引导，充分发挥政府对电子商务发展的宏观规划和指导作用，真正做到为企业提供高效优质的服务，做到从政务服务方面对企业主动、积极参与电子商务进行正确的引导与支持。

（一）完善电子商务诚信交易体系

当前，在网络交易环境、网络交易行为、消费者权益保护和网络信息安全等方面出现了很多不良现象，较为突出的是电子商务中无照经营现象普遍、虚假广告多、商品质量难以保证、消费者维权难等问题。所以必须解决电子商务诚信交易问题。网络经营者电子标识是工商部门解决网络交易主体合法性和真实性的重要措施，但是网络经营者电子标识项目作为由工商部门提供的信息验证服务，在电子标识仿伪问题无法短期彻底解决的现状下，存在一定的风险。有关电子商务信用体系的研究大多并不适用电子商务发展实际情况，有的完全参照原有的银行信用评价体系，偏重财务性指标，缺失质量品质性指标，不能反映电子商务产品信用评价的要求；有的指标体系设计者对电子商务不甚了解，指标设计不科学；有的指标体系主观性指标居多，结论缺乏权威性。

应加强福州市作为全国首批电子商务诚信交易服务试点单位工作的进展，联合各高校和科研机构的科研力量，着手研究符合电子商务产业特点的信用评价指标体系和计量方法，组织开发以政府为主导的信用评价体系。按照独立、公正、客观的原则，开展对交易平台、经营主体和消费者的综合信用评价与认证服务，建立跨区域的电子商务信用信息共享平台，出台信用认证、信用支持、激励机制和奖惩制度等相关实施细则。应针对不同的电子商务信用评价对象，设定不同的信用等级标准；同时从互联网和电子商务活动的特性出发，在电子商务诚信评价指标体系设计中，考虑加入第三方权威网站编制的量化指标作为评价指标。

（二）加大小微电商投融资扶持力度

电子商务产业发展从市场培育、企业成长到形成区域辐射与示范效应，需要有一个较长的政策、人文环境的营造和持续资金投入的过程。为了提高资金运作的效率，应该对通过市场化手段推动电子商务产业投资体制改革、创新财政资金投入方式和运作机制进行有益探索。这一举措有利于促进政策性引导资金和社会性金融资本的有机结合和良性发展。

当前，针对电子商务的资本市场对于安全、稳定的电商企业青睐有加，而福建省电子商务企业大多为小微企业的现状，建议设立管理咨询机构，帮助电商企业完成估值、分析，并帮助其制作商业计划，以便从风投基金等投资方获得融资；设立专款专项机制，利用银行、已有网络平台的数据建立信用体系，推动银行和其他金融机构发展小额信贷，以便于促进小微电商企业发展；鼓励民间资本进入 PE、天使投资领域，提供税费、政策优惠，盘活民间闲置资金，活跃福建省电子商务投融资市场，并逐步形成有规模、有影响力的大型基金。

2015 年，福州市创建"海峡电子商务产业投资基金"，这是由市政府牵头引导、按市场化方式投入运作的政策性引导创投基金。这一平台一方面将引导企业、社会资金共同投向电子商务重大工程、重要领域和示范平台，另一方面将引导电商企业借助平台获得发展所需资金。

各地面对重点建设的互联网产业园区，应该尝试建立主要针对园区内企业的电商产业创投基金和电子商务企业成长基金，组织有实力的风投机构和金融机构，广泛吸取社会资本，采用股权私募、资产证券化等多种金融创新产品，充分发挥和有效利用市场化手段、专业化投资团队在遴选项目、风险管控和配置资源等方面的优势。

充分发挥省内民间金融资本的优势，为电子商务企业打通各种直接融资渠道，支持电子商务企业通过境内外金融市场（包括主板上市、三板上市、发行公司债、境外上市等直接融资方式）进行融资，对符合条件的重点企业进行优先培育、优先推荐并办理有关手续。

（三）推动电商产业园区建设

产业园区（基地）是经济发展、产业结构调整的重要空间聚集形式，是推动经济结构转型升级和实现跨越发展的重要增长极。省级电子商务示范基地（园区）的培育工作能为区域电子商务产业的健康发展起到带动和促进作用，能为区域内电子商务产业整体的有效管理和监督提供可参考的样本，能帮助区域内电商服务企业快速成长。培育好各地的电商园区，努力使其成为示范基地，将积极促进和规范电子商务产业园区发展，加快当地的电子商务发展步伐。

应完善各项政策，组织各部门力量，全力做大做好园区的招商工作，吸引国内外电子商务企业及网络技术、物流配送、融资支持、金融服务等电子商务配套服务企业入驻。建设海丝和对台特色电子商务产业园区，发挥自贸区和沿海国家信息产业园区的载体作用，突出闽台合作优势，加强两岸电子商务资源整合，促进传统经济与互联网经济的融合；实施一批具有示范作用的电子商务产业园区建设项目，鼓励依托中心城市、产业集聚区、货物集散地、交通枢纽，建设细分化电子商务产业园区；重点扶持电子商务产业创新基地、现有旧建筑或工业区改造升级的电子商务集聚区、物流配送仓储产业园区、传统专业批发市场转型升级的电子商务园区，引导中小电子商务企业集聚，实现规模化发展，形成一批专业特色明显、产业链清晰、研发创新能力强、服务体系完善的电子商务产业集聚区，培育新兴电子商务产业集群。

各部门应协调工作，将园区打造成融人才培训中心、小微企业孵化中心、金融服务中心、后勤服务中心和互联网支持中心为一体的产业聚集中心,"一站式"地突破电商企业的人才、结算、物流、网路等瓶颈。合理组织园区管理人员和政府相关部门人员到浙江、广东、江苏等电商产业先进省份学习产业园区的建设管理经验;在产业政策、配套设施、人才引进和培养、财政支持等方面给予倾斜;结合当地经济社会特点,从特色化、专业化、系统化入手,培育出真正具有示范效应、辐射效应,真正能够吸引优质企业的电子商务园区。

第九章　互联网情境下智慧健康研究

在"互联网+"时代，人们对"互联网+"在健康医疗领域都寄予厚望，对其投资已然形成了新的热潮。然而不同于其他行业，健康医疗行业有着自身的特殊性，要在全社会范围内进入智慧健康生活依然还有很长的路要走，需要我们开展更为广泛和深入的研究和探索。

智慧健康是伴随着互联网的发展而发展起来的，同样突破了时空的界限，利用物联网无线感知穿戴设备等随时随地监测健康状态，通过大数据开展智能化健康服务，能够使个性化定制的服务模式得以实现。

第一节　我国智慧养老研究综述

由于历史以及城镇化进程加快等原因，我国逐渐进入了老龄化社会，老年医疗和健康照护需求日益增加，以互联网为基础、以物联网为媒介的"智慧养老"模式，逐渐发展成为完整的体系，形成了一系列解决方案。政府高度重视，但学术研究及具体行业应用之间存在较大差距，供需矛盾日益突出。

当前，我国已经迈入了老龄化社会，且老龄化发展的速度非常快，平均每年净增长 800 万～1200 万老人，其中高龄老人增速加快。养老问题成为社会热点：老年人消费观念滞后，养老企业利润空间狭小，社会服务资源条块分割，缺乏服务质量监督评估体系，医疗卫生服务和养老服务协同配合严重不足，保险、税务、金融等配套体系不完善等矛盾日益凸显。

政府对老龄化社会问题高度重视，国务院《关于推进医疗卫生与养老服务相结合的指导意见》提出，到 2020 年，医疗卫生和养老服务资源要实现有序共享，覆盖城乡、规模适宜、功能合理、综合连续的医养结合服务网络要基本形成。由此，学界对"智慧养老"的研究也日渐兴起。"智慧养老"指利用信息技术等现代科学技术，围绕年长者在生活起居、安全保障、医疗卫生、保健康复、娱乐休闲、学习分享等方面的需求，支持其生活服务和管理，开展涉老信息自动监测、预警和主动处置，实现信息技术对安享晚年的友好、自主、个性化支持。①

一 研究现状与述评

为更有利地开展研究，通过中国知网②平台，采用不同关键词对国内外有关研究成果开展交叉检索和比对分析，结果如下。

中国知网检索表明，2012 年之前，关于"智慧养老"的研究成果散见于报刊报道，其中，2011~2013 年对来自国外的智慧社区模式有所报道，且关注较多。2012 年全国社会养老服务体系建设工作会议在河北召开，会议关于养老信息化的探讨成为"智慧养老"学术研究开展的重要推手。自此相关研究陆续出现，近几年相关论文发表数量快速上升，但看其学科分布，40%的论文发表在政治学领域，比例最高，其次是信息经济、宏观经济领域，其余散见于保险、计算机、社会学、医药卫生政策研究等领域，说明相关研究主要在人文社科领域，对具体应用领域的研究偏少。

---

① 佐美云：《智慧养老的内涵、模式与机遇》，《中国公共安全：学术版》2014 年第 10 期。
② CNKI 由清华大学、清华同方发起，始建于 1999 年 6 月，为全世界全文信息量规模最大的数字图书馆。

通过对不同数据库已有研究成果的比对和梳理我们发现,"智慧养老"有关理论研究和应用研究均已取得了一定的成果,但仍然有值得深入梳理的必要:一是现有研究成果分别处于社科研究和信息技术、医学管理研究等领域,学科跨度大,很难形成融合性的研究结论;二是研究中涉及医院、社区、个人、政府等多个主体,管理体系和规则大相径庭,非常有必要开展不同主体间的协同机制研究;三是源自不同系统形成的多维数据结构也对智慧养老的关键技术环节提出挑战,迫切需要对当前相关研究成果进行总结、提炼和深化。

二 学术研究领域分析

(一) 人文社科

基于人文社科的学术研究遵循"养老保险信息化、智慧居家养老、社区智慧养老、公共经济学、政府政策制定、保障体系设计"的脉络开展。

最初,由于养老工作属于社会保障工作的内容之一,对于养老和信息化结合的研究始于对养老保险体系信息化的研究。[①②③] 2012年全国社会养老服务体系建设工作会议后,刚刚起步的智慧养老尚需完善供给主体服务方式、健全管理机制;[④⑤⑥] 社会化、智慧化养老服务,是解决我国养老服务资源结构性短缺问题、改

---

① 石孝军:《德国养老保险数据信息化管理》,《人事世界》,2000年第7期。
② 张兴伟:《浅谈养老保险的信息化、自动化管理》,《黑龙江劳动保障》2003年第9期。
③ 章萍、严运楼:《养老保险信息化管理系统的规划策略》,《统计与决策》2006年第15期。
④ 吴诺:《都市社区居家养老服务体系中的信息化系统构建》,《价值工程》2012年第31 (13) 期。
⑤ 袁晓航:《"医养结合"机构养老模式创新研究》,浙江大学硕士学位论文,2013。
⑥ 黄佳豪、孟昉:《"医养结合"养老模式的必要性、困境与对策》,《中国卫生政策研究》2014年第7 (6) 期。

革劳动密集型养老方式的必然选择。① 随着社会保障体系的完善，智慧养老模式开始进入社区。②③④ 从2015年起，国家对智慧养老高度重视，出台多份文件，学者研究亦同步开展，对政府、公众、产业间关系进行分析⑤⑥，研究对象从单一案例延伸到全社会养老保障体系；研究领域从人口学延伸到经济学、管理学、法学和计算机、电子信息工程领域，交叉学科特色逐步凸显。

（二）信息技术

与智慧养老有关的信息技术研究始于"电子病历"和"卫生信息管理"。随着技术的更新换代，出现了基于"传感器、数据挖掘、智能设备"等技术的智慧养老领域应用，以及将移动互联网（MI）、虚拟现实（VR）、增强现实（AR）、混合现实（MR）等新技术应用于智慧养老行业的综合解决方案。

2003年，牛康提出应正视信息化社会和老龄化社会的交叉影响；⑦ 2005年，薛万国开始研究通过电子病历管理实现个人终生健康记录；⑧ 后续研究主要聚焦于卫生信息管理。⑨⑩ 2012年后，研究

---

① 刘建兵：《智慧养老：从概念到创新》，《中国信息界》2015年第5期。
② 曾新勇：《基于智慧社区的"居家养老"服务模式研究》，《常州工学院学报》（社会科学版）2013年第6期。
③ 林晓薇：《"SPONGE"模式下的智慧养老社区》，《城市建筑》2015年第26期。
④ 左美云、常松岩：《让养老智慧起来》，《WTO经济导刊》2016年第4期。
⑤ 翟振武、陈佳鞠、李龙：《中国人口老龄化的大趋势、新特点及相应养老政策》，《山东大学学报》（哲学社会科学版）2016年第1（3）期。
⑥ 戈晶晶：《智慧养老 需要走出困局》，《中国信息界》2017年第4期。
⑦ 牛康：《依托社区的信息网络化来探讨社区养老模式的可行性》，《高科技与产业化》2003年第12期。
⑧ 薛万国：《我国电子病历研究进展》，《中国医院管理》2005年第25（2）期。
⑨ 张世红、王晖：《综合卫生管理信息平台功能选择与定位》，《中国卫生信息管理杂志》2010年第7（1）期。
⑩ 李岳峰、胡建平、周光华等：《我国卫生信息化建设：现状与发展》，《中国卫生信息管理杂志》2012年第9（5）期。

视角转向计算机技术支持养老服务与管理;①② 物联网与机器识别技术的发展使可穿戴式设备和传感器结合数据挖掘,为年长者健康管理建立了预警机制。③ 智慧养老开始进入产业化,出现了结合互联网平台、智能家居、机器人等新模式的智慧养老解决方案。④ 2017年,工信部、民政部、国家卫生计生委等联合印发《智慧健康养老产业发展行动计划(2017—2020年)》,强调利用物联网、云计算、大数据、智能硬件等新一代信息技术产品开展"智慧健康养老产业"建设,为后续智慧养老行业关键技术研发提供了指南。

(三) 应用案例

2001年,福建省率先将《"十五"期间福建省劳动和社会保障信息化建设总体规划方案》纳入"数字福建"首批重点应用项目⑤。但市场应用自2009年才开始,当时某美国知名公司提出了面向医疗、护理、康复、养老等构建大健康体系"智慧医疗"的概念,后续某日本知名公司借鉴在日本养老行业的信息化管理知识经验,针对养老机构运营者推出了智慧养老运营信息管理平台i-Care Platform。⑥ 上海市、北京市较早开始将智慧养老模式应用于社区:

---

① 朱晓凤:《基于Android技术的智慧养老平台设计与实现》,北京邮电大学,2013。
② 左美云、薄夷帆:《基于需求层次理论的智慧养老产品游戏化设计》,《中国信息界》2014年第6期。
③ 朱月兰、林枫、闫国华等《基于可穿戴计算的智慧养老移动服务平台的设计与挑战》,《软件工程师》2015年第2期。
④ 朱静宜:《基于可穿戴设备智慧养老服务平台的构建》,《软件工程》2016年第1期。
⑤ 郑沐霖:《"数字福建"与劳动和社会保障信息化》,《福建劳动和社会保障》2002年第1期。
⑥ 《NEC打造养老O2O平台:"养老是一种生活状态"》,2016年6月23日,环球网,http://tech.huanqiu.com/diginews/2016-06/9075059.html。

上海市杨浦区开展了居家养老智能化、信息化活动,[①] 北京市海淀区"智慧海淀"在清华园街道社区医院应用。[②]

自 2014 年起,北上广等大城市陆续开展了智慧养老模式设计。[③][④] 从 2016 年开始,智慧养老行业成为投资人青睐的热点:某日本公司提出了和医院 HIS 系统结合的"互联网+智慧养老+医养结合"综合解决方案(2016),福建某公司的"互联网+养老"模式,通过"智慧云健康管理""智慧机构养老""智慧居家养老"等体系关注解决居家老人最需要解决的问题(2016);浙江乌镇"智慧养老 2+2 新模式"(2017)通过线上平台、远程医疗平台和线下居家养老服务照料中心、社区卫生服务站等,利用自动检测终端、健康管理 App、物联网智能居家设备等,对年长者进行持续健康状况跟踪,建立个人电子健康档案。福州某公司基于 Vital Health 平台,以"慢病管理"为核心,研发适合中国的协作型健康管理平台,支持多病种、多人群的个性化、模块化应用,为年长者提供主动、协同、连续的健康管理服务(2017)。

三 研究结论与建议

(一)研究进展

由上述文献综述可知,研究主要在 3 个领域:人文社科、信息技术、应用案例,为后续者开展研究奠定了良好的基础。在人文社科领域,研究对象从保险信息化开始,到智慧养老服务,延伸到全社会养老保障体系设计,上升到国家政策层面。信息技术方

[①] 佚名:《上海市杨浦区:居家养老智能化、信息化》,《社会福利》2011 年第 11 期。

[②] 薛枫、董海霞、秦楠:《可以复制的"智慧海淀"》,《今日科苑》2012 年第 6 期。

[③] 吴蕾蕾:《现代物联网技术在居家养老服务中的应用——以杭州上城区智慧养老为例》,《当代社科视野》2014 年第 3 期。

[④] 蒲瑶琼、卢明威、陈东仿:《重庆市南岸区智慧养老模式建设探析》,《广西师范学院学报》(哲学社会科学版)2015 年第 4 期。

面的研究从电子病历管理开始，到计算机与物联网技术，延伸到整体解决方案和国家产业发展计划设计。市场应用案例方面，从简单的第三方信息技术应用，过渡到"互联网+养老"综合解决方案，继而整合线上、线下平台，提供个性化服务，主动介入国家社会养老保障体系。

当前，老龄化社会使智慧养老成为优化养老模式的必然选择，国家高度重视养老工作，陆续出台了《国务院关于加快发展养老服务业的若干意见》《关于推进医疗卫生与养老服务相结合的指导意见》《智慧健康养老产业发展行动计划（2017—2020年）》等文件。随着信息技术的发展，未来的研究热点，将基于信息科技、社会科学和疾病科学等交叉学科开展研究，并立足于大数据挖掘与应用，进一步完善智慧养老体系，提供养老综合解决方案，以更好地实现"老有所依、老有所养"。

（二）研究建议

在前人研究基础上，结合业界应用现状和技术发展趋势，后续智慧养老相关研究应聚焦以下内容。

1. 协同创新视角

智慧养老应形成以年长者心理、生理需求为出发点，以数据采集、数据处理与集成、数据分析和数据解释为一体的解决方案，进一步形成由数字对象标识、内容聚合、数字对象检索等组成的管理机制，提高多系统间的协同效率及水平。

2. 交叉学科视角

应从社会学、医学、计算机科学、电子信息工程、管理学、经济学、法学等多个学科交叉视角进行观察，结合物联网、数据挖掘等多种信息技术，从公共治理角度将智慧养老所涉及的多个信息系统进行集成，设计异构网络协同创新机制，进行专业化、科学化分析，形成智慧养老综合理性决策支持。

3. 机制体制视角

应寻找信息技术与管理机制的契合点，深入研究智慧养老服务平台的关键技术，在完善安全机制、管理机制和赋权机制的前提下，着重数据挖掘与产品设计，服务区域智慧养老行业的发展，为政府、行业、机构的决策提供支撑。

四　结语

互联网和新技术的发展，使养老服务从年长者被动寻找模式到"老有所养、老有所依"方向的主动服务模式转变。结合信息技术和人文社科对智慧养老模式的研究，开展跨学科知识集成，探讨发展过程中各类活动的特征和规律，及时进行跟踪、干预和管理，有利于提高养老效度。对完善全社会养老保障体系，逐步解决老龄化社会问题及实现"关口前移"的我国养老政策设计具有重要的现实意义。

第二节　互联网情境下网络群体生存质量横断面研究

随着互联网的高速发展，网民已达我国公民总数的63.77%，传统消费模式和生活方式出现巨大改变，但对于互联网对群体幸福感的影响一直存在争议，以往对幸福感的研究多基于社会学、心理学领域，忽略了信息技术对群体幸福感的影响。本节基于2018年八省（市）2400位互联网活跃人群生存质量调查数据，构建皮尔逊积矩相关系数、词云图预警及多重响应频率交叉分析模型，对影响占我国人口63.77%的网民生存质量关键要素进行分析。研究发现：全社会对生存质量和幸福感的宣教明显不足，高血压等慢病出现年轻化趋势，但乐观的生活态度会大大提升生存质量，经济收入等保障因素在较大程度上影响了个体感受，但并非完全正相关。互联网已经改变了人们的传统生存方式，对群体幸福感产生了较大影响。后续研究将集合潜在变量和显性变量，开展结构方程模型分析，以进一步发现提升公民幸福感的干预机制。

国家发展的终极目标是实现每位公民对幸福的追求，幸福也是人们终其一生追求的目标。长期以来，对幸福感（Happiness）的研究主要在社会学、心理学和教育学领域，大多采用演绎法或实证分析法来研究幸福感的影响因素，除主观感受外，影响幸福感的因素还包括环境、社会、家庭等。[①]

从研究角度看，幸福感似乎跟理性的经济学、管理学无关。的确，早期经济学理论认为，人是自私的，是追求利益最大化的主体，幸福感取决于收入大小的效用，即幸福=效用。18世纪古典自由主义经济学鼻祖亚当·斯密在《道德情操论》（1759）一书中就提出"希望达到一个稳定普适的社会道德秩序"；[②] 而后在《国富论》（1776）中又提到情感机制的作用——"期望在自律的个人自由基础上建立起一种自发调节的社会经济秩序"。[③] 20世纪，经济学家理查德·伊斯特林（R. Easterlin，1974）提出"收入—幸福悖论"。[④] ——"通常人们认为：富人的幸福和快乐水平要高于穷人，然而在国别比较上，发现穷国公民幸福水平与富国几乎一样高"。为什么更多的财富并没有给人带来更大的幸福感？"幸福悖论"引发了学界对幸福感的大讨论。

工业革命时代逐渐没落后，当发现通过金钱无法解决工人效

---

① 罗琼：《公民幸福感与社会和谐发展》，《观察与思考》2013年第2期。
② 吴红列：《亚当·斯密的〈道德情操论〉与自然法》，《浙江社会科学》，2013年第10期。
③ 亚当·斯密：《国富论（上下）》，王勋译，清华大学出版社，2010。
④ Easterlin, R. A. (1974). Does Economic Growth Improve the Human Lot? Some Empirical Evidence. In David PA. & Melvin, W. R. (eds.) *Nations and House? Holds in Economic Growth*. Palo Alto, Ca: Stanford University Press. 98–125.

率的问题时，行为科学浮出水面："霍桑实验"[①] 导致梅奥的"人际关系学说"得到重视，对人类"需求"的研究备受关注，人本主义心理学（Humanistic Psychology）的主要创建者之一，第三代心理学的开创者——美国社会心理学家、比较心理学家马斯洛1943年提出需求层次理论，将人类需求从低到高按层次分为五种：生理需求、安全需求、社交需求、尊重需求和自我实现需求。[②] 学界逐渐将"生存质量"（又称生命质量、生活质量，Quality of Life，QOL）纳入"幸福感"的相关研究范畴。

作为专用术语，"生存质量"一词源于早期古典管理学派的人际关系学说和需要层次理论，研究始于20世纪30年代，兴起于50~60年代，70年代后期在医学领域备受瞩目，成为一个专门的研究领域。[③] 根据世界卫生组织的定义，生存质量（QOL）指不同文化和价值体系中的个体对与他们的目标、期望、标准以及所关心的事情有关的生存状况的体验，包含个体的生理健康、心理状态、独立能力、社会关系、个人信仰和与周围环境的关系。[④] 而随着健康观转变以及现代医学的快速发展，健康已不再是简单的没有疾病或虚弱状态，而是身体上、精神上和社会活动的完好状态，[⑤] 这与"幸福感"的内涵是一致的。由此，本书认为，"生存质量"可以用来评价和考察互联网情境下网络群体的"幸福感"程度。

基于上述学术脉络，结合多年对互联网情境下政府政策、保障体系、产业发展等持续跟踪研究，本书认为：互联网发展20年，

[①] 霍桑实验是古典管理学的著名实验，是1924~1932年由美国哈佛大学教授梅奥团队（Mayo，George Elton），在芝加哥郊外的西方电器公司霍桑工厂所进行的一系列实验。该实验发现工人不是只受金钱刺激的"经济人"，个人感受对行为可起到至关重要的作用。

[②] Abraham H. Maslow：《动机与人格》，许金声等译，中国人民大学出版社，2013。

[③] 高国福、郭欣：《生存质量研究概述》，《实用预防医学》2000年第25（6）期。

[④] Orley J. *Quality of life Assessment*：*International Perspectives*. Springer Verlag Berlin Heidelberg，1994.

[⑤] 方积乾、万崇华：《与健康有关的生存质量的研究概况》，《中国康复医学杂志》2000年第15（1）期。

截至 2018 年 12 月,我国网民规模已达 8.29 亿,占公民总数的 63.77%。① 而随着光纤、5G 网络等基础设施的高速发展,手机的普及,网民通过手机接入互联网的比例高达 98.6%。互联网世界 24 小时在线,天堑变通途,突破了时空界限,人际交往不再受到地理空间导致的时差局限,传统消费模式和生活方式被进一步改变,进而将触动经济规律的变化,对人类的生存模式产生飓风般影响。经济业态与管理环境均发生了巨大变化,研究互联网环境下的新规律,成为当前学界重点关注的问题。

当前,对互联网的研究方兴未艾,但仍存在各类联动机制尚未形成、数据鸿沟仍然存在等问题,成为制约我国经济社会整体发展的瓶颈。较之以往研究,本节考虑在以下方面进行进一步突破与创新:一是要考虑互联网情境下的群体特征,又要符合中国传统文化与道德观念;二是要通过开放的新型信息交互机制降低成本,又要确保资源共享和政府政策落地;三是要运用好信息技术和大数据,又要注意个人隐私等信息安全。由此,立足互联网情境,基于互联网活跃人群生态环境,开展生存质量研究,挖掘分析影响因素,识别内在机理,形成人群画像,对我国提升公民生活质量、改善生活品质、增加幸福感、推动全民健康、优化公共服务和政府治理,具有重要的参考价值和意义。

一 研究现状与述评

检索国内外文献,与"生存质量"和"幸福感"相关的研究成果很少,自 2000 年至今近 20 年,仅有 301 篇相关文献(其中中文文献 110 篇,英文文献 191 篇)。我国文献主要集中在临床医学、心理学和社会学等领域,国外文献主要集中于社会学、心理学、公共卫生与预防医学等领域。文献多与"主观幸福感"

---

① CNNIC(中国互联网络信息中心)第 43 次《中国互联网络发展状况统计报告》2019 年 2 月。

密切相关;"生存质量""社会支持""财政管理""心理健康""老年人"等与当前社会形态密切相关的关键词逐步显现,但是将有关研究放在互联网情境下的文献似乎尚未出现(数据来自 SSCI、SCIE、SCI、EI、AHCI、CSSCI、CSCD 等数据库索引,截至 2019 年 4 月 18 日)。

(一) 对生存质量的研究

生存质量(QOL)早在 20 世纪 50 年代末就引起广泛关注,个体的生存质量通常取决于外在的客观事实和内在的主观感受。对生存质量的研究源于 1958 年美国经济学家 J. K. Calbrith 最早提出的"生存质量(QOL)"概念。自此之后,对生存质量问题的研究主要集中生存质量的概念、评价指标体系和研究方法等领域。[①]

我国学者李凌江等(1995)从生存质量角度来重新评价医疗政策、临床疗效、疾病预后、健康与保健模式,对社区人群生存质量开展研究,通过对国外常用的生存质量主客观问卷指标相互关系及其影响因素的研究,发现客观生活状态是影响主观生活满意度的主要因素。

为进一步验证文献研究结论,课题组通过互联网搜索自 1950 年以来的英文关键词"Quality of Life",获得 26.3 万条信息,再采用网络爬虫技术抓取到 991 条与生存质量相关的关键词,通过比对分析,结果显示:1950 年以来对生存质量的研究主要集中在医学领域,针对具体病种或看护质量开展生存质量(QOL)比较,例如糖尿病患者、皮肤病患者、骨质疏松症患者、癌症患者等,包括在两个或多个国家之间对比生存质量,及同一群体不同国家的生存质量比较研究等。

---

① 刘庆武:《一般及特殊人群生活质量研究进展》,《湘南学院学报》(医学版) 2004 年第 1 期。

(二) 与互联网相关的生存质量研究

国外学者自 1997 年开始探讨利用互联网对患者进行临床研究的可行性（Soetikno R. M. et. al.[①]；Treadwell J. R. et. al., 1999）。研究表明，互联网的使用，情感、信息的透明度导致的社会支持是影响生存质量的最主要决定因素。[②] 使用电脑和互联网对人们日常功能、幸福感和情绪以及社交网络都没有积极或消极的影响。[③④]

近年来，我国学者对与互联网相关的生存质量（QOL）进行研究认为，拥有和使用互联网对人们的生活满意度具有负面影响；或能提供多一些选择和便利，但在新思维树立上则无明显成效。[⑤⑥] 也有学者研究发现，互联网信息可以建立良性互动关系，有利于生存质量的提升。[⑦⑧]

随着互联网的快速发展，相关研究重点开始聚焦"互联网+护理医疗"服务领域，研究认为互联网应用于血液透析、糖尿病及

---

① Soetikno R. M., Mrad R., Pao V., et al. Quality-of-Life Research on the Internet [J]. *Journal of the American Medical Informatics Association*, 1997, 4 (6): 426-35.
② Leung L., Lee P. S. N. Multiple Determinants of Life Quality: the Roles of Internet Activities, Use of New Media, Social Support, and Leisure Activities [J]. *Telematics & Informatics*, 2005, 22 (3): 161-180.
③ Slegers K., Van Boxtel M. P. J., Jolles J. Effects of Computer Training and Internet Usage on the Well-Being and Quality of Life of Older Adults: A Randomized, Controlled Study [J]. *J Gerontol B Psychol Sci Soc Sci*, 2008, 63 (3): 176-184.
④ Louis Leung, Cite as, Effects of Internet Connectedness and Information Literacy on Quality of Life [J]. *Social hdicafors Research*. September 2010, Volume 98, Issue 2, pp. 273-290.
⑤ 金兼斌、谭晓、熊澄宇：《媒介使用与生活质量之间的关系》，《新闻与传播评论》2005 年第 1 期。
⑥ 龚振炜、苑春荟、陈文晶等：《互联网对农村留守人口生活质量影响的实证研究——以河北省沽源县为例》，《生产力研究》2014 年第 3 期。
⑦ 陈惠玲、罗洁樱、赖伏虎等：《随诊的互联网模式对银屑病患者生存质量的支持》，《现代医院》2009 年第 9 (8) 期。
⑧ 魏芳芳：《小组工作介入老年人生活质量提升的研究——以 A 社区老年人网络知识学习小组为例》，华中科技大学硕士学位论文，2016。

慢性荨麻疹等领域可使患者的生存质量提升效果明显，能够较为有效地控制患者状况，改善患者治疗依从性。①②③④

三 研究方法与数据分析

（一）量表采用

研究采用世界卫生组织生存质量调查表简表（WHOQOL-BREF）主要条目，该量表用于测量个体与健康有关的生存质量，具有比较高的信度、效度、反应度等心理测量学性质，且特别适用于在不同文化和价值体系背景下对生存质量（QOL）进行比较，可以测量出个体与其目标、期望、标准以及所关心的事情有关的生存状况。该测定量表分为四个维度，即生理因素（8条）、心理因素（6条）、环境因素（7条）、社会关系因素（4条），及总的健康状况与生存质量（2条），共计27条核心量表条目。

（二）调查方法

在研究方法上，自2004年起有学者开始研究网络调查方法。⑤已有研究认为，利用互联网从地理上较分散的样本中收集数据，降低转录需要和出错可能性，有可能提高此类研究的质量，因子结构及内部一致性及可靠度得分与纸质版本相当。在具有测量不

---

① Afsar B. The Relation between Internet and Social Media Use and the Demographic and Clinical Parameters, Quality of Life, Depression, Cognitive Function and Sleep Quality in Hemodialysis Patients: Social Media and Hemodialysis. [J]. *General Hospital Psychiatry*, 2013, 35 (6): 625-630.
② Pontes H. M., Szabo A., Griffiths M. D. The Impact of Internet-based Specific Activities on the Perceptions of Internet Addiction, Quality of Life, and Excessive Usage: A Cross-sectional Study [J]. *Addictive Behaviors Reports*, 2015, 1: 19-25.
③ 徐芳、蔡素芬、胡阳春：《互联网+护理医疗服务在糖尿病社区延续性护理中的应用效果分析》，《中国临床护理》2016年第8(6)期。
④ 黄雪梅、沈秀玲、李润祥等：《互联网+健康教育对慢性荨麻疹患者临床疗效及生活质量的影响》，《国际医药卫生导报》2018年第9期。
⑤ 郭强：《网络调查手册》，中国时代经济出版社，2004年。

变性的基础上，网络调查对于构念的测量均值更加精准，同时网络调查还有利于降低数据缺失率和保护个人隐私。[1][2][3][4][5][6] 另外，建立生存质量问卷（Quality of Life Inventory，QOLI）亦适用于通过互联网评定人群差异化和临床影响的研究。[7][8]

因此，本次调查抽样由合作机构按照项目要求，在实体社区样本单位进行随机抽样网络调查，抽样方法符合 ESOMAR 国际商会与欧洲民意和市场研究协会《全球调研准则和指导原则》（2017 年 9 月发布）网络抽样 28 条规范。为保护受访者隐私，匿名调查问卷通过互联网进行投放回收，主要了解研究对象最近 2 周的生存质量情况，包括生理因素、心理因素、环境因素、社会关系因素及总的健康状况与生存质量等 27 个核心量表条目，采用 5 级频度评分，分为很差（1）、差（2）、不好也不差（3）、好（4）、很好（5）五个等级，正向条目直接计分 0~5 分，逆向条目则反向计分（6-回答选项数码）。得分范围为 27~135 分，

---

[1] 郭继志、阎瑞雪、宋棠：《网络调查方法的优势与局限》，《中国社会医学杂志》2006 年第 23（1）期。

[2] 陈永泰、何有世：《网络调查和传统纸质调查的差异性研究》，《统计与决策》2008 年第 16 期。

[3] Holmes S. Methodological and Ethical Considerations in Designing an Internet Study of Quality of Life: A Discussion Paper [J]. *International Journal of Nursing Studies*, 2009, 46 (3): 394-405.

[4] Kofman M. D., Lent M. R., Swencionis C. Maladaptive Eating Patterns, Quality of Life, and Weight Outcomes Following Gastric Bypass: Results of an Internet Survey [J]. *Obesity*, 2010, 18 (10): 1938-1943.

[5] Lloyd K. Kids' Life and Times: Using an Internet Survey to Measure Children's Health-related Quality of Life [J]. *Quality of Life Research*, 2011, 20 (1): 37-44.

[6] 刘斌、杨芳芳、梁娜：《网络调查受访者信任影响因素研究》，《现代情报》2013 年第 33（8）期。

[7] 高更和、李小建：《基于互联网调查的公众可持续发展基本意识的人群差异研究——以地方 21 世纪议程南阳试点为例》，《科技进步与对策》2007 年第 24（8）期。

[8] Lindner P., Andersson G., Öst L. G., et al. Validation of the Internet-Administered Quality of Life Inventory (QOLI) in Different Psychiatric Conditions [J]. *Cogn Behav Ther*, 2013, 42 (4): 315-327.

总分为各条目得分之和,得分越高表示生存质量越好。

(三) 受访人群的人口学特征

本次调查共收回有效问卷 2400 份,来自北京、上海、福建、广东、江苏、浙江、安徽和江西等八省(市)的互联网活跃人群接受了本次调查,每个地区平均收回 300 份。样本不重复计数,全部为互联网用户且都为独立 IP 样本,总采样数 2400,要求样本呈正态分布。由于事先对受访者的年龄要求,在 2400 人中有 509 位年长者是在他人的帮助之下填完本问卷的。在统计中,为确保统计指标的准确性,根据王华民的《网络调查中的统计误差及控制措施》文章建议对数据进行清洗。[①]

受访者基本人口学信息如表 9-1 所示。

表 9-1 受访者人口学基本特征

人口统计变量	分组	N	百分比(%)
性别	男性	1273	53
	女性	1127	47
年龄	20 岁以下	301	12.5
	20~29 岁	516	21.5
	30~39 岁	492	20.5
	40~49 岁	374	15.6
	50~59 岁	303	12.6
	60~69 岁	240	10
	70~79 岁	136	5.7
	80 岁以上	38	1.6

---

① 王华民:《网络调查中的统计误差及控制措施》,《统计与决策》2014 年第 23 期。

续表

人口统计变量	分组	N	百分比（%）
学历	小学	82	3.4
	初中	199	8.3
	高中或中专	541	22.5
	大专	621	25.9
	本科	874	36.4
	硕士	77	3.2
	博士	6	0.3
婚姻状况	非在婚	735	30.6
	在婚或同居	1665	69.4
职业	政府	57	2.4
	事业单位	213	8.9
	国企	291	12.1
	私企	871	36.3
	务农	97	4.0
	无固定工作	143	6.0
	其他	368	15.3
	学生	360	15.0

表9-1显示：受访人群年龄呈正态分布，50岁以上，甚至60岁以上的年长者也有部分乐于使用智能手机上网聊天或购物（部分通过他人协助），占比为17.3%。在受教育程度上，受过高等教育者占65.8%。婚姻状况以已婚为主，占比为68.4%。职业在私企的占36.3%，在体制内工作的占比为23.4%。

本次受访者中，认为自己拥有中高生存质量水平的居多，中等水平及以上者共有2074人（中上及以上水平者有1409人，占比为58.7%），占86.4%，低幸福感水平者326人，占13.6%（参见表9-2）。

表 9-2 受访者生存质量总体情况分布（按标准化满分 100 计）

分组	人数	百分比
中等及以下（<75 分）	991	41.3
中上及以上（75~100 分）	1409	58.7
合计		

三 互联网情境下网络群体生存质量研究

（一）皮尔逊积矩相关分析

假设：八省（市）网络群体的生存质量与各变量之间存在线性关系。采用皮尔逊积矩相关系数（Pearson Product-moment Correlation Coefficient，PPMCC 或 PCCs）进行相关分析。皮尔逊积矩相关系数由统计学家卡尔·皮尔逊设计，用于研究变量之间的线性相关程度，度量变量 X 和 Y 之间的线性相关，值介于 -1 与 1 之间，一般用字母 r 表示。[①] 公式为：

$$r(X,Y) = \frac{Cov(X,Y)}{\sqrt{Var[X]Var[Y]}}$$

其中，$Cov(X, Y)$ 为 X 与 Y 的协方差，$Var[X]$ 为 X 的方差，$Var[Y]$ 为 Y 的方差。

$\rho_{xy} = r(x, y)$ 是一个可以表征 X 和 Y 之间线性关系紧密程度的量，性质为：

（1）$|\rho XY| \leq 1$

（2）$|\rho XY| = 1$ 的充要条件是，存在常数 a，b，使 $P\{Y=a+bX\}=1$

皮尔逊积矩相关系数描述 X、Y 之间的相关程度，X、Y 存在线性关系，$|\rho XY|$ 体现了 X、Y 之间线性关系的紧密程度，当

[①] 吴传生：《经济数学·概率论与数理统计》，高等教育出版社，2015。

$|\rho XY|$ 较大时，X、Y 相关性较好；当 $|\rho XY|$ 较小时，X、Y 相关性较差；当 X、Y 不相关时，不存在线性关系，但并不能排除 X、Y 之间可能存在其他关系。

为利于研究，将变量 X 设为各影响因素，变量 Y 设为生存质量，分析结果如表 9-3 所示。

表 9-3　变量 XY 的相关性分析

序号	变量（X）	r 值
1	自身满意度	0.586**
2	积极感受	0.546**
3	精神支柱	0.530**
4	日常生活能力	0.529**
5	总的生存质量	0.524**
6	精力	0.515**
7	人际关系	0.505**
8	消极感受	-0.491**
9	工作能力	0.487**
10	所需社会支持的满意程度	0.483**
11	行动能力	0.478**
12	总的健康状况	0.474**
13	环境条件	0.468**
14	性生活	0.465**
15	社会安全保障	0.463**
16	食欲	0.460**
17	身材与相貌	0.457**
18	休闲娱乐活动的参与机会与参与程度	0.454**
19	住房环境	0.448**
20	获取新信息的机会	0.440**
21	睡眠	0.438**

续表

序号	变量（X）	r 值
22	注意力	0.437**
23	经济来源	0.427**
24	医疗服务与社会保障	0.427**
25	家庭摩擦	-0.329**
26	疼痛与不适	-0.270**
27	对医疗手段的依赖性	-0.243**

注：以上数值通过 CORREL 函数测算。
** 在 0.01 级别（双尾）相关性显著；* 在 0.05 级别（双尾）相关性显著。

CORREL 函数结果在 -1 和 1 之间，正（负）号表示变量呈正（负）相关，若为 0，则表示两个变量可能不相关，或是存在非线性关系等更加复杂的关系。相关性的强弱大致分为以下几种：0.8~1.0（含0.8）表示极强相关，0.6~0.8（含0.6，不含0.8）表示强相关，0.4~0.6（含0.4，不含0.6）表示中等程度相关，0.2~0.4（含0.2，不含0.4）表示弱相关，0.0~0.2（不含0.2）表示极弱相关或无相关。数据表明，27 个核心量表条目在本环境下测试均有相关性，其中有 24 个指标呈现中等程度相关，其余部分呈现弱或极弱相关，说明本问卷的效度极好，确实能够反映生存质量的重要影响因素。其次，数据体现出与感知等相关的评价居于前 10 位，说明在情绪的作用下，对生存质量的感知可能存在极强的心理暗示作用。

（二）词云图预警分析

研究采用 R 软件词云图 Word Cloud 建立数学计算环境，以所收集到数据库中的主观题"近两周身体上不适状况"为统计源，通过算法进行文本挖掘，生成单词云序列，对关键词词频予以可视化，对 2400 位受访者两周内身体上的不适状况进行分析（见图 9-1）。

图 9-1　受访者近两周不适状况词云图

出乎意料的是，虽然有 24.5% 的人群认为自己并无不适，但有 75.5% 的人群认为自己存在各种不适状态（多选），除了感冒（6.58%）、睡眠（5.46%）、胃病（5.42%）、亚健康（2.46%）等众所周知、符合网络群体情况的不适状况外，高血压（12.8%）、糖尿病（含高血糖，4.38%）等原本属于老年人群的慢性病比重凸显，虽然这些大多尚处于可控且不影响日常活动的程度。由于受访人群 70% 在 20～59 岁，从长远来看，这一现象可能将对未来公民的生存质量造成重大影响，以上词云图出现的"预警"，亟须引起全社会和有关政府部门的高度重视。

（三）多重响应频率和交叉对照分析

为了更全面深入地研究网络群体的生存质量，考虑观察角度，以 SPSS 多重响应频率和交叉分析为研究工具，我们将受访者的生存质量划分为中等及以下（<75 分）及中上及以上（75～100 分）两组，进行交叉对照分析，数据分析结果呈现如下特征：

1. 生活压力带来较低的生存质量

认为自己属于中上生存质量的男性占比高出女性 15.2 个百分点，20~39 岁中青年占本次调查人群总数的 42%，其中有 67.66% 认为自己处于生存质量中下水平。这个年龄段人群开始步入社会，成家、立业、照顾老人和孩子，需要承担较大的家庭压力，幸福感较低。

2. 对生活品质和健康状况认知不够清晰

选择生活品质"不好也不差"的占 49.2%，但事实上其中 82.5% 处于中下生存质量水平，仅 17.5% 在中上水平，此处出现答题的矛盾，说明日常生活中，受访者对"什么是好的生活品质"的认知并不清晰。同样状况出现在对健康状况的评价上，选择健康状况"不好也不差"的占 40%，但其中 75.9% 事实上处于中下生存质量水平，仅 24.1% 处于中上水平，表明受访者对健康状况好坏认知也模糊不清，到底何为良好的生活品质和健康状况，尚需进行进一步明确和宣教。

3. 疼痛、精力与睡眠对生存质量影响较大

处于疼痛不适感状态的受访者生存质量集中在中下水平，占 58.7%。选择"根本不妨碍"者大都在中上生存质量水平，占 80.3%。根本没有或很少有精力的受访者全部集中在中下生存质量水平，占总人数的 8.9%；"多数有精力"的受访者中上水平人数占 60.2%，"完全有精力"的受访者集中在中上水平，占 88%。在中下水平生存质量人群中，对睡眠品质不满的受访者占 62.7%，而中上水平生存质量人群反映睡眠品质普遍较好，占 84.1%，所以睡眠品质对生存质量影响更为直接，但容易被年轻人忽视。

4. 乐观的生活态度能够提升生存质量

根本没有或很少有乐趣的受访者的生存质量几乎全部集中在中下水平，占 97.3%，"极有乐趣"的受访者绝大多数集中在生存质量的中上水平，占 87.8%。类似情况也出现在精神支柱（生活的意义）、注意力、身材与相貌、自身满意度和消极感受等指标对

生存质量的影响上,说明乐观的生活态度会直接影响生存质量的水平。

5. "钱"和"性"并非影响生存质量的决定因素

社会安全保障、住房环境、获取新信息的机会、环境条件、医疗服务与社会保障及休闲娱乐活动的参与机会等都在较大程度上影响了生存质量的高低。有趣的是:经济来源与生存质量虽然大致呈正向相关,但处于中上水平生存质量的人群中,选择"钱根本不够用"或"很少够用"的占 6.76%,处在中下生存质量水平的人群却也有 12.3%选择"完全够用"。而由于中国传统文化的影响,或羞于正面表达,在中下水平生存质量人群中,虽然有69.6%的人在性生活选项上选择"既非满意也非不满意",但选择"很满意"的也有 14%。数据表明,经济来源和性会影响生存质量,但并非生存质量的决定因素,"钱和性都不是决定生存质量高低的唯一因素"。

6. 总结与讨论

通过 SPSS 多重响应频率和交叉分析可知,生理因素、心理因素、环境因素和社会关系因素与生存质量相关性较强,这和 CORREL 函数结果一致。数据表明,选择"一般"的选项往往代表了较差的心理感受:选择"一般""不好也不差"的受访者多数处于中下水平生存质量区间,远高于中上水平生存质量的人群比例。选择比"一般"高一个级别,潜意识中代表"良好"字眼的"比较""多数"等词的受访者多属中上水平生存质量人群。这也从另一个侧面反映出网络群体对自己的生存质量关注度、敏感度较低,对生存质量指标的真正内涵等并不太了解。

(四) 偏最小二乘法结构方程模型 (PLS-SEM) 分析

为进一步验证研究结论,需要集合潜在变量和显性变量,开展结构方程模型 (Structural Equation Modeling, PLS) 分析,发现要素间引力的强弱关系。

结构方程模型（PLS）20 世纪 70 年代由瑞典统计学家 Karl G. Joreskog 提出，引入潜变量并用于检验观测潜变量和其他变量之间的关系，被广泛运用于经济金融、心理及行为等研究领域。而其中偏最小二乘法结构方程模型（PLS-SEM）集多元线性回归法（MLR）和主成分回归法（PCR）于一体，用于处理高维度数据，无须剔除任何解释变量或样本点，具有简单稳健、易于定性解释、预测精度较高等优点，通常用于数据的探索性分析或处理多重共线资料，尤其适用于解释变量个数多、样本量少的案例，在生物信息学、药学、社会科学等研究领域得到广泛应用。[①]

1. 模型设定

利用结构方程模型来研究具体问题时，通常要在已掌握的先验信息的基础上，综合考虑具体环境的基础，表示出所分析问题的结构、潜变量的个数、指标的个数以及各变量之间的关系，作为进一步分析的依据。具体模型如下：[②]

（1）结构：

$$X_h = \pi_{h0} + \pi_h \xi_1 + v_h \qquad h = 1,2,3,4 \qquad (9-1)$$

$$Y_k = \pi_{k0} + \pi_k \xi_2 + v_k \qquad k = 1,2,3 \qquad (9-2)$$

式（9-1）中系数 π_h 称为指标 X_h 的载荷（Loading），相应地，式（9-2）中系数 π_k 为指标 Y_k 的载荷。v_h、v_k 为残差，π_{h0}、π_{k0} 为截距值。

上述结构在 PLS-SEM 算法中被假定满足以下关系：

①期望关系

$$E(X_h | \xi_1) = \pi_{h0} + \pi_h \xi_1$$

$$E(Y_k | \xi_2) = \pi_{k0} + \pi_k \xi_2$$

[①] 蒋红卫、夏结来：《偏最小二乘回归及其应用》，《医学争鸣》2003 年第 24 (3) 期。

[②] 何涛：《结构方程模型 PLS 算法研究》，天津大学硕士学位论文，2006。

②潜变量方差单位化

$$\mathrm{Var}(\xi_1) = 1$$
$$\mathrm{Var}(\xi_2) = 1$$

③非相关性

$$\mathrm{r}(v_h,\xi_1) = \mathrm{r}(v_h,\xi_2) = \mathrm{r}(v_k,\xi_1) = \mathrm{r}(v_k,\xi_1) = \mathrm{r}(v_h,v_k) = 0$$

（2）内部关系（Inner Relation）

$$\xi_2 = \beta_0 + \beta_1\xi_1 + \varepsilon$$

同样假定满足以下关系 $\mathrm{E}(\xi_2 \mid \xi_1) = \beta_0 + \beta_1\xi_1$

$$\mathrm{r}(\varepsilon,\xi_1) = 0$$

2. 变量建构维度

研究将影响人群生存质量的潜在变量分为生理因素、心理因素、环境因素、社会关系因素四个建构维度，具体如下。

（1）生理因素：目前的健康状况、注意力集中度、应对日常生活的精力、自我行动能力、睡眠情况满意度、食欲等。

（2）心理因素：生活乐趣评价、生活意义评价、自我外形评价、应对日常生活能力的满意度、自我工作能力满意度、自身满意度及有无消极感受等。

（3）环境因素：安全感、信息齐备程度、周边条件满意度、卫生保健方便程度等。

（4）社会关系因素：人际关系、朋友支持的满意度，性生活满意度等。

3. 聚合效度和区分效度检验

（1）聚合效度

研究基于 SmartPLS 3.0 软件开展，聚合效度（Convergent Validity）又称收敛效度，用于测量同一建构的多重指标彼此间的聚合或关联度，通过因子载荷（Factor-loading）、组合信度

（Composite Reliability）、平均提取方差值（Average Variance Extracted，AVE）来评估，结果见表 9-4。

表 9-4 聚合效度模型结果

建构维度	测量指标	因子载荷	CR	AVE
生理因素	PH1	0.722	0.872	0.532
	PH2	0.748		
	PH3	0.799		
	PH4	0.748		
	PH5	0.659		
	PH6	0.692		
心理因素	MH1	0.765	0.817	0.530
	MH2	0.774		
	MH3	0.653		
	MH4	0.776		
	MH5	0.683		
	MH6	0.804		
	MH7	-0.617		
环境因素	LE1	0.734	0.866	0.519
	LE2	0.731		
	LE3	0.731		
	LE4	0.707		
	LE5	0.719		
	LE6	0.699		
社会关系因素	SR1	0.827	0.825	0.613
	SR2	0.679		
	SR3	0.832		
生存质量	LQ1	0.844	0.847	0.650
	LQ2	0.756		
	LQ3	0.828		

数据表明，所有项目的因子载荷均超过推荐值0.6，[1] 组合信度（CR）值的范围为0.817~0.872，超过推荐值0.7，[2] 平均提取方差值AVE反映了由潜在变量构建的指标总体差异量都在0.53~0.65的范围内，超过推荐值0.5，说明各个潜在变量对新构建变量具有较强的相关性，有良好的聚合效度。

（2）区分效度

区分效度（Discriminant Validity）用于检测与预设的建构（Construct）不存在相关性的指标，通常通过比较建构维度和AVE平方根的相关性来检验，[3] 见表9-5。

表9-5 建构维度的区分效度

建构维度	(1)	(2)	(3)	(4)	(5)
(1) 心理因素	0.728				
(2) 生存质量	0.774	0.806			
(3) 环境因素	0.747	0.762	0.780		
(4) 生理因素	0.786	0.700	0.704	0.789	
(5) 社会关系因素	0.705	0.646	0.662	0.605	0.783

注：对角线的数值表示AVE的平方根，其他数值代表各维度的相关性。

如表9-5的SmartPLS 3.0软件输出结果所示，所有AVE的平方根都高于表中所在行的相关值，充分表明数值具有高区分效度。上述检验证明了本模型具备聚合效度和区分效度，适合开展结构方程模型研究。

---

[1] Chin, W. W., Gopal, A., & Salisbury, W. D. (1997). Advancing the Theory of Daptive Structuration: The Development of a Scale to Measure Faithfulness of Appropriation. *Information Systems Research*, 8, 342-367.

[2] Hair, J. F., Black, W. C., Babin, B. J., & Anderson, R. E. (2010). *Multivariate Data Analysis*. Upper Saddle River, N. J.: Prentice-Hall.

[3] Fornell, C., & Larcker, D. F. (1981). Evaluating Structural Equation Models with Unobservable Variables and Measurement Error. *Journal of Marketing Research*, 18, 39-50.

4. PLS-SEM 结构方程模型

为更直观地显示关联度，基于 SmartPLS 3.0 软件的 PLS-SEM 模型设计输出结果如下（见图 9-2）。

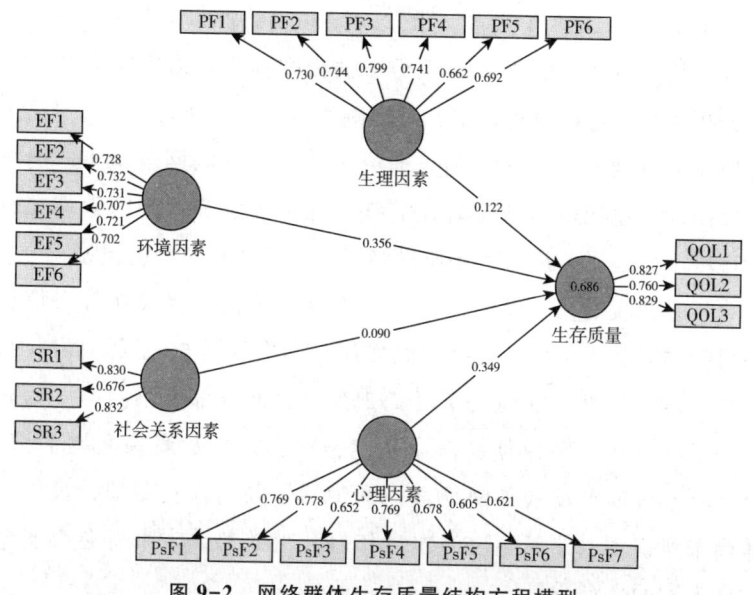

图 9-2 网络群体生存质量结构方程模型

已有研究认为，影响生存质量的最直接因素是生理因素而不是心理因素。[①] 但图 9-2 的结构方程模型表明：网络群体生存质量的最大影响因素是心理，其次是环境。说明随着物质生活的丰富，互联网信息的透明化和多元化，使网络群体更注重情感层面的感受和环境的舒适度，更注重个体幸福感。相比较而言，生理和社会关系对网络群体生存质量的影响要小得多，如前图 9-1 关键词预警云图所示，生理健康常常被网络群体所忽视；同时，互联网

---

① Zahra Mokhtari, Reza Ghanei Gheshlagh, Amanj Kurdi (2018). Health-related quality of life in Iranian patients with type 2 diabetes: An updated meta-analysis. Diabetes & Metabolic Syndrome: Clinical Research & Reviews 13 (2019) 402-407.

的信息多样性已经造成了人与人之间交往的淡薄，社会关系也不再受到重视，在诸要素中降到最低分值。可以预见，互联网的发展触动了传统社会关系的改变，甚至可能影响婚姻关系存续，形成一系列社会问题。

本节基于2018年八省（市）2400位网络群体生存质量横断面数据，构建皮尔逊积矩相关系数、词云图预警及多重响应频率交叉分析模型、结构方程模型，对影响占我国人口63.77%的网民生存质量关键要素进行了分析。研究表明，在互联网情境下，网络群体出现高血压等慢病年轻化趋势，保障因素和激励因素均在较大程度上影响了个体对生存质量的感受，但并非完全正相关。

不容忽视的是，互联网的高速发展，手机的普及在带来信息便捷的同时，也带来了很大的副作用。本次受调查的网络群体中，自我评定无健康问题的人仅占2.25%，大部分都有不同程度的病症，以高血压、高血糖、糖尿病、感冒、睡眠及肩颈问题居多，这在一定程度上反映了网络群体的生活习惯与饮食习惯，且该群体尚未意识到上述问题已经出现年轻化的趋势，未来将会影响全社会人群的生存质量。

综上，要全面提升网络群体的生存质量，使之向有品质的生活过渡，需要多方合作。

第一，全社会关于生存质量的观念需要改变，从以往不考虑互联网因素的公共健康视角，转移到信息化手段和大数据视角，高度重视健康宣教工作，充分发挥医院、疾控中心、行业协会等机构的宣教功能，提升宣教水平，提高群体生存质量。

第二，要以提升群体生存质量为核心目标，进一步完善公共服务体系，大力推广健康的生活习惯，合理规划保障机制，完善保障设施，特别是要高度关注睡眠不佳、高血压等慢性病的年轻化。从分析结果可见，虽然没有证据显示互联网对生存质量有显著影响，但积极的生活态度、完善的保障体系能够提升群体的生存质量。

第十章 "互联网+"与智慧医疗

第一节 蛛网模型视角下的糖尿病移动在线管理模式研究

以互联网为手段，能够强化慢病患者自我管理，使其改善生活习惯，提高医生、患者与第三方服务部门之间的协作，开展病情控制，控制整体医疗成本。

本章旨在从交叉学科角度，结合经济学、管理学和计算机科学，利用微观经济学中唯一的动态模型——蛛网模型，从慢病管理、"互联网+"医疗应用现状出发，分析互联网技术在糖尿病管理中的应用，探讨和诠释蛛网模型视角下的糖尿病移动在线管理模式。通过移动互联技术，优化糖尿病管理组织单元，实现"监测—评估—干预"闭环管理。通过探讨和研究数字医疗健康产业中周期性生产商品的价格波动等活动我们得出：可以建立预警系统和机制，有利于提高患者及其家属对糖尿病的认知水平，改善其遵医行为和自我管理能力。

一 移动医疗应用现状

自2013年国务院印发《关于促进健康服务业发展的若干意见》后，我国移动医疗应用全面进入新的发展阶段，较成熟的移动医疗App如表10-1所示。

表 10-1 移动医疗 App 应用模式

模式	核心功能	主要代表
互联网+医生	互联网与医疗结合最早模式，轻问诊，高效利用医生碎片化时间	春雨掌上医生、好大夫
互联网+卫生政务	提供卫生计生政务信息公开，为公众传播健康知识、解读政策、引导社会舆论等服务	全国卫生12320卫生政务微博、微信
互联网+卫生服务	基于微信公众号、支付宝服务窗平台等向用户提供就医服务	腾讯"挂号网"、微医平台、支付宝"未来医院"计划
互联网+医药电商	通过互联网站和App开展互联网药品销售（B2C）	天猫医药馆、阿里健康
互联网+远程医疗	实现医疗科研交流、高清协同医疗会诊、家庭医师培训工程	华为智真远程医疗解决方案、新加坡Softfoundry
互联网+卫生科研	收集和分析手机用户的健康数据，并且鼓励志愿者参与到医学研究中	苹果公司 Research Kit

二 糖尿病移动在线管理

（一）智能血糖仪的研究与应用

2014年，美国Well Doc公司研发的基于手机App和云端大数据收集的糖尿病自主管理平台，成为首个获得美国食品与药品管理局（FDA）批准，可帮助医生优化处方的手机应用。[①]

在我国，慢病管理App应用以糖尿病和高血压管理类最多，通

---

① 张田勘：《移动医疗能提供哪些服务?》，《中国科技奖励》2015年第4期。

过禅大师①平台，以"糖尿病"为关键词进行检索，在 App Store 上相关应用就有 729 种。在与糖尿病相关的 App Store 应用中，以排名第一的"掌控糖尿病"②为主要代表。掌控糖尿病将智能硬件与云端服务和 App（患者端+医生端）连接在一起，基于大数据和云服务等先进技术，通过移动互联技术把"家庭成员"拉进糖尿病管理的组织单元，可实现糖尿病的"监测—评估—干预"闭环管理。

（二）互联网对糖尿病管理模式的改变

大部分省份建立了区域性的居民健康信息系统和糖尿病管理子系统，基层医生对于信息化已有一定的理解和应用。③

1. 对单病种健康教育方法的改变

80%的 2 型糖尿病患者曾经接受过健康教育，但总体血糖控制情况仍欠佳，④而血糖管理 App、微信有利于提高患者对有关糖尿病的病因、症状、危险性及并发症的认知水平。

2. 对糖尿病管理"自我血糖监测"工具的改变

以往糖尿病患者要测血糖需要到医疗卫生机构才能完成，血糖连续监测存在一定的困难。血糖管理 App 或微信能及时接收患者数据，并能够形成监测曲线图，及时反映血糖变化情况。

3. 对患者饮食、运动等生活习方式的改变

专业 App（如乐动力、苹果健康、QQ 健康中心等）与血糖管理 App 数据对接后，医生可跟踪患者的日常饮食、运动情况，及时干预和调整患者的饮食、运动计划。

---

① 蝉大师平台的移动应用市场数据覆盖 iOS 和 Android，是市场上唯一能够跟踪中国苹果和安卓市场表现的应用大数据平台。
② 掌控糖尿病 App 由中国医疗专家联合荷兰 VitalHealth（由成立 150 年的国际领先医学中心梅奥诊所创办）为中国用户研发。
③ 吴东红、马晶、程瑶等：《血糖信息化管理系统在院外糖尿病患者血糖管理中的应用研究》，《医疗卫生装备》2017 年第 38（6）期。
④ 袁丽、熊真真：《我国糖尿病患者教育与管理的现状及展望》，《中国糖尿病杂志》2012 年第 4（2）期。

4. 对遵医用药行为的改变

互联网使医院信息系统（Hospital Information System）与血糖管理 App 数据对接成为可能，糖尿病 App 可依据医嘱形成用药跟踪计划，及时提醒患者遵医用药并形成互动。

三　蛛网模型视角下的糖尿病移动在线管理模式

互联网仅有 20 年的发展历史，有关医疗的移动应用 App 诞生更是不到 5 年，新的技术领域导致理论研究比较薄弱，缺乏对应支撑，使应用领域带有一定程度的盲目性，试错成本较高。稀缺与效率，一直是市场经济运行的双重主题，物品和资源要被有效利用，医疗移动应用 App 亦如此。保罗·萨缪尔森（Paul A Samuelson）在其专著中讨论了供需移动对均衡的影响，认为"均衡"是经济学中最难以掌握的概念之一。[①]

基于此，本章尝试从交叉学科角度，结合经济学、管理学和计算机科学，运用微观经济学中唯一的动态模型——蛛网模型，来诠释利用移动设备的糖尿病在线管理模式。

（一）蛛网模型（Cobweb Model）

微观经济学认为，如果供给量和价格的均衡被打破，经过竞争，均衡状态会自动恢复。基于蛛网模型的动态均衡分析理论却证明，市场经济静态下完全竞争的假设，会导致均衡一旦被打破，系统并不一定自动恢复均衡。[②] 基于三个假设条件（完全竞争市场、价格与供给量正相关、不是耐用商品）绘制蛛网模型，曲线 D 为需求曲线，S 为供给曲线，E 为均衡点，孟大生（2001）在对弹性理论和蛛网理论两种理论的比较中，将蛛网模型分为以下三种（见图 10-1）。

[①] 保罗·萨缪尔森、威廉·诺德豪斯：《经济学》（中文本　典藏版），商务印书馆，2014，第 39~54 页。

[②] 高鸿业：《西方经济学》（第六版），中国人民大学出版社，2014，第 60~67 页。

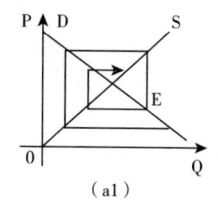

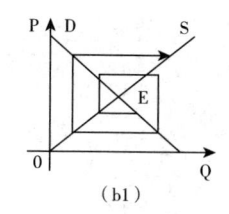

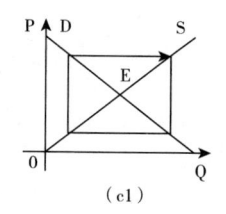

图 10-1 蛛网模型

①收敛型蛛网（a1）：供给弹性小于需求弹性为"蛛网稳定条件"，蛛网向内收缩，这是产业经济的理想状况。

②发散型蛛网（b1）：供给弹性大于需求弹性为"蛛网不稳定条件"，蛛网向外发散。这种情况意味着产量可以无限供给，价格可以无限提高。

③封闭型蛛网（c1）：供给弹性与需求弹性相等情况下，蛛网为封闭型。

（二）糖尿病移动在线管理的蛛网模型

"蛛网模型"解释了生产周期较长商品的产量和价格的波动情况，以互联网环境下的智能血糖仪为例进行模拟，绘制蛛网模型，可确定各节点间的关系（见图 10-2），其假设前提如下。

①完全竞争的虚拟环境：每个糖尿病患者都认为血糖监测行为会继续下去，计划变更不会影响血糖变化；从血糖监测开始，到血糖保持稳定需要一定的时间，而且在这段时间内血糖一般不会出现突变。

②智能血糖仪的价格由糖尿病患者使用的总量决定，价格有可能被使用者习惯影响。

③匹配智能血糖仪的血糖试纸及采血针不是耐用商品。

图中 D 为需求曲线，S 为供给曲线，Q_0 和 P_0 代表均衡供给量和价格；Q_1 和 P_1 代表本期的供给量和价格；Q_2 和 P_2 代表下期的供给量和价格。

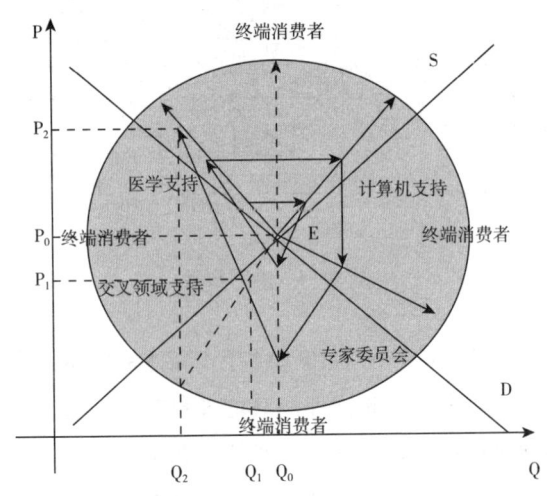

图 10-2 动态非均衡条件下的智能血糖仪蛛网模型

根据弹性原理，智能血糖仪产量和价格的波动也会出现前文所述的三种类型，在市场的自发调节机制下，三种蛛网模型在一定时期内是相互交错出现的。收敛型蛛网即为稳定的均衡状态，而封闭型蛛网模型则体现了完全不受干扰的状态，由于有经验的业者会逐步修正自己的位置，在一定时间段上市场会出现稳定的局面。

但是，个人使用习惯、政府法令要求、社会福利体系和制度的变化、法律赋权中关于个人隐私权的保护等因素，都有可能导致智能血糖仪相关要素出现波动，使市场呈现动态非均衡的发散型特征。由此可见，在智能血糖仪服务的糖尿病自主管理实践中，发散型蛛网模型较为典型，但同时呈现逐步内敛的收敛型蛛网特征。

蛛网模型刻画了供求波动，引入了时间要素，考察了属于不同时期的需求量、供给量和价格之间的相互作用，同时引入了计算机科学、管理学等相关学科的内容。开展基于蛛网模型的糖尿病移动在线管理模式研究，探讨数字医疗健康产业中周期性生产商品的价格波动等活动，可以帮助建立预警系统和机制，有利于提高糖尿病患者及其家属对糖尿病的认知水平，改善其遵医行为，增强其自我管理能力,从而提高糖尿病患者的遵医率,对于医市机构及时跟踪干预管理具有重要意义。

第二节 移动互联网活跃人群糖尿病危险因素认知分析

本次调查通过移动手机端发放网络问卷,调查移动互联网活跃人群对糖尿病危险因素的认知情况。为保证样本数的单一性,我们进行了独立 IP 采样,总采样数为 300 人,其中男性 152 人,女性 148 人。调查表明,使用安卓系统的有 179 人,使用苹果系统的有 115 人,使用 windows 系统的有 6 人,98% 为移动终端用户。调查结果能够满足研究需要。基础信息如下:受访人群中,18~45 岁的占比为 79.67%,接近 80%,与互联网活跃人群年龄特征相符合。在受教育程度上,大专及以上文化程度的占 84.67%,绝大部分为高知人群。职业分布如图 10-3 所示,受访者分散在不同的领域。

受访人群亲属中患糖尿病的有 36%,大部分人对患糖尿病亲属的情况并不太了解,说明他们对糖尿病相关管理的认知较为薄弱。

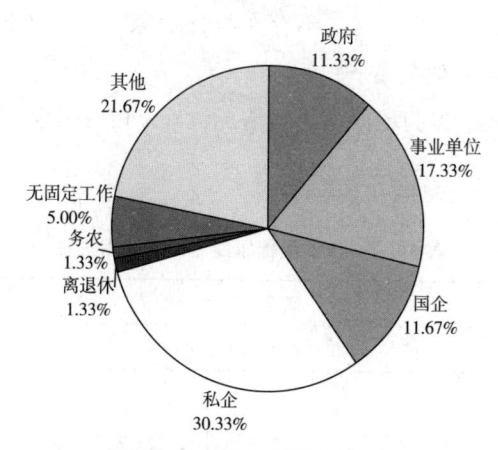

图 10-3 受访人群职业分布

一 皮尔逊积矩相关系数分析

皮尔逊积矩相关系数（Pearson Product-moment Correlation coefficient, PPMCC 或 PCCs）是由统计学家卡尔·皮尔逊设计的统计指标，用于研究变量之间的线性相关程度，度量两个变量 X 和 Y 之间的相关性（线性相关），值介于 -1 与 1 之间，一般用字母 r 表示。① 公式为：

$$r(X,Y) = \frac{Cov(X,Y)}{\sqrt{Var[X]Var[Y]}}$$

其中，$Cov(X,Y)$ 为 X 与 Y 的协方差，$Var[X]$ 为 X 的方差，$Var[Y]$ 为 Y 的方差。

$\rho xy = r(x,y)$ 是一个可以表征 X 和 Y 之间线性关系紧密程度的量，性质为：

（1）$|\rho XY| \leqslant 1$

（2）$|\rho XY| = 1$ 的充要条件是，存在常数 a，b，使 $P\{Y=a+bX\}=1$

皮尔逊积矩相关系数描述 X、Y 之间的相关程度，X、Y 存在线性关系，$|\rho XY|$ 体现了 X、Y 之间线性关系的紧密程度，当 $|\rho XY|$ 较大时，X、Y 相关性较好；当 $|\rho XY|$ 较小时，X、Y 相关性较差；当 X、Y 不相关时，不存在线性关系，但并不能排除 X、Y 之间可能存在其他关系。②

本研究中，X 为糖尿病患病情况，Y 为相关因素，分析结果见表 10-2。

表 10-2 与变量糖尿病（X）的相关性

序号	变量（Y）	r 值
1	高血糖史	0.76

---

① 吴传生：《经济数学，概率论与数理统计》，高等教育出版社，2015。
② 吴传生：《经济数学，概率论与数理统计》，高等教育出版社，2015。

续表

序号	变量（Y）	r 值
2	甜食	0.20
3	吸烟	0.18
4	受教育程度	0.18
5	经常进行体力活动	0.10
6	亲属糖尿病史	0.08
7	高脂食品	0.07
8	体重	0.06
9	运动量	0.01
10	睡觉时间	0.01
11	睡眠质量	0.01
12	绿色蔬菜	0.01
13	感觉紧张	0.01
14	工作单位	0.01
15	肉类食品	-0.02
16	性别	-0.03
17	饮酒	-0.03
18	口味	-0.05
19	重大影响事件	-0.05
20	身高	-0.06
21	常住地	-0.09
22	个人月收入	-0.11
23	浓茶	-0.12
24	年龄	-0.32

注：以上数值通过 CORREL 函数测算。

CORREL 函数的结果在 -1 和 1 之间，当结果为正数时，表示两个变量正相关，结果为负数时，表示两个变量负相关，如果为 0，则表示两个变量不为线性关系，有可能两者不相关，也有可能两者有更加复杂的关系。相关性的强弱大致可以按照如下标准来进行判定：0.8~1.0（含0.8）表示极强相关，0.6~0.8（含0.6，不含0.8）表示强相关，0.4~0.6（含0.4，不含0.6）表示中等程度相关，0.2~0.4（含0.2，不含0.4）表示弱相关，0.0~0.2（不含0.2）表示极弱相关或无相关。

数据表明，24个与糖尿病管理密切相关的指标在本环境下测试均有相关性，特别是高血糖指标，呈现为高度相关。虽然其余部分相关性不明显，但是由于本抽样对象为移动互联网活跃人群，并非糖尿病患者，CORREL函数的分析结论从一个侧面反映了遗传、环境（饮食习惯、运动量、吸烟、酗酒、环境变化等）因素与糖尿病存在相关性。

二 SPSS-多重响应-频率和交叉表分析

为进一步了解移动互联网活跃人群对糖尿病危险因素的认知程度，[①] 本部分以SPSS-多重响应-频率和交叉分析为研究工具，将数据分为两组进行交叉对照分析，第一组有高血糖史或患有糖尿病（以下简称"患者"，共21人）；第二组既没有高血糖史也不患有糖尿病（以下简称"普通人群"，279人）。SPSS-多重响应-频率和交叉表的数据表明：在有其他不适症状的情况下，不管有否糖尿病，经常感到疲乏、劳累的人偏多，有79人次，同时，患者有不适症状的比例高于普通人群；患有其他慢性病的人，一般是同时患有高血压和冠心病；受调查人群无论是否患者，感觉紧张的比例均超过70%，从另一侧面反映生活压力普遍较大；患者经常进行体力活动的人数比例高于普通人群近10个百分点，说明在得知自己患病后，患者会自觉增加运动量，提高身体素质；患者吸烟人数的比例大大高于普通人群，超过近24个百分点，说明吸烟可能是导致糖尿病和高血糖的高危因素；患者中每周喝酒人

---

① 林中燕、宋李斌、郑大川等：《蛛网模型视角下的糖尿病移动在线管理模式研究》，《中国数字医学》2018年第13（1）期。

数的比例超过60%，接近普通人群，说明饮酒可能是导致糖尿病和高血糖的高危因素；患者中100%没有好的饮食习惯，普通人群中，有好的饮食习惯的人数占总人数的比例也只有2.9%，说明互联网活跃人群普遍没有良好的饮食习惯；患者中不经常吃甜食的人数的比例为81%，大大高于普通人群的42.4%，说明在得知自己患有糖尿病后，人们可能会控制自己吃甜食的欲望；患者不经常吃高脂食品的比例大大高于普通人群，说明在人们得知自己患有糖尿病后，会控制自己吃高脂食品的欲望；对肉类食用情况的调查表明，患者与普通人群的肉食比例比较接近，说明肉类可能不是导致糖尿病的高危因素；在经常食用绿色蔬菜方面，患者与普通人群差距不大，说明人们普遍认识到食用绿色蔬菜对健康有好处；患者每周饮浓茶的人数比例高于普通人群近17个百分点，说明人们认为饮茶对身体有好处，在得知自己患有糖尿病后，人们可能会增加饮浓茶次数；患者中口味较重者比例高于普通人群，说明糖尿病可能引发味觉的退化或重盐是导致糖尿病的高危因素之一。

由数据分析可知，除遗传因素外，糖尿病危险因素与生活习惯、饮食习惯密切相关。调查结果表明，糖尿病患者对糖尿病虽然有一定的认知但仍然存在误区。[①] 患者在得知患病后，会注意运动，同时在吃甜食、高脂食品、肉食等方面会有所控制，说明患者对糖尿病危险因素有一定的认知。但是他们在抽烟、喝酒、饮浓茶、重口味等方面并没有改进，反而抽烟、喝酒人数偏多，饮浓茶次数增加，口味偏重。可能大多数患者认为饮浓茶有益于健康，其实不然，糖尿病患者应控制饮用浓茶的次数。由于常年生活习惯，饮食口味不易改变，但还是要尽量控制，多吃清淡食物。建议人们保持充足的睡眠，每天放松心情，少喝酒，不抽烟，多

---

① 孙子林、李红、李凯利等：《基层糖尿病微血管病变筛查与防治专家共识》，《中国医学前沿杂志》（电子版）2018年第10（2）期。

运动，合理搭配饮食，多吃绿色蔬菜，控制吃甜食、吃高脂食品和喝浓茶的次数。

不容忽视的是，手机的普及和互联网的提速，带来了信息的便捷，但同时带来了副作用，在本次受调查的移动互联网活跃非患者人群中，有良好生活习惯的人仅占3.2%，有良好饮食习惯的人仅占2.7%，说明人们在生活习惯与饮食习惯方面都很随意，并不注重良好生活习惯和饮食习惯的养成，且未意识到这些都是糖尿病的危险致病因素。由此，对糖尿病的防控，应充分考虑移动互联网的高速发展，对移动互联网活跃人群给予高度关注，注重在手机端推广健康的生活习惯和良好的饮食习惯。

第三部分
"互联网+"区域合作与人才培养

第十一章 "互联网+"闽台区域合作

第一节 ECFA 框架下的两岸服务业创新研究

在全球经济一体化背景下,两岸经贸关系日益融合。本章针对现代服务业特征,结合《海峡两岸经济合作框架协议》(ECFA)中有关服务贸易的节点,以现代服务业内涵和特征为出发点,分析两岸服务业现状,探讨 ECFA 框架下的两岸服务业创新路径。

随着两岸经济文化交流日益频繁,《海峡两岸经济合作框架协议》(Economic Cooperation Framework Agreement,以下简称"ECFA")于 2010 年 6 月签署,开启了两岸经贸合作的历史新阶段。自 2011 年 1 月 1 日起,货物贸易与服务贸易早期收获计划开始生效。[①] ECFA 对两岸服务业的影响将因其特殊发展环境,成为服务创新研究领域的经典案例。

一 ECFA 对两岸发展现代服务业的意义

2009 年之前,两岸投资贸易合作呈现单向状态,2009 年之后,台湾放开了部分领域,允许大陆资金投资台湾。2009 年 1 月,南

---

① 《福建发挥 ECFA 优惠政策促进两岸经贸发展》,中国新闻网,http://www.chinanews.com/tw/2011/03-16/2909328.shtml,2011 年 3 月 16 日。

方航空公司台湾办事处正式挂牌,成为第一家获批在台湾设立办事机构、第一家完成营业场所选定、第一家完成台湾本土员工招募的大陆企业。① 自此之后,台湾对大陆企业投资陆续开放,延伸至三大产业、大多数行业,从零售业、餐饮业到汽车和个人电脑制造业,② 所开放的领域大多为服务业以及与服务业关联较大的制造业。截至2018年底,两岸贸易往来再创历史新高,全年贸易额为2262亿美元,同比增长13.2%。③

ECFA中,服务贸易是非常重要的组成部分,但是当前对于ECFA的研究多立足于产品、技术领域。随着两岸服务贸易力度加大,新问题、新现象的出现成为必然,很有必要针对两岸现代服务业创新展开研究。ECFA对两岸发展现代服务业具有如下意义。

一是解决大陆服务业升级换代问题。随着台湾岛内社会生态变化和产业向外转移,管理资源出现闲置,2010年台湾地区的平均失业率为5.21%,为历年第二高。④ 而大陆服务业升级优化面临人才短缺、管理资源缺乏等问题,特别需要台湾服务业优质管理资源的输出。

二是协助解决台湾服务业日益萎缩的问题。"十一五"时期,我国在经济总量稳步增长的同时,人均创造价值水平也在不断提高,自2010年中国超过日本成为仅次于美国的世界第二大经济体以来,人均GDP(2018年)达到64644元人民币(约9800美元),⑤ 发展享受型消费比重持续上升,标志着我国现代服务业将进入井喷阶段,现代服务业发展潜力巨大,对于台湾服务业的市场转移能够起到扶持作用。据不完全统计,一旦ECFA顺利施行,

---

① 《南航台湾办事处正式成立》,新浪航空,http://www.sina.com.cn,2009年1月15日。
② 《台湾正式开放大陆企业投资》,网易,http://news.163.com/09/0720/23/5EN0QA820001124J.html,2009年7月20日。
③ 国台办新闻发布会,http://www.gwytb.gov.cn/xwfbh/201901/t20190116_12132608.htm。
④ 《台湾失业率连续16个月下降 2011年目标4.9%以下》,世华财讯,http://content.caixun.com/NE/02/em/NE02emhd.shtm,2011年1月26日。
⑤ 《2018年国民经济和社会发展统计公报》,国家统计局,2019年5月24日。

至少将有2.27万家台湾中小企业获益于"早期收获"条款,并且这些企业还有望新增42.6万人的用工需求。①

三是有助于业者对当前两岸服务业融合的运营方法和体系进行反思,创新两岸现代服务业发展途径,寻找两岸服务贸易的最佳途径。

因此,开展立足于ECFA框架下的两岸现代服务业创新研究,对深化两岸服务贸易内涵,提升两岸现代服务业互补性,推动两岸经济发展,具有实际意义。

二 ECFA与两岸服务业研究现状

20世纪末期以来,世界主要发达国家产业结构呈现出由"工业型经济"向"服务型经济"转变、第三产业在GDP中所占比重提高的趋势;而现代服务业在第三产业快速发展中发挥着重大作用。1997年9月党的十五大报告中首次提出"现代服务业"的概念;2007年,国务院下发《关于加快发展服务业的若干意见》,对服务业的创新研究成为现代服务业发展的必然方向。2012年,国务院常务会议提出将发展服务业作为我国产业结构优化升级的战略重点,②同年,科技部印发《现代服务业科技发展"十二五"专项规划》。2013年,李克强总理在第二届京交会暨全球服务论坛北京峰会上发表了"把服务业打造成经济社会可持续发展的新引擎"的主旨演讲。③ 2016年底,国务院签署编制的《"十三五"国家战略性新兴产业发展规划》指出,要把战略性新兴行业摆在经济社会发展更加突出的位置,建设制造强国,发展现代服务业,推动产业迈向中高端,支撑全面建成小康社会。④

---

① 蔡亮:《ECFA:关键在执行》,《观察与思考》2010年第10期,第45页。
② 《国务院常务会议研究加快发展服务业》,中华人民共和国中央人民政府,http://www.gov.cn/ldhd/2012-09/26/content_2233554.htm,2012年9月26日。
③ 《把服务业打造成经济社会可持续发展的新引擎》,中华人民共和国中央人民政府,http://www.gov.cn/guowuyuan/2013-06/01/content_2591010.htm,2013年5月30日。
④ 国务院印发《"十三五"国家战略性新兴产业发展规划》,新华网,2016年12月19日。

(一) 服务业创新的研究

国内外学术界对服务业创新研究开展得较晚,目前研究成果不多。在学科名称上,有"服务科学"和"现代服务学"之分,内涵上略有差别:"服务科学"偏于计算机科学、运筹学等学科;"现代服务学"偏于管理、信息化等学科;但二者都立足于服务业创新。主要研究成果如下。

2005年,IBM建立服务科学SSME学科(Services Sciences, Management, and Engineering),并发表了"Service Science: A Bew Academic Discipline"等文章,介绍了现代服务科学的概念界定、服务科学研究的内容和方法。[①] Bill Hefley等研究了服务科学和管理、工程学科间的关系;[②] Ching M. Chang系统研究了服务要素以及行业和企业、服务系统工程等领域的具体运作;[③] Bernd Stauss则以国际上对服务科学的现状、机会和局限性的讨论为基础,对服务科学相关概念展开了探讨。[④]

国内学者中,李琪研究了现代服务学基本原理、服务业发展的基本规律、现代服务的共性技术与共性服务等。[⑤] 刘爱珍对服务及其产业的概念界定、不同分类、市场特征、质量监测、运营机理等展开了研究;[⑥] 高新民等深入分析了现代服务业的概念、内涵、分类体系和理论基础,归纳总结了当前全球现代服务业发展

[①] IBM Research, Services Definition, http://www.research.ibm.com/ssme/services.shtml, 2007.6.1.
[②] Bill Hefley, William E. Hefley, Wendy Murphy, Service Science, Management and Engineering: Education for the 21st Century, Springer Science + Business Media, 2008.
[③] Ching M. Chang, *Service Systems Management and Engineering: Creating Strategic Differentiation and Operational Excellence*, John Wiley & Sons Inc, 2010.
[④] 〔德〕Bernd Stauss等编《服务科学:基础、挑战和未来发展》,吴健、李莹、邓水光译,浙江大学出版社,2010。
[⑤] 李琪:《现代服务学导论》,机械工业出版社,2008。
[⑥] 刘爱珍:《现代服务学概论》,上海财经大学出版社,2008。

的趋势并提出了对策。① 孙海鸣对现代服务业进行了系统性的产业组织研究。② 张润彤等介绍了服务科学的整体框架及其涵盖的主要内容。③ 王树良在分析服务科学起源的基础上，研究了服务业务流程、服务工程、服务管理和 IT 服务管理等内容。④

（二）ECFA 研究文献综述

对于 ECFA 的研究从 2009 年开始至今，在百度学术上以"ECFA"作为关键词开展检索，集中在北大核心期刊上的文章有 236 条结果，其中大部分是描述性的报道或分析文章，就 ECFA 框架下两岸现代服务业创新展开的学术研究比较少。其中，较具代表性的学术观点如下。

辜胜阻等认为，ECFA 实施后，更多台湾服务业将进入大陆市场，两岸应启动以物流业、金融业等现代服务业为主的先行合作，推进区域经济一体化。⑤ 盛九元认为，两岸经济合作的过程是要素有效整合的过程，也是产业及相关资源重新配置的过程，其间必然存在产业调整与替代的现象，局部区域、相关产业、部分阶层可能收益较多，而另一些则收益较少甚至受到损害，需要尽快建立合理的损害补偿和利益公平分配机制。⑥ 王勇探讨了 ECFA 下两岸在新兴产业领域（太阳能光伏、LED、高端信息技术及现代服务业等）的投资合作成效与提升路径。⑦ 赖明勇基于近年来两岸农产品生产与贸易的相关数据，就 ECFA 对两岸农产品生产和贸易

---

① 高新民、安筱鹏：《现代服务业：特征、趋势和策略》，浙江大学出版社，2010。
② 孙海鸣：《现代服务业产业组织研究》，上海财经大学出版社，2007。
③ 张润彤、朱晓敏：《服务科学概论》，电子工业出版社，2009。
④ 王树良：《服务科学导论》，武汉大学出版社，2009。
⑤ 辜胜阻、杨威、李洪斌、易善策：《ECFA 新机遇下提升两岸竞争力的战略思考》，《综合竞争力》2010 年第 5 期。
⑥ 盛九元：《ECFA：两岸关系发展的新起点》，《社会观察》2010 年第 10 期。
⑦ 王勇：《ECFA 下两岸新兴产业投资合作成效与提升路径探讨》，《国际经济合作》2016 年第 2 期。

的影响大小进行了模拟分析，结果表明：由于两岸农产品在产品品质与上市时间等方面存在较大差异，实施ECFA对大陆和台湾农产品生产的冲击都非常有限；ECFA的实施将极大地推动两岸农产品贸易。① 同时其也用相似的实证方法分析了ECFA对两岸纺织品生产和贸易的影响。苑春强等认为，在中国—东盟自由贸易区的促动下，ECFA的成功签署推动了东亚区域的经济整合进程，两岸应优势互补，共同参与区域合作与竞争。② 叶耀明等以ECFA特色为研究基础，以该协议为两岸经贸带来的变化及发展契机为研究重点，就ECFA对于两岸的贸易平衡、投资发展及金融合作所产生的影响进行分析，提出了两岸金融合作的路径建议。③

后期探讨ECFA对两岸经济金融贸易的研究，主要从实证角度分析ECFA对两岸经济的影响效果，④ ECFA对台湾地区及大陆地区经济的影响，⑤⑥ ECFA对两岸经贸合作的影响和前景，如何加快两岸的贸易自由化，⑦⑧ 以及两岸金融整合的路径等。⑨ 从2015年开始，在ECFA框架下研究两岸经贸关系集中在对两岸贸易及汇

---

① 向洪金、赖明勇：《建立ECFA对海峡两岸农产品生产与贸易的影响——基于局部均衡COMPAS模型的研究》，《国际经贸探索》2011年第1期。
② 苑春强、张茂荣：《中国—东盟自由贸易区的进展、问题及其与ECFA的互动》，《亚太经济》2011年第1期。
③ 叶耀明、曲伟玮：《ECFA与海峡两岸金融合作新变化》，《上海金融》2011年第6期。
④ 蒋含明、李非：《ECFA对两岸经济的影响效果评估——基于GTAP模型的模拟分析》，《国际贸易问题》2012年第8期。
⑤ 谢志忠、林天时：《海峡两岸经济合作协议对台湾地区经济之影响》，《财经科学》2012年第5期。
⑥ 钟昌元、陶欣：《海峡两岸ECFA对大陆经济的影响研究》，《商业经济研究》2013年第2期。
⑦ 刘雪琴、白光裕：《ECFA对两岸经贸合作的影响和前景》，《国际经济合作》2013年第1期。
⑧ 霍伟东、石力：《全面加快海峡两岸服务贸易自由化进程研究》，《山东社会科学》2014年第1期。
⑨ 戴淑庚、姚峰、张莉莉：《海峡两岸金融整合路径选择与战略构想》，《商业研究》2012年第5期。

率影响的实证研究、①② 贸易结构演化、③ 贸易竞争力④及贸易条件研究⑤⑥等方面。除了研究 ECFA 对两岸的区域一体化、经贸金融、产业等的影响，也有部分学者转向在 ECFA 框架下研究两岸文化创意产业、⑦ ECFA 时代的台湾电影类型研究⑧等。

综合来看，从签订 ECFA 协议以来，学者对其研究涉及领域相对广泛，理论与实证相结合，以分析经济、贸易、金融为主，以制度、产业、文化等为辅。本章在综合上述特点后，拟从现代服务学基本原理出发，结合经济学、管理学、电子商务、统计学等学科，开展比较研究，加强对两岸服务业创新经验和实践层面的探讨。

三 ECFA 框架下的两岸服务业创新

（一）研究前提

ECFA 作为较全面完整的区域合作协议，符合当前区域经济一体化发展的大方向。但由于某些不确定性因素，ECFA 对未来两岸经济整合的影响将会是一个循序渐进的长期过程。特殊的历史文化背景导致两岸的现代服务业与原有体系中的服务贸易或现代服务业的发展特征将会有所不同，已有研究结论和观点是否适用，

---

① 胡文骏：《后 ECFA 时代两岸金融与两岸贸易、投资的关系——基于 VAR-VEC 模型的实证分析》，《台湾研究集刊》2015 年第 2 期。
② 胡文骏、许焕天：《两岸汇率对两岸贸易的影响——后 ECFA 时代的 SVAR 分析》，《台湾研究集刊》2017 年第 1 期。
③ 郑思宁、黄祖辉、郑逸芳：《海峡两岸水产品贸易结构演化特征：1995－2013 年》，《台湾研究集刊》2015 年第 3 期。
④ 韩晶玉：《海峡两岸服务贸易的国际竞争力分析》，《商业经济研究》2015 年第 2 期。
⑤ 谢国娥、鲁加荣：《海峡两岸农产品贸易条件研究》，《国际经济合作》2015 年第 1 期。
⑥ 李杨、张东阳、章集香：《两岸环境产品贸易强度与互补研究》，《东南学术》2016 年第 4 期。
⑦ 林秀琴：《两岸文化创意产业合作：趋势、共识与思路》，《东岳论丛》2014 年第 35（12）期。
⑧ 孙慰川、王帅：《论 ECFA 时代的台湾喜剧电影》，《电影艺术》2017 年第 2 期。

尚待实践验证和理论支持。

(二) 现代服务业内涵和特征分析

Adam Smith 于 1776 年就提出对服务业的看法，认为服务业对经济发展而言并不重要。① 但是，就目前状况来看，全球服务业占 GDP 比重已经超过 60%，发达国家超过 70%，而我国服务业占 GDP 的比重截至 2018 年底达到 52.2%，与发达国家仍有差距。主要存在以下问题：产业结构仍以传统服务业为主，现代服务业所占比重偏低；要素投入中对劳动力要素重视度不足，服务业就业劳动力占就业劳动力的比重低于大多数发展中国家水平，缺少现代科技支持与应用；区域发展不平衡、城乡差别较大；关于现代服务业的法律法规不健全，市场规范化程度较低。②

1. 现代服务业基本内涵

现代服务业主要指基于信息技术、依托现代经济与管理体系发展起来的、信息和知识相对密集的服务业。既包括新兴服务业，也包括对传统服务业的技术改造和升级，其本质是实现服务业的现代化。③

现代服务业主要领域如图 11-1 所示。④

2. 现代服务业显著特征

现代服务业承担着知识生产与提供的功能，具有区别于其他产业集群的显著特征。⑤

(1) 集聚知识并为其他产业提供技术服务——现代科技和新

---

① 黄鸿程（台）：《服务业关键成功因素：实践取向的实证研究》，秀威资讯，2006，第 28 页。
② 张琳杰：《电子商务环境下我国现代服务业发展策略研究》，《商场现代化》2009 年第 2 期。
③ 徐旭：《现代服务业理论分析框架初探》，《生产力研究》2010 年第 1 期。
④ 科学技术部专题研究组：《我国区域自主创新调研报告》，科学出版社，2006，第 22 页。
⑤ 吉庆华：《现代服务业集群特征及发展策略》，《云南民族大学学报》2010 年第 9 期。

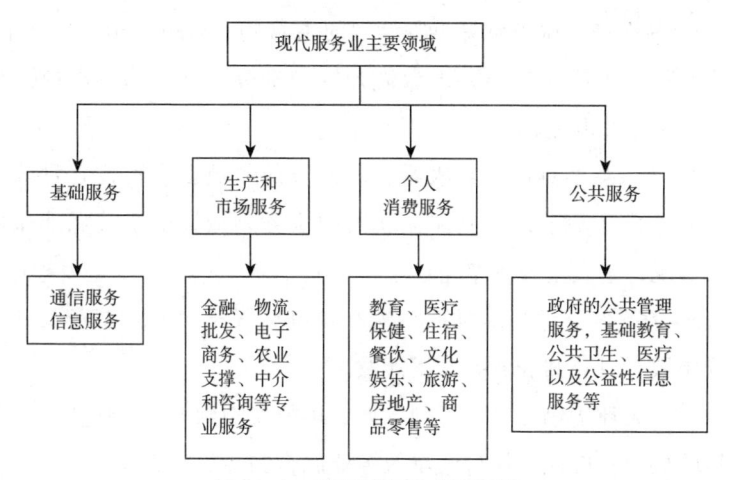

```
                    现代服务业主要领域
        ┌──────────┬──────────┬──────────┐
     基础服务   生产和      个人       公共服务
               市场服务    消费服务
        │          │          │          │
     通信服务   金融、物流、  教育、医疗   政府的公共管理
     信息服务   批发、电子   保健、住宿   服务，基础教育、
               商务、农业   餐饮、文化   公共卫生、医疗
               支撑、中介   娱乐、旅游   以及公益性信息
               和咨询等专   房地产、商   服务等
               业服务      品零售等
```

图 11-1　现代服务业主要领域

管理技术被广泛运用于服务业，并获得高于制造业的扩散速度和效应。

（2）知识创新机制——通过现代服务企业之间的分工协作，达成知识转移，再经由其成员企业的模仿而提高整个服务业集群的竞争力。

（3）衍生效应——吸引集群外企业加入，如生态学中的种群，规模越大就越能够吸引更多的企业加入；同时，催生出服务业衍生公司。

（4）集聚效应——为集群内企业提供其所需外部资源，促进资源共享、技术扩散、信息流动、横向联系、纵向支持与相互学习。

（三）ECFA 早收计划（Early Harvest）

服务贸易早收计划被列于 ECFA 第四章第八条："服务贸易早期收获：为加速实现本协议目标，双方同意对附件四所列服务贸易部门实施早期收获计划，早期收获计划应于本协议生效后尽速实施。"

通过对早收计划相关条款的分析可得出如下结论。

1. 两岸关于服务贸易早收计划的条款并不对等。相比较之下，大陆开放的区域和空间大于台湾开放的部分，且台湾对岛内开放领域做了细化和限制。

2. 从条款的具体内容来看，所涉及的领域多为科技含量较低的服务领域（基于计算机和互联网的服务领域，由于其标准化协议的实现，事实上技术壁垒已经很低）。

3. 条款偏重于基础服务、生产和市场服务、个人消费服务的部分领域，对公共服务基本不涉及。

考虑大环境仍然存在不确定性，可能影响到 ECFA 框架下服务贸易的成效，因此，探讨两岸服务业融合路径极有必要。

（四）两岸服务业创新路径

当前，我国经济协调发展，沿海形成了良好布局，以与台湾地区一水相隔的福建为主体的"海峡西岸经济区"，北承长江三角洲，南接珠江三角洲，作为沿海经济带的重要组成部分，在全国区域经济发展布局中处于重要位置，彰显了对台交往的独特优势。台商投资大陆的主要区域是沿海地带，并以海峡东岸省市（上海、江苏、浙江、广东、福建）为主。虽然 ECFA 实施之后由于相互开放市场，可能会加大内部市场的竞争程度，对部分产业可能会造成一定的冲击，①但台湾经济和大陆经济的互补性以及两者在区位上的优势是推动两岸经济合作的基础，两岸经济有错位发展、分工协作的现实需要。②

1. 优化祖国大陆投资环境

优化大陆投资环境是落实 ECFA 服务贸易早收计划的重要保

---

① 伍庆、欧江波：《后 ECFA 时期利用台资的机遇与对策——以广东为例》，《开放导报》2010 年第 4 期。
② 辜胜阻、杨威、李洪斌、易善策：《ECFA 新机遇下提升两岸竞争力的战略思考》，《综合竞争力》2010 年第 5 期。

障。台湾大力推动产业结构升级，高科技产业向大陆转移成为必然。要在 ECFA 推动的新一轮台商投资热中抢占先机，应针对台湾有关产业的类别特点，结合自身产业结构发展实际，不断改善和优化投资环境，有针对性地制定优惠政策。

对于政府而言，重点在于策划良好的对外宣传形象和方案，提供良好的政务服务，特别是政府一级的招商部门对台商企业的主动服务和政府工作流程的优化，实实在在提供品质服务，出台减免税及奖励和推动现代服务业建设的政策，才能引资引智，用好台湾优质的服务业资源。

2. 科学引导台资流向

要进一步加大两岸服务贸易力度，关键还在于对台资流向的科学引导。当务之急是结合当前台湾产业转移特点，深入研究两岸服务业，具体分析各地市经济的发展方向和资源优势，针对 ECFA 服务贸易早收计划中的具体内容，提升两岸服务业合作水平，积极引导台资流向区域急需、产业关联度高、知识密集度高的服务领域，有效利用台湾服务企业所带来的知识和技术外溢效应。

3. 开拓台湾服务业市场

ECFA 服务早收计划将进一步推动两岸服务市场的相互开放。台湾现代服务业相当发达，存在以下特征：① 专业化程度不断提高，跟制造业关联度极强；以城市和科学园区为中心的空间集聚现象明显；基于制造业的全球化布局范围逐渐拓展。

两岸的投资存在互动效应，大陆对台湾的投资也有利于促进台湾对大陆的投资。虽然大陆与台湾一衣带水，同文同种，文化背景相同，但由于不同的资源优势，分别有其不同的吸引力。基于血脉相连、文化相通、语言相通的背景，两岸在服务贸易合作上障碍较少，有利于大陆企业逐步开拓台湾市场，促进两岸服务

---

① 王华、陈茜：《台湾现代服务业发展及大陆引资策略研究》，《开发研究》2009 年第 1 期。

贸易投资的双向互动。

与大陆相比，台湾服务业具有发展速度较快、水平较高的特点，经历了数次产业外移浪潮之后，台湾服务业也存在跟随制造业协同对外转移的迫切性。当前ECFA框架下服务早收计划的推动实施能够有效吸引台湾企业对大陆服务业投资，并加快大陆服务业现代化进程，进而推动第三产业优化升级。

第二节　后ECFA时代福建文化创意产业定位研究

全球经济一体化背景下，两岸经贸关系日益融合。本节从文化创意产业的内涵和特征出发，结合"海峡两岸经济合作框架协议"（ECFA）中的有关内容，着眼福建省文化创意产业发展现状，借鉴有关国家和地区文化创意产业的成功经验，探讨后ECFA时代福建省文化创意产业的定位。

随着两岸经济文化交流日益频繁，《海峡两岸经济合作框架协议》（Economic Cooperation Framework Agreement，以下简称"ECFA"）于2010年6月签署，2011年1月1日起，货物贸易与服务贸易早期收获计划开始生效，[①]开启了两岸经贸合作的历史新阶段。ECFA的正式生效，预示着"后ECFA时代"正式来临。据台湾方面统计，ECFA正式生效后，台湾产值将增加8976亿~9245亿元，增长2.75%以上；在就业机会方面，台湾将为此增加就业26万余人，增长2.5%左右；台湾GDP为此将增长1.65%~1.72%。[②]

台湾经济和大陆经济的互补性以及两者在区位上的优势是推动两岸经济合作的基础，两岸经济有错位发展、分工协作的

[①] 《福建发挥ECFA优惠政策促进两岸经贸发展》，中国新闻网，http://www.chinanews.com/tw/2011/03-16/2909328.shtml，2011年3月16日。

[②] 董暖：《后ECFA时代正式来临：ECFA生效双赢局面显现》，《人民日报海外版》2010年9月13日。

现实需要。① 作为海峡西岸的福建省，与台湾地区一水相隔。以福建为主体的"海峡西岸经济区"，北承长江三角洲，南接珠江三角洲，在全国区域经济发展布局中处于重要位置，彰显了对台交往的独特优势。在此背景下，探讨两岸文化创意产业合作和福建文化创意产业定位具有非常深远的意义。

一 文化创意产业概念与特征

文化创意产业是20世纪80年代发达国家提出的发展理念，是经济形态由工业经济向知识经济转变过程中的主导产业之一，是当今发达国家和地区产业发展的重要趋势。近年来，世界知识产权组织（WIPO）联合各国政府机构和相关学者选择部分国家，对其以版权产业为基础的创意产业的经济贡献度进行了持续性研究。最新结果显示，所调研国家的创意产业（包括核心和相关产业）对GDP的贡献度均大于3%，最高的超过10%，平均值达到5.4%，对就业的贡献率平均值更是高达5.6%。②

（一）概念与内涵

2011年5月出台的北京市《文化创意产业分类》值得借鉴。该文件认为,文化创意产业指"以创作、创造、创新为根本手段,以文化内容和创意成果为核心价值,以知识产权实现或消费为交易特征,为社会公众提供文化体验的具有内在联系的产业集群"。可分为9个大类：文化艺术，新闻出版，广播、电视、电影，软件、网络及计算机服务，广告会展服务，艺术品交易，设计服务，旅游休闲娱乐服务以及其他辅助服务。③

---

① 辜胜阻、杨威、李洪斌、易善策：《ECFA新机遇下提升两岸竞争力的战略思考》，《综合竞争力》2010年第5期。
② 姚恒美：《世界创意产业发展动态》，《汇视研究》2009年12月，http://www.hyqb.sh.cn/publish/portal0/tab132/info4396.htm。
③ 陈杰：《北京〈文化创意产业分类〉地方标准出台》，《北京商报》2011年5月9日。

长期以来,业界对动漫产业的领域界定颇有纷争。值得一提的是,在北京市《文化创意产业分类》中,没有把动漫单独分类,而是将其划分在新闻出版,广播、电视、电影,软件、网络及计算机服务等大类中。由此可见,有关部门在对文化创意产业进行分类的时候,开始从以往重点关注动漫产业回归到理性的传统行业分类领域中,这种趋势与当前信息科技等新技术与传统商业模式日趋融合的轨迹吻合。

另外,在其他辅助服务这一类产业中,类似知识产权服务等不为人所熟悉的新产业也成为文化创意产业的一部分,而知识产权服务恰是 ECFA 重点强调的条款之一,这彰显了大陆文化创意产业开始重视与国际接轨的规范化问题。

(二)文化创意的特征及其发展要求

联合国教科文组织认为文化创意产业包含文化产品、文化服务与智能产权 3 项内容,具备以下特征。①

1. 高知识性:与信息技术等应用密切相关,呈现出智能化的特征。

2. 高附加值:处于技术创新和研发等产业价值链高端。

3. 强融合性:为经济、文化、技术融合产物,具较强的渗透性和辐射力。

上述特征表明,信息技术等高科技手段提升了创意产品的技术含量和表现力,是文化创意产业的重要推手;而作为符合循环经济要求的文化创意产业,可以在为国家、社会和个人带来巨大经济收益的同时,由于具备跨领域的强融合性,容易为普通民众所接受,而达到文化传播之潜移默化功效,亦可带来巨大的社会效益。由此,文化创意产业已经成为发达国家和地区大力推动和发展的重点领域之一。

---

① 《文化创意产业相关常识》,《中国知识产权报》2011 年 3 月 4 日。

二 发达国家和地区文化创意产业发展经验及启示

(一) 发达国家

英国是世界上第一个利用公共政策推动创意产业发展的国家。政府的推动措施主要集中在支持文化创意产业从业人员接受技能培训、对企业的财政支持、加强知识产权保护和扶植文化创意产品出口等方面。

美国采取了加强版权立法、实施数字化版权保护战略、推动版权保护的国际间合作等方面的措施。版权产业，尤其是核心版权产业已经成为美国国民经济支柱产业和美国经济增长的主要动力，对美国的经济做出了巨大贡献，它创造的就业机会远远高于飞机、汽车、钢铁、药品、纺织、食品加工等传统产业。

日本政府调整国策，立法发展创意产业，保护和开发文化产品，成为世界上最大的"动漫王国"。

韩国设立文化创意产业振兴基金，建立国家级产业基地，构筑产业基础网络体系，出台了一系列政策，开发具有国际竞争力的高质量文化产品，培养引导知识经济的专门人才，集中力量支持重点产业和重点项目。[①]

(二) 香港和台湾地区

2009年6月，香港特区商务及经济局成立"创意香港"办公室，管理和推动香港创意产业发展，加强产业研发投入。如耗资约20亿美元建立数码港；通过不同性质的基金支持创意产业，完善投融资措施；积极开拓海外市场以及加强创意产业人才的培养等，为香港创意产业的发展提供了强有力的保障。[②]

---

① 喻翠玲：《欧美发达国家创意产业发展及其对中国的启示》，《北京市经济管理干部学院学报》2009年第1期。
② 姚恒美：《世界创意产业发展动态》，《汇视研究》，http://www.hyqb.sh.cn/publish/portal0/tab132/info4396.htm，2009年12月。

在台湾，文化创意产业成为一个具有新兴产业特征和实体经济特征的新业态。以创新为主的知识经济，已经成为21世纪世界各地追求的产业发展基础。台湾当局在2002年制订"挑战2008：台湾发展重点计划"，意图在2008年之前带动台湾经济转型，"文化创意产业"即为计划中的重点之一。其中，创意生活产业是台湾文化创意产业分类中独有的产业类别。台湾学术界将创意生活产业定义为："以创意整合生活产业之核心知识，提供具有深度体验及高质美感之产业。"目前该产业集中在饮食文化、工艺文化和生活教育体验方面，其次在家饰时尚、特定文物体验方面，而且其分布与地域、城乡的差异密切相关。其中自然生态体验在台东地区尤为明显，不仅纵向延伸，而且出现了与其他产业的横向整合，开始了跨界经营和多元发展，5年中创造的营业额高达234.5亿新台币，其产业潜质令人瞩目。①

发达国家和地区发展文化创意产业的实践表明，营造良好的政策和法制环境是政府的主要责任：一是大力培养文化创意产业人才；二是完善相关法律法规；三是通过政策及资金支持，培育龙头企业和项目，推动文化创意产业的发展。他们在创意产业发展过程中建立起来的完善的基础设施、创意人才引进与培养机制、创意产业集聚模式、政策保障体系等都可以成为我们发展文化创意产业的宝贵借鉴。

三 后ECFA时代福建文化创意产业发展的条件与环境分析

（一）机遇和挑战

2017年，我国文化及相关产业增加值34722亿元，占GDP的比重为4.2%，随着文娱消费需求崛起，国家"十三五"规划指出，"到2020年，文化产业将成为国民经济支柱性产业"。多重利

---

① 陈浩：《与生活息息相关的台湾创意产业》，《海峡新干线》2009年第7期。

好之下，文化产业进一步发展壮大，市场对娱乐产业的需求也进一步被激发。随着消费升级以及全民文化意识的提升，文化创意产业总体营收规模不断扩大，供给出现缺口。①

福建地处东海之滨，与台湾隔海相望，80%以上的台湾居民祖籍福建，闽南话也是台湾的重要方言，两岸民间文化不可分割，一衣带水。② 由于台湾岛内资源匮乏，为寻求更大的发展空间，部分台湾创意产业开始向外转移，处于海峡西岸的福建因其独特的地理位置，具有较强的承接优势。

自2000年加入WTO后，我国逐步放宽了外国产品和企业进入中国市场的限制，在全球经济文化大融合背景之下，发达国家和地区舶来品之"电影、动漫、影视剧"等文化产品占据了福建文化创意产业相当大的市场份额。此外，福建还要面对来自全球文化产业以及大陆其他省份在文化创意人才、信息资源（包括台湾资源）方面的争夺。

上述因素，对福建省文化创意产业的发展既是机遇也是挑战。当务之急是了解和牢牢把握福建自身优势，扬长避短，打造具有海峡特色的福建省文化创意产业发展模式。

（二）福建省文化创意产业发展条件分析

福建在发展文化创意产业方面具有独特的优势。③

首先，文化创意产业人才辈出。福建人在当代艺术领域极为突出，通过充分整合这些人才，可为福建文化创意产业提供高端智力支持，并开展项目合作。

其次，核心地域性文化——闽台文化——基本形成。闽台文

---

① 艾媒大文娱产业研究中心：《2018-2019年中国文化创意产业现状及发展趋势分析报告》，艾媒网，2019年1月25日。
② 陈燕：《保护闽南文化生态 发展海西文化产业》，http://www.ccmedu.com/bbs54_100285.html。
③ 吴春华：《关于发展福建文化创意产业的思考》，《福建论坛》2008年专刊。

化融合了海峡两岸优质文化资源，深度挖掘两岸共有的传统民俗和创意文化，能够形成文化创意产业上的增值环节。

最后，历史文化底蕴深厚。作为中原文化和闽文化的融合地，福建拥有4000多处国家级、省级文物保护单位，400多项省级以上非物质文化遗产项目。

福建是我国传统工艺美术四大重点产区之一，2012年，福建省工艺美术产业总产值约800亿元，同比增长29.6%，销售收入538.6亿元，同比增长29.8%，出口交货值228.08亿元，同比增长27.7%，产值出口额居全国第三，规模以上企业达568家，工业总产值达543.99亿元。① 但是，在文化创意产业快速发展的同时，我们应清醒地认识到以下问题。

作为文化创意产业的精神核心，传统工艺技艺具有非物质文化传承的作用，能够在保护属地文化的基础上，提升文化创意产业的品质。但是，曾令福建人引以为豪的，如脱胎漆器、彩扎、彩塑、面具等传统民间工艺，却日趋减少或业已消失。因此，在福建省文化创意产业的发展中，寻找根植传统文化、创新传统工艺的路径，是当前福建省发展文化创意产业亟待思考的问题。

四 后ECFA时代福建文化创意产业定位与发展思路

（一）发展定位

发达国家发展的实践表明，营造良好的政策和法制环境是政府的主要责任。作为海峡西岸经济区核心地带的福建省发展文化创意产业应立足自身优势，以闽台关系为基础，辐射大陆其他地区，乃至东南亚，通过政策导向和文化创意产业资金扶持，吸引周边优秀艺术家、设计师等高端人才，并融合拍卖收藏、艺术管理、艺术教育等关联产业组合成福建省文化创意产业集群，最终

---

① 福建省工艺美术行业发展促进中心：《福建省工艺美术发展概况》，http://www.fjcgls.cn/，2013年8月28日。

建成为亚洲地区重要艺术枢纽和艺术品交易基地。

（二）发展思路

1. 合理规划，鼓励民间创造力

从2011年到2013年，福建省省级财政每年统筹安排1亿元，设立省级创意产业发展专项资金，重点扶持创意产业园区、重点企业，支持人才培养。省里将依托高校和重点创意企业，建立若干个公共服务平台或大师工作室，还将支持创意设计企业孵化基地的建立与发展。重点发展的领域包括动画动漫及网络游戏、软件设计、互联网信息服务、数字化传播制作等，将以福州、厦门、泉州等沿海中心城市为文化创意产业发展的重点区域，打造一批具有福建风格并能在国内外产生较大影响的文化创意品牌，培养一批国内外知名设计师和文化创意龙头企业。①

政策的出台效果如何有赖于具体实施过程。

具体实施的关键首先在于合理规划，应对福建省文化创意产业的投资流向进行科学引导，避免一窝蜂现象，特别是在园区的规划上，切忌盲目抄袭，重复建设，建议妥善规划现有旧厂房、库房资源，提高利用率，谋求园区的差异化定位，开展整合营销和品牌策划，增加项目的投入产出比。

其次，政府要鼓励民间创造，营造自由创作环境。要结合公众对文化创意生活的需求，积极推动街镇、社区等基层组织举办文化创意活动。

最后，积极鼓励台湾文化创意产业入闽。由于不同的资源优势，两岸的文化创意产业分别有其不同的吸引力。血脉相连、文化相通、语言相通的背景使两岸在文化创意产业合作上障碍较少。促进两岸文化创意产业双向互动，应结合当前台湾文化创意产业转移特点，深入研究福建省文化创意产业现状，针对ECFA服务贸

---

① 薛辉：《福建重金扶持文化创意产业》，《人民日报海外版》2011年3月4日。

易早收计划中的具体内容，着重布局区域急需、产业关联度高、知识密集度高的文化创意产业领域，有效利用台湾文化创意企业所带来的知识和技术外溢效应。

2. 根植传统文化，创新传统工艺

2011年5月，《福建省传统工艺美术保护办法》正式实施。《办法》提出，将由福建省政府设立保护发展专项资金，用于支持传统工艺美术产业基地开发和园区建设、建立研发机构、开拓市场、培养人才以及保护、发掘、抢救濒危失传品种与技艺。具体实施中应注意以下问题。

首先，应积极推动福建的传统工艺产业朝创意设计产业转型。注重传统工艺的科技创新、设计创新、材料创新，在保护的同时提升传统工艺品质，结合高科技如动态影像技术等，提高文化创意产业的附加值。

其次，应注重培养高层次文化创意产业人才，尤其着重于传统工艺传承创新和文化创意产业整合营销人才的培养。可借助高校科研院所的力量，设立专门的传统工艺传承与创新科研团队，系统培训工艺创新设计与传统工艺技术人才；同时与工商管理、金融学、广告学、电子商务等学科融会贯通，打造跨学科领域组合平台，积极举办跨产业文化创意研讨及学术交流活动。

3. 建立健全知识产权保护体系

除了必要的政府、经济和文化基础之外，知识产权保护同样是文化创意产业发展不可缺少的核心要素。经济学家霍金斯把创意产业界定为知识产权法保护范围内的经济部门，知识产权的每一形式都有庞大的产业与之相应，加在一起这些产业"就组成了创意（创造性）产业和创意经济"。①

知识产权也称为智力成果权；台湾称之为"智慧财产权"。根

---

① John Howkins, *The Creative Economy*: *How People Make Money From ideas*, London: the Penguin Press, 2001. 4.

据我国《民法通则》的规定，知识产权属于民事权利，是基于创造性智力成果和工商业标记依法产生的权利的统称。[①] 具体举措建议如下。

首先，继续加强知识产权保护宣传。在知识产权保护局的指导下，可在各种展览、会议、中小学教育项目、电子邮件、商业调查等活动场合积极宣传知识产权保护。通过各种教育活动，加强公众的知识产权意识，并推动和发展福建省文化创意产业。

其次，建议设立两岸知识产权快速解决机制。针对未来两岸文化创意产业合作领域进一步拓展的态势，为满足两岸中小型企业在专利、商标和外观设计等方面的诉讼要求，一方面可鼓励有关当事人运用民事争端解决机制公平、快捷、合理地解决知识产权争端。建议专门开设涉及两岸的调解服务系统，以帮助陷于知识产权争端的两岸有关文化创意公司和个人，并积极敦促相关利益各方运用调解手段解决争端。另一方面，要建立政府公共服务平台，聘请法律专家为两岸文化创意企业提供免费咨询服务，解决知识产权问题。

第三节 闽台文化创意产业联动机制研究

福建与台湾一水之隔，文化一脉相传。由于特殊的区位，相似的文化背景对两岸文化创意产业有特别的影响，进而又产生了经济和产业的互补。本节以文化创意产业概念界定为出发点，分析闽台文化创意产业发展现状，探讨闽台文化创意产业联动机制，提出设计差异化情感关联产品、打造共同化礼俗互动模式、深入分析闽台民间文化内涵、完善文化创意产业政策等建议，对于推

---

① 郑成思：《国际知识产权保护制度及其对我国的影响》，《中国版权》2006年第4期。

动两岸合作和文化创意产业建设具有重要意义。

当前关于"文化创意产业"的概念说法很多,本书根据研究对象的特性认为,文化创意产业为经济、文化、信息技术融合的产物,覆盖了经济社会第三产业的大部分业态,部分甚至延伸到第一产业和第二产业。例如传统民俗艺术所涉及的农业,艺术品业所涉及的制造业,均以文化和创意为主线,反映了属地民俗与文化特征,进而体现为强融合性、高知识性、高附加值等特征,容易为普通民众所接受,兼具文化传播、产业集聚功能,能够产生较大的经济效益和社会效益。

福建与台湾一水之隔,具有地缘相近、血缘相亲、文缘相承、商缘相连、法缘相循的优势。两地文化一脉相传,在传承特征方面各有千秋,却殊途同归。由于特殊区位的存在,相似的文化背景对两岸文化创意产业有特别的影响,进而产生了经济和产业的互补。台湾文化创意产业经过20年的发展,特色明显,已取得了不少令人瞩目的成绩。其文化创意产业的发展经验,在当前大陆发展文化创意产业、制定相关政策,并带动闽台文化创意产业的联动和深度融合方面,具有重要的借鉴意义。

一 福建文化创意产业发展现状

(一)福建文化创意产业的发展优势

1. 丰富的传统文化资源留存

福建是中原文化和闽文化的融合地,拥有极为丰富的文化资源——4000多处国家级、省级文物保护单位,400多项省级以上非物质文化遗产项目,为文化创意产业的发展奠定了良好的基础。① 作为大陆传统工艺美术四大重点产区之一,福建的核心地域文化特征基本形成。其中,从传统礼俗用具中衍生出来的漆器传统髹饰技法尤为福建文化创意产业锦上添花,与北京景泰蓝、景德镇

---

① 吴春华:《关于发展福建文化创意产业的思考》,《福建论坛》2008年专刊。

瓷器并称为中国传统工艺"三宝",以沈绍安为代表的沈氏家族的"脱胎漆器"工艺和"薄料髹绘"技艺誉满天下,极大地推动了福建乃至全国漆器工艺的发展。

2. 积极的产业推进政策

福建省政府高度重视文化创意产业发展,2007年就推出了加快文化创意产业发展的政策。2012年又颁布《关于进一步推动福建文化产业发展若干政策》,在财政税收、金融信贷、土地使用、市场准入等方面出台了一系列扶持措施。同年还出台了《福建省文化产业发展专项资金管理办法》,旨在进一步推动福建省文化产业发展,规范文化产业发展专项资金管理,提高资金使用效益。2013年3月,福建省出台促进文化产业对外开放的12条政策,以提升福建省文化产业利用外资水平,促进文化产品和服务走向国际市场,加快推动福建省文化产业发展。2014年2月福建省启动文化产业发展专项资金申报"310行动计划"。这些政策对文化创意产业的拉动效果明显。预计到2020年,福建省将通过"互联网+"技术和平台应用,实现文化产业的提质增效和创新转型,推动"互联网+"文化产业快速发展,传统媒体和新兴媒体融合发展,力争"互联网+"文化产业增加值在文化产业总增加值中的比重超过50%。①

3. 独特的区位优势

福建独特的地域经济综合体,有不可替代的区位优势、人文优势、体制优势和开放优势。近年来,福建省通过积极开展先行先试,两岸在经贸、科技、文化、教育等领域的合作力度逐步加大。

另外,福建和台湾一样,都有丰富而深厚的海洋文化资源,尤其宋元时期泉州港成为国内最大的对外贸易港口之一,海上丝绸之路的形成和海外贸易推动了福建经济文化的发展,福建也对

---

① 福建省文化改革发展工作领导小组办公室:《福建推进"互联网+文化产业"行动实施方案》(闽文改办〔2016〕1号),http://www.fzcci.com,2017年3月15日。

海上丝绸之路的发展起了重要作用。福建盛产的陶瓷、漆器等产品在海外众多国家、地区，包括东南亚、日本、朝鲜，甚至非洲都有发现；在航海方面，福船也成为航海最重要的交通工具之一。

海上丝绸之路的影响，加强了闽台资源整合和优势互补的基础，未来福建将通过传承两岸文化，推动产业联动，逐步成为台湾产业转移、产业链对接和物流中转的重要基地，进一步推动两岸关系的和平发展。

（二）存在的问题

目前，福建沿海城市福州、厦门和泉州文化创意产业发展较快，其余漳州、龙岩、武夷山等地则着眼于发挥历史文化、民俗文化、茶文化、老区文化等文化资源优势，形成了若干具有地方特色的优势文化品牌和产业基地。但是从全省范围来看，福建文化创意产业还处于规模不大、辐射面和影响力有限的阶段，且产业所涵盖的行业、部门各地认知不一，专门的数据统计资料也较为欠缺。总体而言，比较突出的问题有如下几个方面。

1. 缺失文化保护意识

作为文化创意产业的精神核心，文化和礼俗传承能够在保护属地文化的基础上，提升文化创意产业的经济效益和社会效益。但由于保护意识欠缺，一些具有代表性的礼俗文化或承载，在日趋减少或业已消失、被破坏。如始建于清乾隆元年（1736年）的福建闽侯江氏古民居（永奋永襄厝），曾是江氏家族书院。宅院木雕艺术精妙，不饰彩绘，插屏、橼头、门窗、格扇、斗拱、梁枋等通过线刻、影刻、浮雕、圆雕、透雕等手法，展现了古代高超的雕刻艺术，堪称"古代木雕刻艺术馆"，1992年被列为县文物保护单位。但笔者现场调查发现（2013年12月），江氏古民居的开放不仅没有保护好精美的雕饰，更有部分雕饰已经丢失或被损毁；同时由于修缮活动也缺乏保护意识，一些村民直接以水泥等涂抹墙面古纹饰，造成了古民居的破坏。

2. 政策体系不完善

虽然福建各地纷纷出台推进产业发展的文件和有关制度，但现有的相关政策分散而烦琐，缺乏系统的开发体系和扶持措施，特别在资金、税收等方面没有成熟的政策支持，特别不利于中小文化创意企业的发展。财政扶持资金补贴多用于对已有成果开展奖励，对研发阶段补贴不足，缺乏对文化创意产业中最重要的创新能力、创新团队的支持，影响了文化创意产业的内涵建设。同时，文化创意产业管理和服务体系还不够完善，政府未设专门机构进行管理。创意产业的各子行业分属广电总局、文化部、版权局、中宣部等不同的管理部门，基本上各自为政，缺乏统一的协调和推动。从创意、制作到发行、销售的成体系的产业辅导尚未形成，知识产权保护不到位。

3. 人才资源匮乏

文化创意产业作为跨领域、跨学科的产业形态，改变了传统产业以资本、劳动力、资源为主的模式，转变为一种以文化、技术、创意为支撑的智慧产业，将人才因素摆到了首位，强调人才的智慧力、创造力和创新力。由于产业对人才的要求极高，优秀人才的匮乏已成为制约福建省文化创意产业发展的瓶颈之一，整个产业呈现出人才总量不足、结构不均衡等现象，产业内加工类人员较多，创意、策划、营销等高层次专业人才缺乏，具有一定文化艺术鉴赏力和判断力，了解技术并能够看准产业发展方向，懂得经营管理和电子商务等的复合型人才更是紧缺。调查表明，目前文化创意产业的从业人员68%以上是从相近行业转型来的，远高于其他行业26.4%的平均水平。

二 台湾文化创意产业发展路径及启示

（一）台湾文化创意产业的发展路径

台湾文化创意产业起源于1994年"行政院文化建设委员会"的"社区总体营造"活动，该活动借鉴日本造村运动，通过社区自主提案，实施文化设施基础调查，了解社区文化历史脉络以及当前的发展状况，然后进行整体规划和发展设计，并由政府给予相应的资助和指导。这一活动以民间为主导，通过人文重建，打造基于乡土的创意理念，特色鲜明。其中，特别关键的是将文化产业与文化工业进行区分，体现了创意文化的独创性、地方性及差异性。

到了 2002 年，"行政院"提出"文化创意产业发展计划"，针对不同类型文化创意产业，就人才培育、研究发展、产学合作、租税减免等提出了整合机制，配合地方政府、专业人士、民间和企业协作，共同推动文化创意产业的发展。[①] 根据台湾有关部门网站及相关研究报告整理发现，台湾文化创意产业现已形成了较为成熟的运行机制（见图 11-2）。

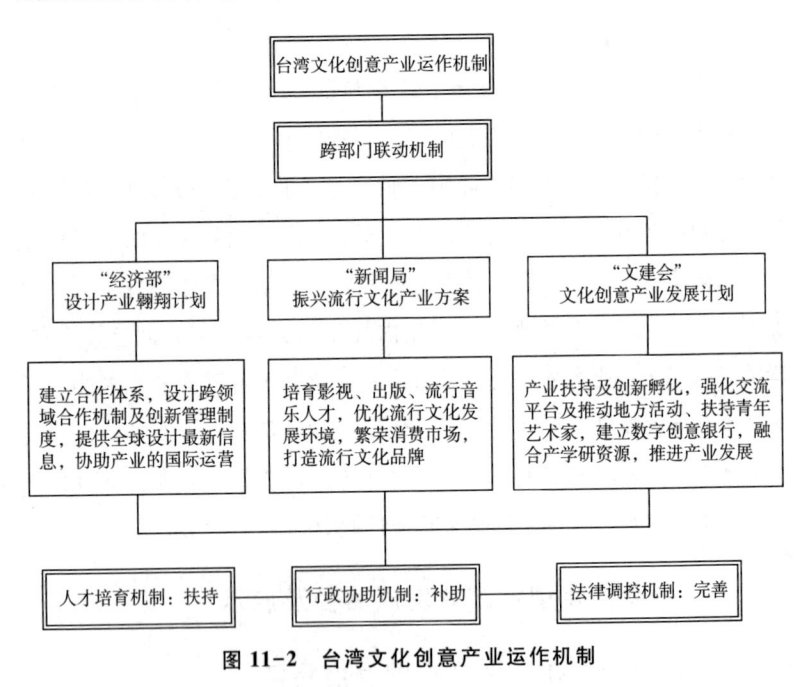

图 11-2 台湾文化创意产业运作机制

---

① 台湾"行政院"：《挑战 2008：国家发展重点计划（2002-2007）》。

众所周知，台湾拥有复杂的历史脉络和文化背景，台湾文化创意产业紧扣这一鲜明的地域特色，将文化元素运用得淋漓尽致，成功推广出了不同的文化创意产业内容：一方面传承并发扬着中华文化的深厚底蕴，另一方面却又交错出现了原住民及日本、荷兰、西班牙等地的文化剪影，使台湾文化创意产业奇迹般地呈现出迷人的多元文化交融模式。其划分出的"创意生活产业"——"以创意整合生活产业之核心知识，提供具有深度体验及高质美感之产业"——形成了台湾文化创意产业分类中独有的类别，集中在工艺文化、饮食文化、生活教育等方面，其分布与地域、城乡的差别即所在地文化、自然生态体验密切相关，不仅纵向延伸，而且与其他产业横向整合，开始跨界经营、多元发展。

（二）启示

1. 极强的文化保护意识，重视地方特色文化与现代元素的整合

台湾文化创意产业的发展离不开民众对文化保护的重视，其最大优势在于重视地方特色文化的作用。在此前提下，台湾文化创意产业的民间创造力源源不绝，文化艺术呈现出多元性和多样性，同时结合现代美学打造出精致化的文化创意产业，为文化创意产业的发展提供了持续的创意支持。

2. 完善的政策规划和设计，佐以法律法规保护产业的发展

台湾"政府"通过部门间联动，从不同角度支持文化创意产业，扶持政策融合了人才培养、科研、产学合作、租税减免、融资集资等诸多方面，通过财政资金的大力扶持，鼓励专业人士和民间机构协同合作，佐以完善的法律法规，为产业发展提供了良好的保障。

三 闽台文化创意产业联动机制设计

理论上，在区域经济发展模式中，产业布局存在空间引导型联动模式、产业转移型联动模式、产业链聚集型联动模式和总部

经济型联动模式等四种模式。① 对于新兴的闽台文化创意产业而言，空间引导型产业联动模式比较合适，体现为闽台同一文化体的资源整合和高度聚集，形成相互协作的产业结构，进一步打造整体竞争优势。在政策设计上，体现为通过一系列的调控手段，改善文化创意产业的投资环境，深化产业的文化内涵，提升吸引力。

闽台文化渊源可追溯到一千多年以前的中原移民入闽，以闽南方言和部分客家方言为背景的闽南文化和客家文化，使闽台成为一个具有共同文化的融合区，表现为草根性、边缘性、多元性、开放性的融合，② 且具有鲜明的地域性、坚韧的传承性、非强制的规范性、盲目的非理性、原始的广泛性、现实中的功利性、交往中的人情性、强烈的反差性、多源的兼容性及广阔的辐射性③。在这样的背景下，两岸在文化创意产业合作上有着共同的文化基础，推动了两岸文化创意产业联动机制基本形成。

对于闽台文化创意产业而言，联动机制设计的关键首先在于合理规划、科学引导，切忌盲目抄袭，重复建设。两岸文化创意产业联动机制首先应该从两岸的地域和文化特色出发，妥善规划，谋求差异化关联定位，关注以传统文化为核心的创意，借助两岸同源同根的文化底蕴，设计有关联性的文化创意产品。

（一）打造共同化礼俗互动模式

源于上古祭祀的中华传统节日，虽经岁月变迁，仍保留着祭神、礼佛、祭祀祖先等基本内容。闽台岁时节庆习俗如出一辙，日期一致，仪式也大致相同。闽台共同习俗通过宗教祭祀、喜庆表演等节庆文化充分呈现。由于特定的地理环境和历史发展背景，

---

① 姜霞：《论城市圈发展的产业联动模式及现实研判与选择》，《求索》2012 年第 10 期。
② 刘登翰：《中华文化与闽台社会》，福建人民出版社，2002，第 166~168 页。
③ 方宝璋：《略论闽台民俗的主要特征》，《闽江学院学报》2008 年第 2 期。

福建与台湾形成了同一民俗文化区，构成形式、内容相近相似的整体，呈现出稳定的传承性、鲜明的现实功利性、强烈的感染力、强大的群体汇聚性、厚重的文化性等特征。①

台湾乡间流行的南音、高甲戏、梨园戏等戏剧种类均出自福建闽南地区，同时台湾海峡两岸乡里诸多地名相同，如两岸均有东石、马祖等。其他民俗习惯，诸如服饰、饮食等台湾也与福建有许多相同或相似之处，正如林国平所说的："闽台民间信俗历史悠久，影响广泛，是历史的产物，虽然没有雅文化的精致，大传统的高深，但其内核体现了雅文化的精神，反映大传统的气质。"②

泉州闽台缘博物馆对岁时节庆元素运用得极为成功：按"春、夏、秋、冬"四个时节，展示闽台两地相同的民俗习性，按照地缘、血缘、法缘、商缘、文缘等五缘关系，分为"远古家园""血脉相亲""法缘相随""开发同功""文脉相承""诸神同祀""风俗相通"等七大部分。

茶，亦为闽台民众休闲的主要内容之一。已有上千年之久的茶文化，凝聚着地理灵性。茶类的创制要数福建为最多，安溪铁观音、武夷岩茶、茉莉花茶、白茶等品种纷呈，品茶的技艺也数福建最奇。台湾的茶产业，则源自两百年前的福建，文山包种、东方美人、冻顶乌龙等茶类亦各有特色。两岸茶产业延伸而出的文化创意产业，可结合不同时令茶类品种和特色，融以种茶、制茶、售茶、品茶、赛茶等茶乡礼俗，通过不同的创意联想，必能产生独特的文化创意产业效益。

由此，两岸创意业者的互动需要在相同文化背景下，结合当前台湾文化创意产业转移的特点，深入研究福建文化创意产业现状，着重布局区域急需、产业关联度高、知识密集度高的文化创

---

① 周建琼：《闽台传统节日民俗体育特征及文化认同研究》，集美大学硕士学位论文，2010。
② 林国平等：《闽台民间信俗的文化内涵与现代价值》，《福州大学学报》2014年第1期。

意产业领域，有效运用台湾创意企业所带来的知识和技术外溢效应。

（二）深入发掘闽台民间文化内涵

在漫长的历史进程中，以血缘关系为纽带的宗族组织，形成了社会的基本结构，宗法制度"尊世系、辨昭穆、别贵贱、继传统"，反映着宗族和宗法制度在历史上的深远影响。闽台素有"陈林半天下"的说法，台北市陈氏大宗祠和台中市林氏大宗祠最为有名。陈姓源于大陆，皆属中原陈姓后裔。中原陈姓在漫长的社会变迁中，不断徙居他乡，其中大部分聚居于闽，后经闽迁至台湾。在闽台农村，几乎村村可见宗祠，宗族制度的遗存，对闽台族亲产生了重大影响——宗族通过修谱，标榜郡望、堂号，修建祠堂、宗庙、会馆，举行祭祀、合食会食、迎神赛会等活动体现了宗族的亲和力。

与宗族密切相关的民间信仰不可小觑，福建民间信仰在台湾也得到传承，除少数由中原传入的天地、关帝崇拜等，在形成和发展的过程中，两岸民间信仰存在十分密切的互动关系，主要表现形式是福建民间信仰通过分灵、分香、漂流等途径传播到台湾后，台湾分灵庙定期到福建祖庙进香谒祖①——起源于五代宋初莆田湄洲岛的妈祖女神，作为海上保护神，在台湾的宫庙多达上千座，信众多达上千万。其他如闽南保生大帝、闽西客家定光佛等，也随着移民入台而得到供奉。祖籍福州下渡的"临水夫人"陈靖姑，佑妇幼济良民，深受百姓爱戴，古田大桥临水宫系为纪念和供奉陈靖姑而建，为东南亚、台港澳等地130多座临水宫的祖殿，每年都有台胞组团千余人前来进香朝拜。②

---

① 林国平：《闽台民间信仰与两岸关系的互动》，《江西师范大学学报》2003年第4期。
② 黄新宪：《陈靖姑信仰的源流及在闽台的发展》，《福州大学学报》2008年第6期。

宗祠和信仰文化实为闽台文化创意产业可进一步挖掘的亮点，然而，对文物保护和对非物质文化遗产保护意识的缺失，使这个领域成为盲区，前文所提及的江氏古民居，在修护的过程部分被毁损；部分传统礼俗仪式也因为现代文化的侵吞影响而逐渐湮灭，不复存在。

台湾对原住民文化的保护模式或值得借鉴。20世纪90年代以来，有台湾学者和政府官员开始关注台湾原住民文化的保护与传承。布农族（Bunun）是台湾原住民的一个族群，人口约4万人，主要居住在中央山脉，由于封闭的居住环境，至今仍沿袭游耕农作方式，礼俗文化口耳相传，保存完整。布农族牧师白光胜通过建立"布农部落"，进行了文化创意产业的创新实践，取得良好的效果，为原住民文化保护传承和现代生存方式探索提供了经验和借鉴。①

由此，闽台两地在创意产品设计上，应特别关注居民、开发商或管理者造成的资源破坏和消亡现象，尽量避免文化的庸俗化；同时合理划定保护范围，制定相应保护措施，通过对传统文化内涵的深入挖掘，聚焦传统文化的核心精神，在现代社会，尽量减少传统文化的变异，确保在社会现代化进程中核心文化价值的留存。

（三）完善文化创意产业政策及扶持政策

随着2009年首个两岸联合培养人才实验区在福建设立，大量莘莘学子陆续赴台学习，持续开展已有五年的闽台高等教育合作项目。该项目目前已经开始有毕业生，具备两岸学习背景的学子为文化创意产业发展奠定了雄厚的人力资源基础，形成了闽台文化创意产业发展独一无二的人才优势。

由此，首先建议福建省相关行业主管部门形成联动机制，立

---

① 王德刚：《表演场迁移——台湾布农族原住民文化旅游化传承的人类学思考》，《民俗研究》2012年第3期。

足本省经济发展需求和产业升级战略高度，科学分析福建省文化创意产业的特征，进行福建省创意人才培养的总体规划和资源整合，注重创新、创意能力的培育，完善相关法律法规政策，打造适合产业需求的行业环境，切实提升两岸文化创意产业的品质。

其次，由于台湾的动漫、工业设计、家居设计、广告、时尚设计等产业具有一定的成熟基础和竞争优势，福建省政府有关部门在制定推动文化创意产业发展的政策时，可专门设计对台文化创意产业的招商引资政策，通过政策设计和行业协会牵头，推动福建省文化创意产业脱颖而出，而台湾相关厂商与福建各地具有优势的外贸制造业结合，也可助力台湾厂商拓展大陆市场，同时提升福建省制造业的附加值和品牌形象。

（四）以民间力量推动文化创意产业发展

台湾有近500万客家同胞，约占台湾总人口的17%。客家是汉民族中重要而独特的民系，流离不定的辗转迁徙，使客家先民时时、处处扮演着外来住家的角色，故被称为"客家"，并逐渐形成了一个以中原传统文化为核心，同时又带有浓厚的南方各土著文化色彩的新文化形态——客家文化。

台湾苗栗为客家大县，60%以上人口是客家人，大部分于清朝雍正、乾隆年间从广东、福建一带移民台湾。每年4~5月桐花盛开季节，当地政府会以"花现山城美乐地"为主题策划"苗栗客家桐花祭"，结合苗栗桐花盛开、翩然飘落之"四月雪"美景，由协会、社团、基金会等民间艺术机构举办配套活动，同时在流行青春剧中刻意安排"桐花祭"植入，使"桐花祭"成为一个结合赏花、歌舞表演、木雕展览、绘画写生、制作彩陶、集体婚礼等活动的嘉年华，在吸引游客的同时也展示了客家文化及其内涵。

政府的角色定位为政策制定，但并不参与市场运作，政策需要市场内各方具体执行，社团、协会等民间机构就是其中重要的参与者。尤其是在文化创意产业的建设中，民间机构的参与不可或缺,在"客家人的中转站""客家摇篮""客家祖地",福建宁化石壁的"世界客属石壁祖地祭祖大典"、永定的"土楼文化节"等活动都吸引了众多的台湾客属。但由于现有活动均存在内容相对较为单一的现象,举办活动时虽有较大的影响,后续发展仍需发力。

因此,建议由地方政府牵头并制定相关政策,鼓励社团、协会等民间机构参与文化创意产业的建设,加强两岸民间社团和机构的互访,设计相关的文化创意产品,进一步发挥福建作为台湾大部分人祖籍地的文化联想。如在福建客家属地,可融合永定土楼建筑群,以及连城姑田"游大龙"、罗坊"走古事"、芷溪"花灯"等节庆习俗,整合"闽西八大干"、"九门头"、客家擂茶等饮食文化,提升两岸文化的互动性。同时通过系统的规划和精心的设计,在原有祭祖等活动的基础上,借鉴台湾经验,设计精致的艺术品创作、创意设计竞赛、文化展演等系列文化创意产品,使客家文化品牌内涵得到提升和整合,不仅能够吸引台湾客属,对大陆游客而言同样具有强大的吸引力。两岸文化融合、传承与弘扬将由此绵延不绝。民族的强大,源于文化的兴盛,祖国大陆与宝岛台湾,一衣带水,无论地域与情感,均不可分割。科学开发和利用在地文化资源,是确保文化创意产业吸引力和可持续发展的需要,只有沉淀历史记忆才能保护文化的原始符号形态。闽台文化创意产业联动机制可通过深入挖掘文化内涵,寻找属地特有的文化特征符号,差异化定位,打造精美的创意文化全产业链。其中蕴含的独特闽台文化元素,不仅吸引着素未谋面的境外旅客,对海峡两岸同根同源的闽南人、客家人,以及其他籍贯的游客,更如同"熟悉的陌生人"一般,拥有极大的吸引力和认同感。鉴于此,随着两岸文化交流日趋频繁,文化创意产业结构日趋成熟,探讨基于保护性开发的闽台文化创意产业联动机制设计尤为重要,由此而引发的动力,不仅是两岸文化创意产业发展的强大推手,更是推动两岸文化融合和情感交流的重要手段。

第十二章　区域合作视角下的互联网产业人才培养

随着互联网和计算机技术的日益成熟，电子商务活动在世界各国兴起并迅猛发展。电子商务的触角已延伸到社会活动的各个领域，基于互联网的电子商务活动，使传统的商务活动呈现出网络化的趋势，并由原先的国际贸易领域延伸到国内贸易领域，在这个过程中，对于相关领域人才培养的重要性日益凸显，所以本部分着重探讨"互联网+"视角下的产业链人才孵化机制。

第一节　闽台高等院校本科教育交流与合作模式的构建

一　明确应用型本科定位

本科教育是大学教育的主体组成部分，是高等教育体制改革的热点。但一些学者认为，在当前本科教育法的研究中出现了目标与定位不明确的状况。本科教育已经不能适应社会经济的发展和进步。[1] 由此，当前的"应用型本科教育"在理念上呈现出以下特点。

首先，与高职高专相比，应用型本科教育所培养的人才有很大差异。高职高专主要培养技术应用型人才，并以培养大量一线

---

[1] 周彩云：《专业教育与通才教育——对我国大学本科教育理念的思考》，《文教资料》2009年第6期。

需要的技术人才为主。应用型本科教育则主要培养具有实战能力的高层次人才。

其次，与一般普通本科相比，应用型本科教育在人才培养方案的设计主线上，以综合素质的养成和实践能力的提高为核心，培养符合未来就业市场要求的高级应用型专门人才，进一步体现为高等教育的市场职业化实现。

在此基础上，可以借鉴台湾较为完善的职业教育体系，专注学生的综合素质养成和实践动手能力的培养，真正做到"学以致用"。

二 打造两岸融合型本科人才培养方案

结合高等教育的专业性、针对性和综合性特点，根据对两岸院校不同人才培养模式的研究，可将两岸融合型本科人才定位为：通过两岸合作院校间教学计划的学程衔接设计，整合海峡两岸合作院校的教学模式和优质教学资源，使学生在经过四年的本科教育后，成长为具有较高素质、能够尽快适应社会需求的应用型本科人才。

鉴于当前全球文化融合的趋势，对学生能力、素质培养要求的提高已经成为培养海峡两岸融合型本科专门人才的基本出发点。打造两岸融合型本科人才可从以下几个方面着手。

（一）深化素质教育模块

为提高学生的综合素质，海峡两岸应用型本科合作教育可在人才培养方案的教学计划中，调整、补充博雅通识教育模块。

首先，在培养方案中，尤其应关注学生语言能力的培养。对文字与语言的把控为当今大学生的弱项。当前，全球化趋势对学生的英语水平提出了更高要求，可借鉴国际上先进的英语教育体系，整合出适合不同生源特点、不同英语水平的英语教学模式：如闽江学院海峡学院，采用澳大利亚 EAP 学院英语教学体系，同时结合雅思或托福考试，通过小班化教学、中外教结合的方式，提高学生的英语实战能力。此外，海峡学院也有针对性地设计了应用写作等专项训练课程，提高学生对中文的驾驭能力。

其次，可整合优化原有公共选修课体系，形成博雅课程模块，一般由社会科学、自然科学、语言类等选修课程模块组成，鼓励学生跨领域开展学术探讨，进一步完善学生的品格和气质。同时，在传统基础课的基础上，可根据学生情况，延伸原有公共基础课体系，如开设网球、高尔夫等特色选修课程。

最后，可请专家开设博雅讲座，引领学生涉及人文艺术、社会科学、生命科学与物质科学等领域，开展跨学科研究。

（二）引入台湾优质课程体系

专业课程体系是人才培养方案的教学计划的核心内容、重中之重。在两岸本科高等教育合作与交流中，专业课程体系应是对台湾高校先进经验的吸收和整合——引入台湾优质教材，共建课程体系；部分专业课程由台湾教师担任授课任务等。在闽江学院海峡学院，2019年就有5位台湾专业教授赴福州开展教学工作，对合作专业的建设、学生对台湾合作院校教学模式的熟悉起到了很好的推动作用。同时，为提高各专业建设水平，建议成立各专业指导委员会，吸收双方高校专业负责人和合作企业高管参加，聘请台湾高水平教授担任学科、专业负责人，加强对专业建设的指导和协调，进一步完善两岸合作项目的专业课程体系建议。

对实践能力的培养应特别重视。台湾高校的本科教育非常重视课程的实务性，实务类课程占有较大比重，特别注重提高学生的收集与整理资料能力、项目策划能力、团队合作能力以及专业知识融合能力。因此，在人才培养方案中，海峡两岸应用型本科合作教育可借鉴台湾实践教育体系的经验：一方面可在课程体系中加入大量实务性课程，鼓励学生参加与专业相关的全国性、地区性学术竞赛；另一方面，学生在台学习期间，可安排到合作院校相关实习基地进行跟班见习,了解台企对人才培养的具体要求。

三 两岸优质教育资源共享机制的建立

作为海峡两岸高等教育合作与交流的主体,两岸合作院校拥有较多值得互相借鉴之处。

(一) 优质教育资源的共享

首先体现为教学、教师资源的共享。大陆的教育体系强调专业基础理论的扎实;台湾则实行技术职能体系一贯性,重视课程的实用性、前瞻性与弹性。因此,在师资队伍上,针对不同学科和专业,双方各有优势。在双方合作期间,合作院校教师可到对方院校互做访问学者,或进修,或授课;同时双方可考虑合作培养硕士、博士研究生,为未来学分互认打下良好的基础。

其次体现为科研资源的共享。从科研的角度,合作双方院校可在阅览室中通过授权的VPN账号访问双方高校图书馆资源,让师生共享双方科研资料和信息,提高科研水平。

(二) "产学研"合作中心的建立

重视对学生实践动手能力的培养是当前世界各国高等教育的趋势。海峡两岸本科院校都非常重视实践环节。台湾高等院校尤其注重构建实践环节。自2002年起台湾地区"教育部"设立了6个"区域产学合作中心",分设在6所科技大学中,在各个区域推动、联络、管理产学合作工作并整合各方资源,教学实务化有了新的发展,成果颇丰。

因此,在海峡两岸应用型本科合作教育模式中,可优选两岸合作院校的实践教学基地与实习基地,由福建省教育厅牵头成立"产学研合作中心",定期召开由学科学术专家和企业专家参与的研讨会,探讨企业人才需求与高校人才培养间的契合点,并针对合作院校的教学计划和人才培养方案进行进一步深入细化研究,真正打造出"产学研一体化"的应用型本科人才培养模式。

海峡两岸应用型本科教育的合作与交流意义非凡，不仅对两岸经济社会的高速成长、人力资源的有力支持起到关键性的作用，还将进一步推进海峡两岸合作办学、学分互认、学历互认等高等教育领域合作进程，促进两岸关系和平稳定发展以及祖国统一大业的实施。

第二节　闽台合作背景下产业人才培养联动机制研究

加强闽台人才交流与合作，推动人才培养联动机制研究，符合当前发展趋势。本节基于台湾地区丰富的教育资源和成功的管理模式，探讨闽台产业人才培养的联动模式及其发展制约因素，并就优化闽台产业人才培养联动机制提出建议。

福建与台湾拥有地缘相近、血缘相亲、文缘相承、商缘相连、法缘相循的五缘关联，相似的资源以及文化背景为两岸互通互融发展奠定了基础。海峡两岸职业教育交流合作中心自2009年5月成立以来，开展了一系列丰富的教育交流活动。如，教育部和福建省政府直接领导的"闽台联合培养人才项目"，吸引了两岸众多高等院校及台资企业参与，探索了符合两岸产业融合需求的人才联合培养新模式。对闽台产业人才培养联动机制进行深入探讨，有利于促进两岸人才联合培养实践，为两岸经贸融合提供必要的人才资源储备。

一　闽台产业人才培养联动模式探讨

闽台产业人才培养联动机制，旨在创造各方参与的合作机制，构建稳定的教育交流平台，在积极推动两岸实现教育互动、均衡发展的同时，培养符合市场需求的高素质技能型人才，缩减学校教育与当前就业岗位的差距，为海峡两岸的产业结构升级和优化提供丰富的人力资源储备。

(一) 政府主导的"校校企企"联动模式

福建省于 2009 年提出了闽台"校校企"人才联合培养模式,即由闽台两地高校与台资企业三方联合制订专业人才培养方案,就师资队伍建设和学生培养方面开展紧密的合作与对接,通过专业、课程、教材等教学资源库和实训基地的共同建设,实施校企对接的"订单式"人才培养模式,共同培养复合应用型人才。2009 年,福建省在全国率先实施闽台"校校企"和"3+1"联合培养人才项目,开展闽台合作办学项目和闽台合办二级学院试点工作。截至 2016 年 4 月,"校校企"项目共遴选出 32 所福建高校与 53 所台湾高校、185 家台资企业,共同开设了机械设计、光电技术、园林设计等发展急需的 70 个专业,培养人才近万人。由于特色显著,福建"3+1"联合培养人才项目于 2011 年被列为国家教育体制改革试点项目,2013 年入选第三届全国教育改革创新典型案例并获创新奖。①

为进一步深化人才联合培养体系建设,福建省在传统"校校企"合作三方联动的基础上发展出了以政府为主导的"校校企企"联动模式,即以政府为主要牵引力,由闽台高校、两地企业共同参与,协同育人。联动体基于各方认可的合作机制,将各种资源结合起来以实现优势互补,促进两地生产、教学、科研相结合。在这种联动模式中,闽台官方要积极发挥主导作用,完善闽台产业人才联动培养的顶层设计,出台具体的扶持、评估、激励、监督等措施,搭建联动信息共享平台,及时发布和更新合作进展信息,预防和监督联动体参与方的不作为和失当行为,奖励能动性主体的主动参与和有效作为,保障联动培养工作顺利开展。

---

① 《闽台联合办学培养人才数万人》,环球华网,http://www.509.cc/b/taiwan/20160407/509831.html,2016 年 4 月 7 日。

政府主导的"校校企企"产业人才联动培养模式，在政府协同指导和专项发展资金的扶持下，采用市场化运作方式，引入以实际需求为导向的人才培育分段外包模式，辅以市场化的手段，将福建高校人才培养中薄弱的教学实践和教师的进修、培训等环节外包给两岸企业或台湾地区的学校或大陆的台资企业，"采取经济运营模式来解决教育合作的问题，即实行教育外包模式"。① 这种外包模式将参与方的利益绑定，有利于各方积极参与，共同致力于培育闽台产业发展需要的实用性人才，最终形成顶层设计（政府）—院校联合培养（闽台合作高校）—企业培训（实践环节）—服务社会的良性循环，为经济合作提供匹配的人才资源储备。

（二）民间协会带动的"产学研会"联动模式

区别于政府主导的"校校企企"联动模式，民间协会带动的"产学研会"模式是以协会为引导，由两岸合作建立产业实践平台，以及学校和研究机构共同参与的联动体系。

福建省台办的统计数据显示，2017 年福建省应邀赴台交流达 2000 多批次，共计 1.5 万多人次。② 两岸交流频繁，联系密切，不论政府还是民间协会都参与到了两岸互动互联的体系中。行业协会发挥纽带和带动作用，以优越的信息优势促进民间沟通、政策宣传和实务导向的顺利进行，在为两岸会员企业整合人力资源的同时，常常集聚两岸企业和高校科研机构的专家学者联合攻克行业内的重大课题，推动会员企业之间实现成果共享。

以民间协会为驱动的"产学研会"联动模式的核心机制是以

---

① 李瑜芳：《闽台区域合作完善的价值取向与合作模式——以闽台区域信息产业人才合作培育为例》，《福州大学学报》（哲学社会科学版）2010 年第 3 期。
② 《福建：共筑两岸新起点共促闽台新融合》，《经济日报》，http: // baijiahao.baidu.com/s? id =1602324761293188771&wfr = spider&for = pc，2018 年 6 月 4 日。

闽台民间行业协会的引导为支点，在人才培养、科学研究、技术开发、资源共享、信息互通等方面建立联动机制，突破跨区域人才差异化培养的地域限制，实现两岸生产、教学、科研三位一体，培养复合型应用人才。

二 闽台产业人才培养联动机制的制约因素

（一）政策指导略显不足，台湾地区未能发挥引导作用

福建省最早颁布涉台人才合作规范性文件，也是最先开展闽台教育交流合作的区域。福建省教育厅于 2008 年出台的《关于实施闽台教育交流与合作工程的意见》对闽台教育交流与合作工程方面进行了详细规定，并强调重点支持两岸合作办学项目。2015年，《福建省教育厅关于印发福建省师资闽台联合培养计划实施方案的通知》进一步推动了两岸高校人才培养和师资交流合作项目的发展。《福建省促进闽台职业教育合作条例》是祖国大陆首部与台湾地区进行职业教育合作的地方性法规。

从目前已有的相关政策来看，绝大多数政策是福建省单方面制定的，台湾地区虽强调闽台经贸合作，但没有对跨界合作给予政策上的引导和推动，也未针对两岸教育交流合作及教育主体和市场主体组合的联动发展制定相应的政策。其主要原因在于，台湾当局并没有将两岸教育合作划入重点推进领域，对两岸人才交流合作和高校办学联动机制不够重视。台湾地区有关闽台产业人才联动培养相关指导政策的缺失，影响了联动培养人才过程中双方政府的均衡交流，以致产业人才培养联动机制的顶层设计出现了一方积极作为一方旁观无为的情形，使闽台产业人才培养联动发展缺失了规范的全局性框架。在这种单方面发力的非均衡状态下，闽台联动体系中的台方主体不受当地政府的约束，双方的约束性协议、资源分配等也无法得到台湾当局的政策保护，影响了联动培养工作的顺利推进。

（二）联动机制尚未健全，人才培养体系有待优化

闽台产业人才培养联动机制的持续发展需要有科学的制度来保障。联动机制不健全，影响了产业人才联合培养项目的顺利进行。海峡两岸高校合作办学项目在福建省开展多年，主要推行的"校校企"三方联动模式为校企合作办学项目积累了丰富的经验，形成了相对合理、稳定的办学体系。三方联动中市场主体和教育主体的合作充分发挥了市场的引导作用，有利于制订产业人才培养适应性方案，建立应用型人才培养体系。但是三方联动也存在一定的弊端，即联动机制中缺乏政府管理层的引导，总体上未能形成规范化的联动制度。基于三方联动扩展出来的"校校企企"和"产学研会"联动模式弥补了政府层面的缺失，动力和引力十足，发展趋势良好。但新的联动模式仍处于探索阶段，运行机制尚不健全，链接环节需要进一步梳理。在执行过程中，宏观指导缺失、企业参与流于表面等问题表明联动体系不完善，制度不健全，机制不成熟，管理体系松散、缺乏有效性。联动中政府与企业参与度不高，难以形成有效的联动管理章程，使各方在联动协议中责任不明、推进不力，影响了两岸产业人才培养联动机制的实效性。即使有了书面合作协议，仅停留在书面上的联动意愿也很难形成行之有效的人才培养体系，主体业务的缺失使联动合作体难以正常有效地运行。

（三）企业主体参与度不足，互动性不均衡

台湾地区在两岸教育合作具体政策方面的缺失，导致台方企业积极能动性不足，很难真正参与到闽台人才联合培养工作中来。深层次的合作研发、共建产业基地等教育合作方式，常因台企的能动性与参与度不足而使合作流于表面，遑论联合攻克科研难题等更深入的融合交流。合作主体的能动性缺失将影响整个联动机制的运行，亦很难形成学校共同体、学科共同

体、研发共同体①等形式的联动共同体。

三 优化闽台产业人才培养联动机制的建议

(一) 发挥闽台官方双边能动性作用，提高政府政策的引导效应

福建省政府要充分发挥自身能动性，积极寻求与台湾当局的双边教育合作，加大双边政府的能动效用，逐步推动两地教育的融合发展。一方面，福建省政府要逐步完善配套措施，进一步完善扶持政策举措，建立联动培养的宏观指导；提供资金支持，设立人才联动培养的专项支持经费，保证稳定的政府财政支持，依托联动合作体的财政管理制度，保障联动合作体的人才培养正常有效地进行；借用互联网构建政策信息发布与共享平台，依托行业协会或者企业组织等社会团体，加大对闽台教育合作政策信息的宣传力度，积极打造闽台人才培养联动项目政策的发布—接受体系。另一方面，福建省政府要加大与台湾当地社会组织的合作力度，鼓励并邀请台湾社团组织、社会知名专业人士加入联动管理组织机构，参与规划、商讨联动运行体系以及人才培养方案，提升台方社会团队在两岸教育合作中的推进力，促使台湾当局关注并积极参与到人才培养的联动体系中；重视两岸教育合作联动政策的研究，使联动从现在的单向沟通向双向交流合作转化，保障联动机制高效运行。

(二) 健全联动运行机制，加强人才培养体系建设

1. 完善联动合作制度，健全联动运行机制

一方面，要完善闽台联动章程，推动联动规范化运行。制定合作体的联动章程，落实各方的责任权利和义务，是完善闽台人才联动培养制度的关键。联动章程须明确合作的宗旨、合作的组

---

① 刘贤昌、林仁灶：《闽台高校联合办学的人才培养模式创新研究》，《重庆三峡学院学报》2014年第6期。

织机构、合作的主要内容、合作各方的责任和义务等。联动章程应在政策指引下，保证两岸高校与企业签订规范的合作协议，明确合作的基本原则和标准，详细界定主体资格条件认定的审批、执行、监督等制度和基本程序，同时确定合作的经费预算管理制度等，并针对违约责任给出具体的阐述。完善的闽台产业人才培养联动合作章程将保障产业人才联动培养过程高速有效地运作，做到有法可依，有章可循，促进闽台产业人才培养联动的规范化发展。

另一方面，要完善组织机构建设，保障联动顺利运行。联动合作体一般采用"高层松散基层紧密"的管理模式，① 突出高层把握全局，中下层紧密合作，层层落实各自事务的形式，完善组织管理机构。建立联动委员会，即由两岸联动主体高校领导、企业主要负责人及闽台人才交流专家和学者以及政府要员等参与的管理机构，统筹全局，探讨联动合作体的长短期目标，共同参与事务管理，② 定期或不定期举行会议，解决联动过程中出现的各类问题，保障联动工作高效率、高质量地运转。学校则可实行三级管理方式，联动中心分设中心办公室、联席会和理事会，由联动办公室处理联动培养方面的日常工作，由联席会处理一般全局性事务，由全体理事会处理全局性重大问题，规范联动办公室的设置和运作程序，同时赋予联动办公室一些权力，便于管理人员开展工作，并协调相关工作。

2. 探索按需发展的人才培养体系和学科建设

共同体应根据两岸合作的总体方针、高等教育的发展现状和趋势、社会发展需求，结合闽台高教共同体的办学优势和特色，不断优化人才培养体系，进行合理的学科建设。首先，以市场需求为人才培养导向，围绕两岸合作的主导产业设置学科，充分体

---

① 何霖俐、董发勤、王基生、龙小英：《基于共同体理念的高校校际联动人才培养机制研究》，《教育研究与实验》2013 年第 6 期。
② 冠玲玲：《改革开放以来海峡两岸学历互认问题分析》，《吉林师范大学学报》（人文社会科学版）2011 年第（S1）期。

现两岸的特色产业（如生物科技、海洋水产等）；其次，根据企业对所需人才的素质、能力等方面的实际要求，设计课程体系和教学内容，制订科学合理的人才培养方案；最后，完善实践教学设施和实践基地等配套建设，突破闽台"3+1"分段式培养项目[①]的局限，建立联动体企业内部的实训基地，将实践训练融入理论教学中，让企业在学科体系建设和人才培养过程中发挥作用。

（三）健全联动激励机制，提高联动主体的参与度

健全联动激励机制，首先要建立联动合作体的质量监督制度，构建由政府出台的联动扶持政策、联动合作体的各方投入、合作体的运行过程以及联合育人效果等指标组成的综合评价体系。评价体系应有对参与本项目的各级政府、企业、学校等联动合作主体参与度与贡献度的评估。对综合评价得分高的指标，给予负责的合作主体适当的嘉奖和激励；对得分低的指标，给予负责主体以一定的惩戒。完善的评价和奖惩机制能调动闽台产业人才培养联动管理者和参与人员的主动性和积极性，增强各类主体之间的凝聚力，保障人才培养联动机制健康有序地运行，实现海峡两岸教育交流与合作的"相融、互补、双赢、可操作"，[②] 真正促进两岸教育的融合与发展。

第三节　高等院校电子商务专业实践教学体系设计

电子商务伴随着互联网与信息化技术渗透到了各行各业，在此背景下，对电子商务专业化人才的培养显得尤为重要。教育部

---

① 郑慧、蔡莎莎：《闽台高校学生事务管理比较研究》，《安庆师范学院学报》（社会科学版）2015年第3期。

② 李瑜芳：《关于海峡两岸高校实施双联制的调研报告》，《福建省社会主义学院学报》2009年第1期。

在2001年首次批准13所高校开始电子商务本科专业的招生。迄今为止，全国绝大多数高校均已开设电子商务专业。

在经历了几年的探索后，目前各个高等院校开设的电子商务专业基本都将其锁定在"应用性教学"的基本原则之上，以互联网经济为基础，指导电子商务专业实践教学体系的构建，以培养适应社会发展与经济建设需要，具备电子商务实践管理工作能力的应用性专门人才。

一 高等教育和行业发展对电子商务人才提出的要求

（一）高等教育基本特点

高等教育，指一切建立在普通教育基础上的专业教育，包括专修科、本科和研究院，全日制的和业余的，面授的和非面授的，学校形式和非学校形式的，等等。

高等教育的特点主要体现在以下几个方面：培养高级专门人才，具有较强的专业性；教育对象趋于成熟，教学过程和方法具有较强的针对性；兼有教学、科研和社会服务等多种职能和任务，具有较强的综合性。[①]

现我国的高等教育已经从"精英教育"进入"大众教育"时代，在面临更加激烈的竞争环境时，要想在竞争中立于不败之地，关键靠人才，尤其是大批接受过高等教育的高素质人才。

（二）电子商务行业发展的要求

电子商务专业在人才培养理念上要体现人才培养的国际性、开放性、兼容性、复合性等特征，抓住"应用型人才"这个关键，坚持以能力和职业素养培养为主线，着重培养电子商务专业所需具备的理论素养和组织管理能力、实践操作能力，实现与用人职位需求的无缝对接。具体来讲，就是要推动以企业项目形式来开

---

① 刘继南：《高等教育概论》，北京广播学院出版社，1992。

展专业课程的教学；强调学生以团队、自主、合作、探究的学习形式为主，学习内容具有开放性，学习过程注重自主化，方式以翻转教堂为主；实训实践体系和商务活动语言能力要与专业紧密衔接，有计划地将专业核心课程排入实训实践体系并实现双语教学。

众所周知，如今电子商务人才的培养和实际需求之间还有相当大的距离，关键是学生缺乏实践能力的锻炼。从企业角度，它们希望高校培养出来的电子商务学生能对信息和商业有较强的敏感性。企业主们建议学校尽量培养学生的数据分析能力以及服务理念。学校应该做的是培养学生的基本能力，重点训练学生的思维和分析能力。[①] 可通过各种技能大赛，包括"大学生创新创业"项目、社会实践锻炼等环节，努力营造综合素质能力培养的氛围和环境。

二 电子商务专业实践教学体系设计

（一）电子商务专业产学研一体化模型构建

最早的高等学校，仅仅具有教育的功能，19世纪德国建设柏林大学时，提出了高校要进行科研的要求，随着美、法、英大学的迅速效仿，科研成为高校的重要职能。20世纪中期，通过一系列的立法，高校产生了第三职能——社会服务。这三大职能相互交叉，相互促进，构成了高等院校完整的职能体系，即目前我们通称的"产学研一体化"结构。[②]

产学研一体化是高等教育的最终目标，培养对社会有用的人，服务社会，回报社会是高等教育的社会职能。因此，高等院校电子商务专业应建立具有较高实用价值的理论和实践教育体系，同时让学生学以致用，毕业后能适应用人单位的要求。

---

① 邹静：《电商人才实训路在何方》，《电子商务世界》2007年第11期。
② 刘继南：《高等教育概论》，北京广播学院出版社，1992。

在此基础上，我们针对高等院校的电子商务专业搭建了如下的产学研一体化模型（见图12-1）。

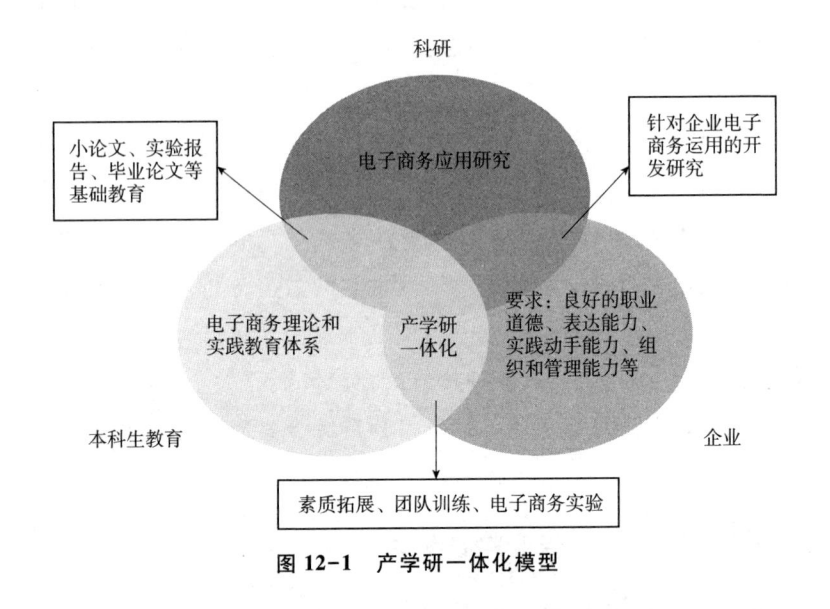

图 12-1　产学研一体化模型

（二）电子商务综合实验课程结构体系设计

重视对学生实践动手能力的培养，是当前世界各国高等教育的趋势。相比较其他传统专业而言，电子商务专业的优势在于，网络带来了传统实践教学体系的延伸，将课堂上的实践环节延伸到课下，使所有专业课授课过程中的实践环节都可以通过互联网完成。

为提高电子商务专业学生的动手实践能力，缩短学生进入企业的衔接期，应强化校企合作工作中的大学生实践教学环节，结合专业特点和人才培养要求，与企业联合制定实践教学标准，增加实践教学比重，聘任企业、行业人员担任学院、专业负责人，制定有关规章制度。与一个及以上大中型企业或上市公司合作共建。

作为锻炼学生实践能力的重要环节,《电子商务综合实验》课程综合了电子商务专业产学研一体化模型的具体要求,我们设计《电子商务综合实验》素质和能力训练及课程结构体系如图12-2所示。

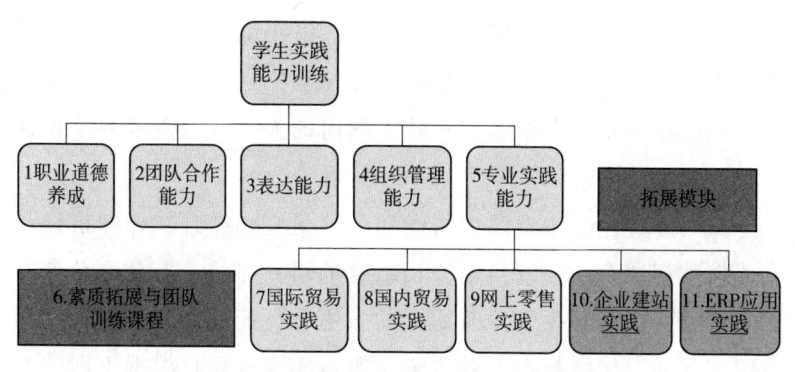

图12-2 《电子商务综合实验》课程结构体系

其中,第1、2、3、4项的训练来自整个体系中的第6部分:素质拓展与团队训练课程,通过相应的教学内容、互动活动、案例分析等强化学生的职业道德、团队合作、表达、组织管理等能力。第5模块的专业实践能力训练由第7、8、9、10、11项组成,目前我们开展的是结合阿里巴巴网络实训平台的第7、8、9项。第10项企业建站实践和第11项ERP应用实践作为拓展模块,将结合有关课程进一步开展。

(三)基于OBE理念产教融合的电子商务人才培养模式创新与实践

基于OBE理念产教融合的电子商务人才培养,响应国家"一带一路"倡议,实施从人才培养到产学研的深度多维合作,明确服务电子商务产业链的思路,树立了电子商务运营管理类专业人才的培养目标。

OBE是指"教学设计和教学实施的目标是学生通过教育过程

最后所取得的学习成果"。OBE理念重教学结果，重教学产出，重个性化发展。教育过程的一切因素，包括师资的聘请、教学设施的投入、课程的开发、教学过程的设计、教学成效的考核等均是为了让学生达成社会所需要的能力或技能。

1. 实践内容

在培养方式上注重理论联系实际，采用课堂讲授与案例教学相结合的方式，培养学生分析问题和解决问题的能力，聘请有实践经验的业内专家、企业家和监管部门的人员开设讲座或承担部分课程。

在培养过程中注重课程教学和科学研究相结合、导师指导与集体培养相结合、教书与育人相结合的培养办法，充分调动各类教学资源，提高学生学习与研究的自主性、能动性和创造性。为适应互联网时代的教育发展趋势，教学建设中需要根据不同的教学方法进行相应教学工具的设置，如网络教学、MOOC学院、无纸化考核平台、手机App等，可以为学生提供更为丰富的学习体验，更为灵活的学习方式。

培养方法上要以学生自主学习为中心，加强校企合作，采用案例教学、翻转教堂等教学方式方法，将课堂讲授、课堂讨论、读书报告、个别指导和学生自学结合起来，将课程教学和实务操作能力培养结合起来，提高学生的创新能力、表达能力和实际操作能力。

2. 实践目标

（1）以核心课程建设为龙头，以优质教材建设为支撑，以产学结合为平台，建设"校级、省级精品课程"。深入龙头电子商务企业，合作编制企业需要的、符合运营实践的电子商务案例类实践教材，与理论教学、实践操作课程相互对应，并嵌入课程体系。

（2）产学关联，以人才培养模式、课程体系、课程内容综合改革为切入点和突破口。以服务岗位需求和提高职业能力为导向，以学生学习能力持续改善为主线，努力实现与行业企业共同制订培养方案，共同开发课程资源，共同实施培养过程，共同评价培养质量，形成具有产教融合特色的应用型人才培养模式。将龙头电子商务企业的需求前置到人才培养方案的设计中，按订单培养人才。

（3）将龙头企业的技术培训团队引入学校，由企业的技术导师担任校内实践课程的授课老师。企业参与大学生创新创业项目的培育与指导，培养需要的人才，发掘有潜力的商业项目。逐步实现以产促教，以教带学，以学促产。

（4）围绕产教融合需要，打造一支结构合理的应用型师资队伍。建议与行业、企业、实务部门联合培养教师的有效机制，重点建设一支教师、工程师等资格兼具，教学能力、专业实践能力兼备的"双师双能型"教师队伍，并聘任"企业导师"。

图书在版编目（CIP）数据

"互联网+"区域合作与产业创新/林中燕著.--北京：社会科学文献出版社，2019.12
 ISBN 978-7-5201-5534-2

Ⅰ.①互… Ⅱ.①林… Ⅲ.①互联网络-关系-区域经济合作-研究-中国 ②互联网络-关系-产业发展-研究-中国 Ⅳ.①F127 ②F124

中国版本图书馆 CIP 数据核字（2019）第 198412 号

"互联网+"区域合作与产业创新

著　　者 / 林中燕

出　版　人 / 谢寿光
责任编辑 / 赵慧英

出　　版 / 社会科学文献出版社·社会政法分社（010）59367156
　　　　　　地址：北京市北三环中路甲29号院华龙大厦　邮编：100029
　　　　　　网址：www.ssap.com.cn
发　　行 / 市场营销中心（010）59367081　59367083
印　　装 / 三河市尚艺印装有限公司

规　　格 / 开　本：787mm×1092mm　1/16
　　　　　　印　张：16.75　字　数：220千字
版　　次 / 2019年12月第1版　2019年12月第1次印刷
书　　号 / ISBN 978-7-5201-5534-2
定　　价 / 89.00元

本书如有印装质量问题，请与读者服务中心（010-59367028）联系

▲ 版权所有 翻印必究